高等院校经济管理类系列教材

绩 效 管 理
(第二版)

吴 刚 主 编

于文浩 王智峰 副主编

清华大学出版社
北 京

内 容 简 介

本书共包含十二章，书中以绩效管理的理论基础、体系设计、流程管理及常用技术与方法为主线，为读者呈现绩效管理的全貌。全书结构清晰完整，内容丰富翔实，语言简练通俗，案例鲜活生动。第一章、第二章主要包含绩效管理的基本概念与基本理论，在总体论述绩效管理的本质与内涵的基础上，详细阐述了绩效管理的理论基础；第三章～第八章涉及绩效管理的管理体系与基本流程，详细阐述了绩效管理的体系、绩效计划、绩效管理的实施、绩效考核、绩效反馈以及绩效考核结果应用等环节及具体问题，并融合了大量的实践案例；第九章～第十一章涉及绩效管理的常用技术与方法，主要从实际操作的角度介绍了绩效考核的技术支撑，其中包括基于目标管理的绩效考核、基于关键绩效指标的绩效考核、基于平衡计分卡的绩效考核等。第十二章对绩效管理的未来发展趋势进行了分析与展望。

本书既适合高等院校经济管理类专业师生作为教材使用，也可以作为人力资源管理专业的参考书，还可以供企业实务工作者参考。

图书在版编目(CIP)数据

绩效管理/吴刚主编. —2 版. —北京：清华大学出版社，2024.3
高等院校经济管理类系列教材
ISBN 978-7-302-65653-1

Ⅰ. ①绩…　Ⅱ. ①吴…　Ⅲ. ①企业绩效—企业管理—高等学校—教材　Ⅳ. ①F272.5

中国国家版本馆 CIP 数据核字(2024)第 048652 号

责任编辑：孙晓红
封面设计：李　坤
责任校对：孙晶晶
责任印制：刘海龙
出版发行：清华大学出版社
　　　　　网　　　址：https://www.tup.com.cn, https://www.wqxuetang.com
　　　　　地　　　址：北京清华大学学研大厦 A 座　　　邮　　编：100084
　　　　　社 总 机：010-83470000　　　　　　　　　邮　　购：010-62786544
　　　　　投稿与读者服务：010-62776969, c-service@tup.tsinghua.edu.cn
　　　　　质量反馈：010-62772015, zhiliang@tup.tsinghua.edu.cn
　　　　　课件下载：https://www.tup.com.cn, 010-62791865
印 装 者：三河市科茂嘉荣印务有限公司
经　　销：全国新华书店
开　　本：185mm×260mm　　印　张：14.25　　字　数：346 千字
版　　次：2016 年 8 月第 1 版　2024 年 3 月第 2 版　印　次：2024 年 3 月第 1 次印刷
定　　价：49.00 元

产品编号：099143-01

前　言

众所周知，企业管理内容广泛，涉及人、财、物、信息等众多领域，其中对人的管理是最难的，也是最重要的。因此，有学者认为人力资源管理是企业管理中最核心的部分；而绩效管理则是人力资源管理中最核心的部分。由此可知，绩效管理在企业管理中占据重要地位。然而，究竟什么是绩效管理？它能做什么？它能帮助企业什么？现实生活中很多人，包括一些高级管理者在内，基本上还是将绩效管理定位在绩效考核方面，其中一部分人甚至一提到绩效管理就马上联想到人力资源管理，一提到人力资源管理就想到一般的日常人事管理，认为绩效管理没什么帮助，不能给企业创造有形价值。绩效管理是人力资源管理中的一个模块，把它联想为一般的日常人事管理也没什么不对。问题是如果将绩效管理等同于一般的日常人事管理，认为绩效管理只是人事部门的事，对企业的业绩没有直接帮助，则是一种非常片面的认知。

事实上，对企业来说，绩效管理是增强战略执行力的一套方法。它将个人业绩、个人发展与公司目标有机结合，通过持续改善个人业绩和团队业绩来提高公司业绩，并确保公司战略的执行和业务目标的实现。对各级管理者来说，绩效管理能帮助其提高管理水平，减轻管理压力，通过建立自上而下、层层分解的目标体系，使每名员工明确自己的工作重点、工作目标与方向，让员工以最有效的方式、尽最大努力来做"正确的事"，确保员工的工作行为及工作产出与组织的目标一致。对员工来说，绩效管理通过绩效目标设定、绩效辅导、绩效反馈帮助其改善个人业绩，并通过实施员工改善计划提升个人能力，从而帮助员工实现个人职业生涯的发展。简而言之，所谓绩效，即企业中员工的综合表现，它既涉及员工工作态度、工作能力、工作业绩，也涉及员工的发展前景、进一步培训的需要等。而绩效管理则是一套建立在组织与个人之间系统的管理活动的过程，主要用来评估员工的工作能力与表现及其结果实现程度，希望通过提供给员工适当的成长训练，以提升目标达成的可能性与整体组织的效能。

当前国内绩效管理方面的书籍种类繁多，却不能很好地解决企业实际问题。这些书不是内容陈旧，跟不上实践发展的需要，就是观念落后，不能全面反映现代绩效管理发展的趋势。鉴于此，我们编写了这本绩效管理方面的书，其特点主要表现在以下三个方面。

(1) 理论与实践相结合。当前绩效管理文献基本都是从管理者的视角出发，以"应当怎样"的知识形式出现，而关于绩效管理观念、原则所依赖的理论和实证基础的文献则非常少见。为了更好地理解绩效管理观念、原则背后的理论和实证基础，绩效管理研究就不可避免地需要更多地关注理论。本书专门设立一章系统地阐述了绩效管理的理论基础。

(2) 体系结构清晰，便于学习与理解。本书从绩效管理理论、绩效管理流程以及绩效管理常用技术与方法三个部分入手，详细阐述了绩效管理的全貌。

(3) 内容新颖、语言平实、可操作性强。本书努力从内容到形式上有所突破或创新。在内容取舍上，坚持实用性、针对性原则，并注重知识更新，尽可能引入国际上先进的管理理论与实践以及我国企业、政府的管理经验；在形式上，不拘泥于固定格式，强调实用性与操作性。

　　本书内容完整，讲解深入浅出，可操作性强，系笔者根据多年从事企业人力资源管理和绩效管理培训的经验以及教学与研究心得，在广泛参考和借鉴相关研究成果和资料的基础上编写而成。本书能够面世，凝聚了很多人的心血，感谢上海工程技术大学管理学院人力资源管理教学团队各位老师的支持；感谢上海大学黎月明硕士的辛勤付出；感谢清华大学出版社编辑的帮助；感谢一切为本书出版做出贡献的同事、朋友以及我的学生们。本书在编写过程中还参考了国内外大量的著作和文章，在此谨向有关作者表示深深的谢意。

　　因笔者知识水平和阅历有限，书中难免存在不足和疏漏之处，敬请广大读者批评指正。

编　者

目　　录

第一章　绩效管理概述..............1

　第一节　绩效、绩效考核与绩效管理..........3

　　一、绩效...........3

　　二、绩效考核...........5

　　三、绩效管理...........6

　　四、绩效管理与绩效考核之间的
　　　　区别...........7

　　五、绩效管理在人力资源管理中的
　　　　地位...........8

　第二节　绩效管理现状...........9

　　一、绩效管理思想的演变...........9

　　二、从绩效考核到绩效管理..........10

　　三、我国绩效管理发展现状..........12

　本章小结..........15

　思考题..........15

　案例分析..........15

第二章　绩效管理的理论基础..............17

　第一节　绩效管理的一般理论基础..........19

　　一、控制论..........19

　　二、系统论..........20

　　三、信息论..........21

　　四、行为科学理论..........22

　第二节　绩效管理的直接理论基础..........24

　　一、目标管理理论..........24

　　二、目标设置理论..........25

　　三、激励理论..........28

　　四、成本收益理论..........29

　　五、权变理论..........29

　本章小结..........30

　思考题..........31

　案例分析..........31

第三章　绩效管理的体系..............33

　第一节　绩效管理与战略规划..........34

　　一、绩效管理的战略意义..........34

　　二、绩效管理与战略规划之间的
　　　　关系..........35

　第二节　绩效管理的基本流程..........41

　　一、绩效管理的过程..........41

　　二、绩效管理各环节的有效整合..........44

　本章小结..........45

　思考题..........45

　案例分析..........45

第四章　绩效计划..............47

　第一节　绩效计划概述..........48

　　一、绩效计划的含义..........48

　　二、绩效计划的作用..........50

　　三、绩效计划的制订..........50

　第二节　绩效指标..........53

　　一、绩效指标的含义..........53

　　二、绩效指标的分类..........53

　　三、绩效指标体系设计的原则..........55

　　四、提取绩效指标的方法..........57

　　五、绩效指标体系设计时应注意的
　　　　问题..........58

　第三节　绩效标准..........59

　　一、绩效标准的含义..........59

　　二、绩效标准的分类..........59

　　三、绩效标准设计的原则..........64

　　四、绩效标准制定的步骤..........64

　　五、绩效标准设计时应注意的问题..........65

　本章小结..........66

　思考题..........66

案例分析 67

第五章 绩效管理的实施及过程控制 69

第一节 绩效管理的实施及过程控制
　　　　概述 70
　一、绩效管理的实施及过程控制的
　　　概念、内涵及意义 70
　二、绩效管理的实施及过程控制的
　　　内容 72

第二节 绩效计划实施过程中存在的
　　　　常见问题 75
　一、过于强调近期绩效 75
　二、缺乏有效的绩效沟通 76
　三、混淆或误解绩效标准 78
　四、绩效管理过程中的认知误区 79
　五、缺乏清晰的绩效记录资料 80
　六、缺乏具体的行动计划 81

第三节 绩效实施过程的有效控制 81
　一、持续的绩效沟通 81
　二、绩效信息的收集 84
　三、绩效实施过程中的反馈 86
　四、管理者的指导与支持 88
　五、绩效目标 88

本章小结 90

思考题 90

案例分析 90

第六章 绩效考核 91

第一节 绩效考核概述 92
　一、绩效考核的含义 92
　二、绩效考核的意义及原则 93
　三、绩效考核的内容 95
　四、绩效考核的过程 96

第二节 常见绩效考核方法 98
　一、绩效考核方法分类 98
　二、相对绩效考核法 99
　三、绝对绩效考核法 101

　四、特征导向型绩效考核法 105
　五、行为导向型绩效考核法 106
　六、结果导向型绩效考核法 110

第三节 绩效考核中存在的常见问题
　　　　及对策 112
　一、绩效考核中存在的问题 112
　二、提高绩效考核有效性的建议 115

本章小结 117

思考题 117

案例分析 117

第七章 绩效反馈 119

第一节 绩效反馈概述 121
　一、绩效反馈的内涵 121
　二、绩效反馈的作用 121
　三、绩效反馈的内容 122
　四、如何做好绩效反馈 123

第二节 绩效反馈的形式 123
　一、绩效反馈的分类 123
　二、绩效反馈面谈与绩效反馈 124

第三节 绩效反馈面谈 125
　一、绩效反馈面谈的内涵及目的 125
　二、绩效反馈面谈的原则 126
　三、绩效反馈面谈的内容 127
　四、绩效反馈面谈的过程 128
　五、绩效反馈面谈的技巧 130

本章小结 131

思考题 132

案例分析 132

第八章 绩效考核结果的调整与应用 135

第一节 绩效考核结果的调整及应用
　　　　原则 136
　一、绩效考核结果的调整 136
　二、绩效考核结果的应用原则 137

第二节 绩效考核结果的具体应用 137
　一、绩效考核结果与绩效改进 138

二、绩效考核结果与人力资源
　　规划 141
三、绩效考核结果与员工的招聘 142
四、绩效考核结果与薪酬管理 142
五、绩效考核结果与员工职业
　　发展 143
六、绩效考核结果与人事政策
　　调整 144
本章小结 146
思考题 146
案例分析 146

第九章　目标管理法 149

第一节　目标管理概述 150
一、目标管理的概念与内涵 150
二、目标管理的特点 152
三、影响目标管理的因素 153
四、目标管理的优缺点 154
第二节　基于目标管理法的绩效考核 155
一、导入目标管理的必要条件 155
二、目标管理的实施原则 156
三、目标管理考核法的实施步骤 157
第三节　目标管理考核法在实践中存在的
　　问题及对策 159
一、目标管理考核法在实践中存在的
　　问题 159
二、目标管理考核法的改进 160
本章小结 161
思考题 161
案例分析 161

第十章　关键绩效指标法 165

第一节　关键绩效指标考核法概述 166
一、关键绩效指标考核法的内涵 166
二、关键绩效指标考核法的核心
　　思想 169
第二节　关键绩效指标体系的构建 170

一、构建 KPI 考核体系的价值 170
二、KPI 体系的特征 170
三、KPI 体系构建过程 170
四、关键绩效考核法实施过程中的
　　注意事项 175
本章小结 177
思考题 177
案例分析 177

第十一章　平衡计分卡法 181

第一节　平衡计分卡概述 183
一、平衡计分卡的起源 183
二、平衡计分卡的概念与核心
　　内容 185
三、平衡计分卡的战略意义 189
四、平衡计分卡与关键绩效指标的
　　联系与区别 191
第二节　基于平衡计分卡的绩效考核 192
一、平衡计分卡的实施条件 192
二、平衡记分卡的实施流程 192
三、平衡计分卡在实施过程中的
　　注意事项 193
第三节　战略地图 196
一、战略地图的含义 196
二、战略地图与平衡计分卡的
　　关系 198
三、战略地图的作用与意义 199
本章小结 200
思考题 200
案例分析 201

第十二章　绩效管理发展的新趋势 203

第一节　绩效管理发展的总体趋势
　　及问题 204
一、绩效管理发展新趋势 204
二、绩效管理发展面临的问题 205
第二节　绩效三棱镜理念初探 206

一、绩效三棱镜的概念及内涵 206

二、绩效三棱镜的优点 207

三、绩效三棱镜的缺点 208

四、绩效三棱镜的适用范围 208

第三节　绩效仪表盘 209

一、绩效仪表盘的概念及内涵 209

二、绩效仪表盘的优势 209

三、绩效仪表盘的实施标准

及应用 210

第四节　敏捷绩效 211

一、敏捷绩效产生的背景及概念 211

二、敏捷绩效的内涵 212

三、敏捷绩效的实施原理 212

本章小结 213

思考题 213

案例分析 214

参考文献 217

第一章

绩效管理概述

【本章学习重点】

- 绩效、绩效考核与绩效管理的内涵
- 绩效管理的意义
- 绩效管理与绩效考核的区别
- 绩效管理在人力资源管理中的地位

本章案例来源

【案例导入】

从"绩效考核"到"绩效管理"

2012年5月23日，杭州萧山供电局综自一班的每位员工都拿到了一份上一工作周期的绩效"成绩单"。与以往不同的是，这张"成绩单"上不仅包含了员工的绩效考核结果，还包含了班组人员与工作量"匹配度"分析、员工"负载度"分析及调整方案、下一周期工作计划调整方案等内容。这是该局深化"绩效管理"的一个缩影。

据介绍，以往该局检修人员的收入主要由工资和奖金两部分组成，奖金基数相同，只是系数上略有差别，员工收入差距不大，工作积极性不高，"吃大锅饭""出工不出力"成为影响工作效能的最大"瓶颈"。对此，该局基于"工作态度、工作难度、工作强度"三项考核要素，将所有的工作内容划分为通用部分、专业部分和加分部分，并纳入考核标准项目库，对每项内容都"明码标价"。目前，该考核标准项目库内考核内容共167项，其中通用部分32项、专业部分96项、加分部分39项。绩效考核按月进行，检修人员每月会获得一个"贡献值"和"贡献等级"。"贡献值"的大小决定了收入的多少，打破了以往的"大锅饭"模式；而"贡献等级"则作为年终评优和后备干部推荐的重要依据，激发了员工的能动性。同时，通过对"贡献值"的科学分析，能准确显示前一阶段的工作负载度，并为生产计划、安全风险评估和人力资源管理提供依据。从《4月份检修专业绩效统计评价表单》中可知，当月综自一班有80%的人员现场类检修日超过18天，工作强度平均得分为136.5分，超出标准值32%，全员完成三星级及以上的工作和夜间抢修工作8项，工作难度平均得分为84.5分，超出标准值17%。根据此表单，该局在5月初立即对生产任务进行合理"瘦身"，并有针对性地加强了现场管控力度和到岗到位措施。此外，该局还将对年度绩效进行统计，并将统计结果作为下一年度新进人员分配的重要依据，从而实现人力资源的最优分配。

据统计，自实施该绩效管理以来，萧山电网在1月至4月完成工作票及事故抢修单788张，同比增长23%，但基于"单兵战斗力"的提升和整个检修队伍的"均匀出力"，依然有力确保了生产安全的可控性。此外，萧山电网1月至4月的故障性抢修仅为20次，同比降低17%。工作效益和工作质量的显著提升标志着萧山供电局的"潜动力"得到了有效释放。

分析：以往萧山供电局采用的是绩效考核制度，但绩效考核只是绩效管理的一个环节，侧重于对过去工作表现的评价，而忽视了对未来工作的指导和提升，因而效果并不理想。改革后，萧山供电局立足"绩效管理"的"整盘棋"概念，以"量化+细化"为原则，制定出台了《萧山供电局绩效管理办法》，建立了以绩效计划制订、绩效辅导沟通、绩效考核评价、绩效结果应用、绩效目标提升为全过程的闭环管理机制，从而极大地激发了员工的积极性，挖掘了组织发展的潜力。

(资料来源：徐国峰. 变"绩效考核"为"绩效管理"——萧山供电局升级绩效"引擎"挖掘"潜动力"[N]. 浙江工人日报，2012-06-08.)

第一节 绩效、绩效考核与绩效管理

一、绩效

(一)绩效的含义

1. 绩效的内涵

绩效，英文 performance，在《牛津现代高级英汉双解词典》中被解释为"执行、履行、表现、成绩"。有人认为，绩效是指完成工作的效率与效能；有人认为绩效是指那种经过评估的工作行为、方式及结果；更多的人认为绩效是指员工的工作结果，是对组织目标的达成具有效益、具有贡献的部分。那么，究竟什么是"绩效"？我们应该如何理解它？

2. 不同学科视角下的绩效概念

不同学科所处的角度不同，对绩效概念的理解也会有所差异。我们很难也没必要为绩效下一个统一的定义，随着实践的发展，绩效概念的内涵与外延会不断地被重新界定。

1) 管理学视角

从管理学的角度来看，绩效包括"绩"与"效"两个方面，绩是指"业绩"，效是一种行为，包括"效率、效果、态度、品行、行为、方法、方式"等。绩效是一个组织或个人在一定时期内的投入产出情况，它包括个人绩效和组织绩效两个方面。其中"投入"指的是人力、物力、时间等物质资源，或个人的情感、情绪等精神资源；"产出"指的是工作任务在数量、质量及效率方面的完成情况。

2) 经济学视角

从经济学的角度来看，绩效与薪酬是员工和组织之间的对等承诺关系。绩效是员工对组织的承诺，而薪酬则是组织对员工的承诺。每个组织招聘员工，都希望员工能承担一定的责任，为组织创造一定的价值，而绩效即员工对组织的一种承诺与责任。同时，组织也需要保证员工的生存与发展，满足员工必要的需求，为员工的劳动支付一定的薪酬。

3) 社会学视角

从社会学的角度来看，绩效意味着每一个社会成员按照社会分工所确定的角色承担他的那一份职责。马克思说，人的价值体现在两个方面：一方面表现为个人对社会所作出的贡献，每个社会成员都扮演着不同的社会角色，承担着不同的任务，为社会创造出不同的财富(绩效)；另一方面表现为社会对个人的回报，个体的绩效保证了他人的生存权利，同时他人的绩效也保证了自己的生存权利。

3. 三种常见的"绩效观"

如今，多数企业对绩效管理已不再陌生，或多或少都有一些尝试或体会。但同时也都感到绩效管理很难，原因之一在于对绩效持不同的观点。当前，在实践领域对绩效主要持有三种不同的观点。

(1) 绩效的"结果观"。伯纳丁(Bernardin)认为，因为工作结果与组织的战略目标、顾客满意度及所投资金的关系最密切，所以"绩效"等同于"结果"或"产出"，在企业中表现为完成工作的数量、质量、成本费用以及为企业作出的其他贡献等。如销售额、运营成本、收入、产量等。

(2) 绩效的"行为观"。认为绩效应该是一种行为，原因在于绩效的结果观存在很多局限性，不是所有人都认可。"行为"与"结果"之间不一定是线性关系。影响结果的因素很多，并不一定都是个体行为所致，可能会受到与工作无关的其他因素的影响。因此，单纯以结果来评价一个员工工作绩效是不科学的。其次，员工没有平等地参与工作的机会，并且在工作中的表现不一定都与工作任务和工作结果有关。最后，过分关注结果会导致忽视重要的行为过程，而对过程控制的缺乏也会导致工作结果的不可靠性。因此，绩效"行为观"认为：考核一个员工的"行为"(正在做什么)比考核一个员工的"结果"(做了什么)更重要。

(3) 绩效的"综合观"。认为绩效是"结果"、"过程"(行为)与"潜能"的统一体。绩效=做了什么+正在做什么+还能做什么，"做了什么"代表一种结果与贡献，如销售额等；"正在做什么"体现为行为与态度，如积极性等；而"还能做什么"是关注一个员工的潜能。现代绩效研究不再仅仅关注对历史的反映，而是更关注员工的潜在能力，将个人潜力和个人素质纳入绩效评价的范畴，重视高素质与高绩效之间的关系。

(二)绩效的性质

1. 多因性

众所周知，影响绩效的因素很多，有内部因素，也有外部因素。员工绩效的优劣不是取决于单一因素，而要受制于主观因素和客观因素。它既受到环境因素的影响，又受到工作特征因素的影响。它既受到员工自身能力、个性因素的影响，又与组织的制度与机制有关，同时更受到员工的工作动机、价值观的影响。其中，技能、激励、环境与机会是主要因素，如图 1-1 所示。

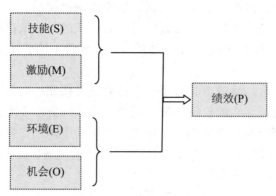

图 1-1　绩效影响因素

(1) 技能(skill)。技能指的是员工的工作技巧和能力水平。一般来说，影响员工技能的因素有天赋、智力、经历、教育、培训等。由此可以看出，员工的技能并不是一成不变的。组织为了提高员工的整体技能水平，一方面，可以在招聘录用阶段进行科学的甄选；另一方面，还可以通过在员工进入组织之后提供各种类型的培训或依靠员工个人主动地进行各种类型的学习来提高其技能水平。

(2) 激励(motivation)。作为影响员工工作绩效的因素，激励是通过改变员工的工作积极性来发挥作用的。为了使激励手段能够真正发挥作用，组织应根据员工个人的需求、个性等因素，选择适当的激励手段和方式。

(3) 环境(environment)。影响工作绩效的环境因素可以分为组织内部的环境因素和组织外部的环境因素两类。组织内部的客观环境一般包括：劳动场所的布局和物理条件；工作设计的质量及工作任务的性质；工具、设备、原材料的供应；上级的领导作风和监督的方式；公司的组织结构和政策；工资福利水平；培训机会；企业文化和组织气氛等。组织外部的客观环境因素包括社会政治、经济状况，市场的竞争强度等。不论是组织的内部环境还是外部环境，都会通过影响员工的工作能力(技能)和工作态度(工作积极性等)来影响员工的工作绩效。

(4) 机会(opportunity)。机会指的是一种偶然性，俗称"运气"。对任何一名员工来说，被分配做什么样的工作往往在客观必然性之外，还带有一定的偶然性。在特定的情况下，员工如果能够得到机会去完成特定的工作任务，可能会使其达到在原有职位上无法实现的工作绩效。例如，一个操作工原来在生产线上工作，但他自学了很多自动化方面的先进技术。有一次，他接到了一个额外的工作任务，要求他对生产线存在的问题提出改进意见。正是这个任务给了他一次展示才华的机会，他所提出的改进意见为企业节省了一大笔资金，因而创造了在原来职位上无法创造的工作绩效。我们可以认为，这个机会对他的工作绩效产生了重大影响。

2. 多维性

所谓多维性，是指员工的工作绩效要从多方面考察，不能只看一个方面，而是既要考核结果，也要关注行为，更要考核员工潜能。例如，一名工人的绩效，除了产量指标完成情况外，质量、原材料消耗、能耗、出勤，甚至团结、服从、纪律等硬软件方面，也都须综合考虑、逐一评估，尽管各个维度可能权重不等、考评侧重点有所不同。

3. 动态性

由于工作绩效只是一段时间内工作情况的反映，因此，员工的绩效是会变化的。随着时间的推移，绩效差的可能会改进转好，绩效好的也可能会退步变差，所以管理者切不可凭一时印象，以僵化的观点看待下级的绩效。

总之，管理者对下级的考察，应该是全面的、发展的、多角度的和权变的，力戒主观、片面和僵化，绩效管理考核贵在科学公正。只有结合实际不断总结、探索和完善，才能使绩效管理考核发挥应有的作用，从而达到激发员工积极性、提高工作效能、推动企业持续健康发展的目的。

二、绩效考核

(一)绩效考核制度的建立

1854—1870 年，英国文官制度改革，注重表现、看才能的考核制度开始建立。根据这种考核制度，文官实行按年度逐人逐项进行考核的方法，根据考核结果的优劣，实施奖励与升降。考核制度的实行，充分地调动了英国文官的积极性，从而大大提高了政府行政管理的科学性，增强了政府的廉洁与效能。英国文官考核制度的成功实行为其他国家提供了经验和榜样。美国于 1887 年也正式建立了考核制度，强调文官的任用、加薪和晋级，均以工作考核为依据，论功行赏，称为功绩制。此后，其他国家纷纷借鉴与效仿，形成各种各样的文官考核制度。这种制度有一个共同的特征，即把工作实绩作为考核最重要的内容，同时对德、能、勤、绩进行全面考察，并根据工作实绩的优劣决定公务员的奖惩和晋升。

文官制度的成功实施，使得有些企业开始借鉴这种做法，在企业内部实行绩效考核，通过考核对员工的表现和实绩进行实事求是的评价，同时也要了解组织成员的能力和工作适应性等方面的情况，并作为奖惩、培训、辞退、职务任用与升降等实施的基础与依据。

(二)绩效考核的概念

绩效考核是企业绩效管理中的一个环节，也是绩效管理过程中的一种手段。本书在综合众多学者观点的基础上，给出了绩效考核的概念：绩效考核是指企业在既定的战略目标下，运用特定的标准和指标，对员工的工作行为及取得的工作业绩进行评估，并运用评估的结果对员工将来的工作行为和工作业绩产生正面引导的过程和方法。

三、绩效管理

绩效管理是指各级管理者和员工为了达到组织目标共同参与的绩效计划制订、绩效辅导沟通、绩效考核评价、绩效反馈、绩效结果应用、绩效目标提升的持续循环过程，绩效管理的目的是持续提升个人、部门和组织的绩效。

绩效管理是一个系统，也是一个过程，这个过程通常被看作一个循环，这个循环分为四个环节，即绩效计划、绩效辅导、绩效考核与反馈、绩效考核结果的应用。当然，也有学者将其分为五个环节，即将其中的绩效考核与反馈分为绩效考核、绩效反馈这两个环节。虽然环节不同，但其本质是一样的。

上节讨论过，一个完整的绩效管理系统主要由以下四个环节构成，它们构成了一个完整的绩效管理过程(见图 1-2)。

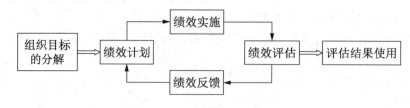

图 1-2　绩效管理的过程模型

(1) 结合组织战略，制订绩效计划。绩效计划是绩效管理流程中的第一个环节，是一个确定组织对员工的绩效期望并得到员工认可的过程。在双方认可的基础上，员工对自己的工作目标作出承诺。主管与员工共同的投入和参与是进行绩效管理的基础。

(2) 注重持续沟通，指导绩效实施。持续的绩效沟通是绩效管理的核心，通过绩效沟通，主管和员工一起讨论有关工作的进展情况、潜在障碍和问题，并且共同讨论解决问题的可能性措施以及主管如何才能帮助员工等信息。

(3) 制定评价标准，合理准确评估。在绩效管理过程中，必须及时对员工和部门的绩效进行绩效诊断和绩效评估，这是绩效管理的保障环节。及时地进行绩效诊断和绩效评估，可以尽早发现工作过程中的偏差或失误，尽早采取措施进行补救；同时对工作结果及时进行评价和反馈，有利于及时改进工作，避免将问题积攒到年底来处理。

(4) 绩效反馈面谈，促进绩效改进。绩效管理的过程并不是到绩效考核时打出一个分数就结束了，主管人员还需要与下属进行一次面对面的交谈。通过绩效反馈面谈，使下属了解主管对自己的期望，了解自己的绩效，认识到自己有待改进的方面；并且下属也可以提出自己在完成绩效目标过程中遇到的困难，请求上司的指导。

绩效管理的运行具有动态性与循环性的特点。动态性是指系统始终处在运行中，不停止、不间断；循环性是指工作程序前后贯通地运转。这一动态的循环过程也是绩效管理水平逐步提高层次的上升的过程。在绩效管理中，要进行持续的绩效沟通，如一对一的面谈，不定期的工作汇报、思想交流等，沟通发生在整个绩效管理过程中，而不是某一时间或某一阶段。同时，绩效计划、绩效评估也必须随着组织经营计划变化及组织具体的情况变化而调整。对日常工作中发生的一些关键事件、有关工作绩效的事实和数据也必须随时记录，从而保证绩效管理信息的准确、及时。因此，作为组织实现目标、提高管理水平的一个有效工具，绩效管理通过各部分之间的动态循环，实现系统的不断更新和发展，确保绩效管理系统的良性发展。

四、绩效管理与绩效考核之间的区别

绩效管理是通过对员工的工作进行计划、考核、改进，最终使其工作活动和工作产出与组织目标相一致的过程。绩效考核是考核主体以工作目标和绩效标准为依据，通过科学、系统的考核方法，对员工行为及其结果进行评估并将结果反馈给员工的过程。两者的具体区别如表 1-1 所示。

表 1-1　绩效考核与绩效管理的区别

区　别	绩效考核	绩效管理
过程完整性	管理过程中的局部环节与手段	一个完整的管理过程
着眼点	过去	过去、现在与未来
侧重点	对以往业绩的考核与判断	信息沟通、业绩辅导
方法	单向评价	双向评价
管理者角色	裁判员	辅导员
着重点	注重结果	注重过程
指标设置	静态设置	动态参与
考核目的	奖惩	能力开发与提高
问题解决	事后解决	过程中解决
评价时间	期末评价	过程中不断反馈与期末评价相结合

(1) 考核目的。从单一向多元发展。传统考核体系单纯为考核而考核,将考核仅仅看作是对员工一年来在绩效指标框架体系中的一个评价,其结果要么不被人们重视,流于形式,要么容易引起人们的焦虑情绪。而现代绩效管理的目的已经由传统的行政目的(薪酬、晋升的依据)向绩效提升、能力开发的目的转换。绩效管理是实现人力资源开发的前提,绩效管理的最终目的是改善员工的工作表现,提升绩效;识别员工发展的需要,确定职业生涯目标,推动员工向职业目标前进。在实现组织发展目标的同时,提高员工的满意度和未来的成就感,最终达到组织和个人发展的"双赢"。

(2) 考核目标。从以工作分析为基础的静态设置向注重战略目标的动态考核体系发展。在绩效管理中,绩效指标的设置已经由原来以工作分析为基础的静态考核变为融入组织战略目标的动态考核。采用平衡计分卡设置指标的绩效管理拓宽了标准的设置范围,直接将经营战略与个人绩效联系在一起,从而使员工的工作与组织的成功之间的关系更加密切,同时也使得管理者能够更加清晰地看到通过考核所带来的员工绩效的提高对于自身绩效和组织目标的重要意义,有助于管理者及时将员工的努力集中于蕴藏巨大竞争优势的战略目标,最大限度地实现组织愿景。

(3) 考核过程。从单向考核向双向沟通发展。绩效管理过程是一个强调沟通的过程,它包括沟通组织的价值、使命和战略目标;沟通组织对每一个员工的期望结果和评价标准以及如何达到该结果;沟通组织的信息和资源;员工之间相互支持、相互鼓励。通过沟通使员工明晰考核标准,准确掌握自己的绩效状况,形成顺畅的沟通渠道,从而使员工与管理者之间的沟通成本降至最低,形成宽阔的信息往来空间,避免因认知上的差异所带来的冲突。现代绩效管理重点是通过持续的沟通对员工工作过程和行为进行管理。

(4) 管理者角色。从裁判员向辅导员的转变。管理者从绩效考核中的"监督者""裁判员"变成了绩效管理中的"辅导员""合作伙伴"。在绩效问题上,管理者与员工的目标是一致的,管理者的工作通过员工完成,管理者的绩效则通过员工的绩效体现。因此,员工绩效的提高即管理者绩效的提高,员工的进步即管理者的进步。管理者要扮演好辅导员的角色,需要做到以下几点:第一,辅导员工做好绩效目标;第二,在员工实现目标的过程中,与员工保持及时、真诚的沟通,持续不断地辅导员工,使其业绩提升;第三,记录下有关员工绩效表现的细节,形成绩效管理文档,以作为年终考核的依据,确保考核公平公正;第四,做好绩效反馈,引导员工成长。

五、绩效管理在人力资源管理中的地位

人力资源管理是指站在如何激励人、开发人的角度,以提高人力资源利用效率为目标的管理决策和管理实践活动。人力资源管理包括人力资源规划、招聘与配置、培训与开发、绩效管理、薪酬管理、员工关系管理六大模块。人们通常认为企业管理的核心是对"人"的管理,而人力资源管理的核心是绩效管理。因此,绩效管理在人力资源管理中处于核心地位(见图1-3)。

首先,组织的绩效目标是由公司的发展规划、战略和组织目标决定的。绩效目标要体现公司发展的战略导向。组织结构和管理控制是部门绩效管理的基础;岗位工作分析是个人绩效管理的基础。

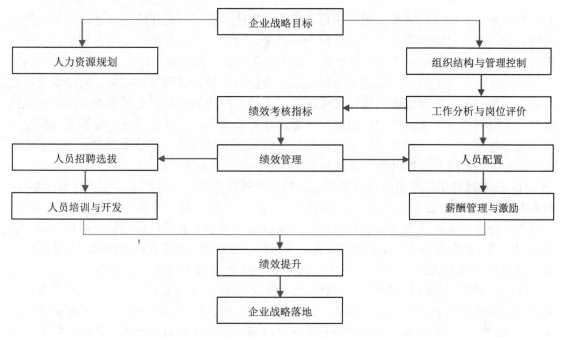

图 1-3 绩效管理在人力资源管理中的核心地位

其次，绩效考核结果在人员配置、培训开发、薪酬管理等方面都有非常重要的作用，如果绩效考核缺乏公平公正性，上述各个环节的工作都会受到影响，而绩效管理落到实处将对上述各个环节的工作起到促进作用。

另外，绩效管理和招聘选拔工作也有密切联系。个人的能力、水平和素质对绩效管理影响很大。人员招聘选拔要根据岗位对任职者能力素质的要求进行。

通过薪酬激励激发组织和个人的积极主动性，通过培训与开发提高组织和个人的技能水平能带来组织和个人绩效的提升，进而促进企业发展目标的实现。组织和个人绩效水平将直接影响组织的整体运作效率和价值创造。因此，衡量和提高组织、部门以及员工个人的绩效水平是企业经营管理者的一项重要的常规工作，而构建和完善绩效管理系统是人力资源管理部门的一项战略性任务。

第二节　绩效管理现状

一、绩效管理思想的演变

绩效管理思想始于绩效评估。考核、评价是一种社会现象，也是一种社会需要。因而它有着悠久的历史，而且在有人群的地方就会有考核评价。在有组织、有目的的人群或机构中，考评又往往是有组织、有意识和系统的活动过程。根据考证，《周礼·地官司徒》中记载的乡里教化察举制度和欧美 19 世纪初建立的公务员制度，是东西方最早见诸文献的"制度性考核"。

随着现代社会经济与社会的发展，面对日益复杂的管理实践，越来越多的管理者和研究者意识到，组织结构调整、组织裁员、组织扁平化、组织分散化等措施难以持续地提高绩效，真正能促进绩效提高的是员工行为的改变。建立学习型组织，形成有利于调动员工积极性、创新精神，构建团队合作的组织文化和氛围成为人们的共识。

众所周知，员工的工作绩效是指那些经过考核的行为、表现及其结果，而绩效管理则是依据主管与员工之间达成的协议来实施的一个动态的沟通过程。它通常被定义为：系统地对一个组织或员工所具有的价值进行评价，并给予奖惩，以促进系统自身价值的实现。从不同的角度出发去认识和理解事物，得到的结果会不尽相同。在绩效管理思想发展的过程中，对绩效管理的认识也存在分歧，主要表现为以下三种观点。

(1) 绩效管理是管理组织绩效的系统。持有这种观点的代表是英国学者罗杰斯(Rogers)和布雷德鲁普(Bredrup)。这种观点将 20 世纪 80 年代和 90 年代出现的许多管理思想、观念、实践等结合在一起，认为绩效管理的核心是实现组织绩效的提升，通过制定组织战略、调整组织结构、重组业务流程等来加以实施。在组织绩效观看来，个体因素(即员工)虽然受到技术、结构、作业系统等变革的影响，却并不是绩效管理所要考虑的主要对象。

(2) 绩效管理是管理员工绩效的系统。这种观点将绩效管理看成是组织对一个人关于其工作成绩以及发展潜力的评估和奖惩。其代表人物安史沃斯(Ainsworth)、奎因(Quinn)、斯坎奈尔(Scannell)等，通常将绩效管理视为一个周期，强调通过目标管理、激励、提升员工技能等手段来保证员工绩效的持续提升，即将绩效管理看成是对员工绩效的管理。

(3) 绩效管理是管理组织和员工绩效的综合系统。这种观点将绩效管理看成管理组织和员工绩效的综合体系，但这种观点内部却因强调的重点不同而并不统一。例如：考斯泰勒(Kostyler)的模型意在加强组织绩效，但其特点是强调对员工的干预，他认为"绩效管理通过将各个员工或管理者的工作与整个工作单位的宗旨连接在一起，来支持公司或组织的整体事业目标"；而另一种认识却是"绩效管理的中心目标是挖掘员工的潜力，提高他们的绩效，并通过将员工的个人目标与企业战略结合在一起来提高公司的绩效"。

本书主要讨论如何运用绩效管理的思想来保证员工绩效的持续提升，进而实现组织绩效的改善，因此更倾向于第三种观点，即将绩效管理主要看成对组织和员工综合绩效的管理。尽管这种观点在实践中仍然存在很多不确定性，但是组织绩效与个体绩效是分不开的，个体绩效的提升要依靠组织的支持，而组织绩效的改进也离不开个体绩效的提升。绩效管理不应是简单地被认为仅仅是一个测评和评估的过程，而应该是管理者和员工之间创造互相理解的途径。

二、从绩效考核到绩效管理

从绩效考核到绩效管理是管理方式的深刻变革，主要表现在四个方面。

(一)体现了人本管理的思想

从绩效考核到绩效管理，实质上是管理思想的变革，体现了从科学管理到人本管理的转变，具体表现在以下几个方面。

(1) 强调发展目的渗透着人本管理思想。重视个体发展是人本管理思想的关键，绩效管理的初衷和最终目的在于激励和发展员工，激发人的潜能，这是与传统的绩效考核"秋后算账"思想的天壤之别。

(2) 强调员工参与。员工参与是管理思想发展的重要成果，在《管理思想的演变》一书中将其称为"自下而上的管理"，即在不同程度上，组织员工参加组织决策的研究和讨论。研究者认为，员工参与能使他们对组织目标承担更多的责任，并使个人和团体得到更大的满足。绩效管理是员工全程参与式的，员工既参与了绩效计划的制订，也参与了绩效考核，更重要的是员工把绩效计划所制定的目标作为自己的奋斗目标。因此，这种目标就不是外在的了，而变成了员工自身的追求，这就使传统的绩效考核带给员工外在的约束变成了员工的自觉行为。考核员工也就转变为员工的自我考核了，由"自在"变成了"自为"。

(3) 管理角色转变体现人本意识。从"监督者""裁判员"变成"辅导员""教练""咨询员"，不仅有助于提升员工的工作绩效，而且有利于减轻传统绩效考核中容易出现的员工焦虑现象。辅导/教练的主要目的是：第一，及时帮助员工了解自己工作进展情况，确定工作需要改善的方面以及需要掌握的知识技能；第二，在必要时，指导员工完成特定的工作任务。而当员工没能达到预期绩效标准时，管理者借助咨询来帮助员工克服工作过程中遇到的障碍。

(二)渗透了过程管理的理念

由于结果管理是最经济、最容易、最直观的考核办法，也利于发挥员工的创造性，故管理者往往青睐于以结果论英雄。过去曾有一种说法，认为现代管理只管结果，不管过程，这其实是一个误区。管理工作，不仅要看结果，而且要看过程。要通过管理来保证预期目标的实现。这就是说，结果(预期目标)的实现是建立在对过程控制的基础上的。要通过管理过程来保证个体和群体的行为始终沿着实现预期目标的方向发展，最终才能获得理想的结果。绩效管理，不仅注重考核，评价其结果，更强调绩效管理的过程。说绩效管理注重过程管理，主要蕴含了两层含义。

其一，从绩效本身的含义而言，绩效包含了具体行为以及这些行为所达到的结果。传统的绩效考核仅仅侧重对绩效结果的评价，是一种事后控制。而绩效管理不仅强调结果单维导向，而且重视达成目标的过程，是对结果和行为的双维管理。考核不仅要关注结果，也要关注行为指标，以总目标指导方向，而过渡性目标考核员工投入程度，结果与过程并重，相辅相成，从某种程度上说，可以保证相对公平性。

其二，过程管理体现在整个绩效管理系统中的环节，它是在过程中管理绩效，而不是在结果中管理绩效。这种对过程的管理，不仅体现在绩效目标的确定与沟通过程中，体现在绩效考核结果的反馈、讨论与改进的过程中，更加体现在绩效计划设计、确定和过程管理中，通过对达成绩效的行为、过程和能力的管理，实现达成绩效结果的保证。

(三)凸显了沟通激励的功能

随着现代社会的发展，员工的知识和成熟度越来越高，沟通激励也越来越成为实现有效管理的重要手段。从一定意义上讲，沟通是现代管理的一种有效工具，管理离不开沟通，沟通渗透于管理的各个方面。没有沟通，就没有管理。

在绩效考核中，单向信息传递严重阻碍了沟通畅行，造成了沟通障碍，弱化了激励功能。而在现代绩效管理中，沟通渗透在循环网路的各个环节。首先，在绩效计划阶段，绝不是简单的上级向下级下达绩效指标，它需要在双方共同沟通的基础上，达成对工作任务的一致认识，形成绩效契约。绩效计划成功的关键是员工的参与和承诺。其次，在绩效管理过程中，管理者与员工的持续性沟通不仅能够保证员工更好地完成工作任务，而且使得员工的工作满意度大大提高，关键岗位的人员流失率大幅度下降。最后，在绩效反馈阶段，管理者与员工更是进行深入讨论，而绝不是简单的分数通告。由此可知，有效沟通增强了激励作用，对提升绩效大有裨益。

(四)强化了团队绩效的作用

在绩效考核中，不得不提这样一个倾向：在考核前提下，岗位职责更加分明，无论是部门还是个体，在考核范围内的事，努力做好；不在考核范围内的事，事不关己，高高挂起。如此泾渭分明的态度，尤其是部门间的推诿拖延，对于组织整体绩效的提升是相当有害的。绩效考核不仅使员工单纯关注考核指标，对考核外的工作不够关注，主动创新精神有所缺失，而且在某些情况下，当主管期望与团队期望相冲突的时候，会造成团队涣散、整体绩效下降等不良后果。

然而，如今组织的外部环境却正以前所未有的速度发生着各种变化。团队正是组织应对外部环境变化进行组织变革的产物。如何有效地衡量员工在团队中的贡献度恰恰是现代绩效管理试图解决的问题。专家们尝试运用任务绩效和周边绩效的区分来应对传统绩效考核中无法避免的问题。所谓任务绩效，是指职务任务的完成情况，组织所规定的行为或与履行职责有关的行为。周边绩效主要包括人际因素和意志动机因素，如保持良好的工作关系、坦然面对逆境、主动加班等。周边绩效具体涉及员工自愿承担分外的工作任务；在工作中始终保持热情；经常帮助别人，主动承担边界不清的工作；提倡团队合作氛围等一些与特定作业无关的绩效行为。这与有些专家提出的"绩效管理重功劳也重苦劳"的理念如出一辙。功劳即任务绩效；苦劳即周边绩效，注重对团队的贡献和作用。绩效管理注重对周边绩效内容的考察，强化了团队绩效的作用，从而能使个人的职务绩效和团队绩效均获得明显提升。

三、我国绩效管理发展现状

应该说，不同组织中绩效管理呈现出的特征是不一样的，很难用一种标准、一把尺子来衡量不同类型组织中的绩效管理现状。就企业而言，中国企业绩效管理实践的发展大约经历了四个阶段：德能勤绩考核阶段、360度评估阶段、KPI考核阶段、战略绩效管理阶段，如图1-4所示。

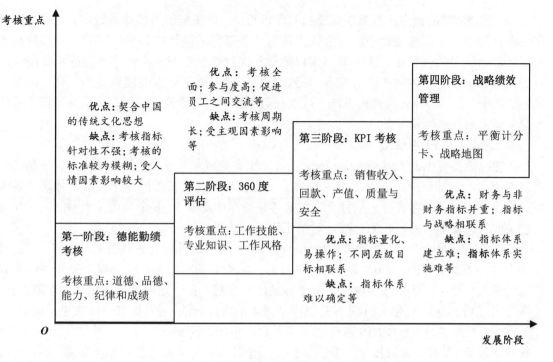

图 1-4 中国绩效管理实践发展的四个阶段

第一阶段：德能勤绩考核法

"德能勤绩"的考核方式具有非常悠久的历史，曾一度被国有企业和事业单位作为年终考核的常用方法，至今仍然有许多企业选用该方法。这种方法的优缺点都比较明显，优点在于：这种方法尤其契合中国传统文化的精髓，将中庸之道的思想与人情因素融入企业绩效管理中。其缺点在于：①考核指标针对性不强。考核指标未能与被考核对象的工作职责以及企业目标直接挂钩，对"人"的评估成分远大于对"事"的考核成分，考核的结果对员工的绩效改进指导意义不大。②考核的标准较为模糊。考核缺乏明确具体的衡量标准，主观评价的意味浓厚。③受人情因素影响较大。经常出现"老好人"的考核分数较高，考核结果与实际绩效脱节较为严重。

第二阶段：360 度评估法

360 度评估法又称全方位绩效考核法或多源绩效考核法，是指从与被考核者发生工作关系的多方主体那里获得被考核者的信息，以此对被考核者进行全方位、多维度绩效评估的过程。这些信息的来源包括：来自上级监督者的自上而下的反馈(上级)；来自下属自下而上的反馈(下属)；来自平级同事的反馈(同事)；来自企业内部的支持部门和供应部门的反馈(支持者)；来自公司内部和外部的客户的反馈(服务对象)；来自本人的反馈。这种绩效考核过程与传统的绩效考核方法最大的不同是：它不是只把上级的评价作为员工绩效信息的唯一来源，而是将在组织内部、外部与员工有关的多方主体作为提供反馈的信息来源。

360 度评估法的优点：①可以为绩效考核提供全面翔实的事实依据。通过不同来源的评估，可以获得全面和原始的数据和信息，为员工的绩效考核提供全面翔实的事实依据。②可以减少考核误差，考核结果的可信度相对较大。③员工高度参与，容易接受考核结果。④有利于增进部门之间工作沟通和交流。⑤考核制度制定的难度较低，容易操作。

360度评估法的缺点：①考核实施的时间较长，由此带来的考核成本较高。②考核时以定性考核为主，主观性比较强。③考核主体对于各部门的绩效缺乏全面了解，难以从根本上保证考核结果的客观性。④因部门岗位数量和岗位性质不同，会产生一定的不公平性。⑤容易流于形式，沦为"人情考核"，导致"人情分""面子分"的现象较为严重。因此，360度评估作为一种补充的评估方法，可以在员工晋升、工作改进方面加以应用，但不能作为企业的主要业绩衡量手段。

第三阶段：KPI 考核法

关键绩效指标(Key Performance Indicator, KPI)即完成某项任务、胜任某个岗位所具备的决定性因素，是基于岗位职责而设定并与员工工作目标密切相关的衡量标准，体现了各岗位的工作重点。进行考核时，从每个岗位的考核指标中选取 5～8 个与员工当前阶段工作密切相关的关键指标，并以此为标准，对员工进行绩效考核。

KPI 考核法的优点：①明确个人目标、部门目标和组织目标的关联关系，具有一定的目标导向性，有助于帮助企业达成经营业绩目标。②KPI 简单明了，少而精，易于控制和管理。③讲求量化，一切用数字说话，考核标准比较客观，在一定程度上弱化了主观随意性。④探寻出成功的驱动因素，KPI 是对关键成功因素的提炼归纳，能发挥其责任成果导向作用。

KPI 考核法的缺点：①KPI 指标比较难界定，指标设计难度较大，考核过程比较复杂，考核成本较高。②KPI 未能提供一套完整的对操作具有指导意义的指标框架体系，各指标间缺乏必然的内在逻辑联系。③KPI 并不是对所有岗位都适用，不适合职能性(如行政办公室)以及绩效周期较长(如科技研发)的岗位。④指标多是定位在个人、部门绩效上，忽视了与组织战略的关系，没能跨越职能障碍，缺乏高度的系统化和结构化。

第四阶段：战略绩效管理

在战略绩效管理阶段，主要就是平衡计分卡的使用。平衡计分卡(Balanced Score Card, BSC)是战略绩效管理的有力工具。它把对企业业绩的评价划分为四个层面：财务层面、客户层面、内部流程层面、学习与成长层面。平衡计分卡中的目标和考核指标来源于组织的战略，它把组织的"使命和战略"转化为有形的"目标和衡量指标"。

平衡计分卡的优点：①强调了绩效管理与企业战略之间的紧密关系，又提出了一套具体的指标框架体系，能够将部门绩效与企业、组织整体绩效很好地联系起来，使各部门工作努力方向同企业战略目标的实现联系起来。②它符合财务评价和非财务评价并重的业绩评价体系的设置原则。③能够避免企业的短期行为。财务评价指标往往以过去的信息为依据，无法评价企业未来成长的潜力。非财务评价指标能很好地衡量公司未来的财务业绩。平衡计分卡从战略目标和竞争需要的角度出发，实现了公司长期战略与短期行动的有效结合。

平衡计分卡的缺点：①实施难度大。平衡计分卡的实施要求企业有明确的组织战略，有较好的管理基础。②指标体系的建立比较困难。平衡计分卡对传统业绩评价体系的突破就在于它引进了非财务指标，克服了单一依靠财务指标评价的局限性。然而，这又带来了另外的问题，即如何建立非财务指标体系、如何确立非财务指标的标准以及如何评价非财务指标等都具有很多挑战。③指标数量过多。平衡计分卡涉及财务、顾客、内部业务流程、学习与成长四套业绩评价指标，指标数量过多，指标间的因果关系很难做到真实、明确。④部分指标的量化工作难以落实。尤其是对于部分很抽象的非财务指标的量化工作非常困难。⑤实施成本大。平衡计分卡要求企业从财务、客户、内部流程、学习与成长四个方面考虑战略目标的实施，并为每个方面制定详细而明确的目标和指标，因此，实施起来，工作量大，成本也比较高。

本 章 小 结

本章主要阐述绩效、绩效考核与绩效管理的本质与内涵；绩效考核与绩效管理的联系与区别；绩效管理在人力资源管理体系中的地位；绩效管理思想的演变及现状。

何谓绩效？目前学术界还没有一个统一的定义，从不同学科认识绩效，所得到的结果会有所差异。

从管理学的角度看，绩效是组织为了实现其目标而展现在不同层面上的有效输出。它既可以是一种结果，也可以是一种行为或态度，还包含被考核者潜能，即：绩效=做了什么+正在做什么+还能做什么。从经济学的角度看，绩效与薪酬是相互对应关系，是个体与组织之间的相互承诺关系。从社会学的角度看，绩效是基于社会分工基础上的每位社会成员所承担的角色职责。

何谓绩效考核？它是一套绩效测评的方法，是企业绩效管理系统中的一个重要环节，是考评主体对照工作目标或绩效标准，采用科学的考评方法，评定员工的工作任务完成情况，员工的工作职责履行程度和员工的发展情况，并且将评定结果反馈给员工的过程。

何谓绩效管理？它既是一套系统管理方法，更是一种管理理念，从绩效考核到绩效管理，不仅是概念或名称的改变，更是反映管理思想的深刻变化。与绩效考核不同，绩效管理不是对已经发生过的业绩进行简单的测量与评估的过程，而是强调对产生业绩的过程进行有效管理，即不仅注重结果导向，更注重绩效实现的过程，注重未来绩效的改进与提升，注重员工能力与素质的提升。

思 考 题

1. 绩效的本质是什么？
2. 绩效考核与绩效管理的区别与联系是什么？
3. 现代绩效管理的内涵是什么？

案 例 分 析

美林公司：从绩效评价到绩效管理的转变

美林公司(Merrill Lynch)总部位于美国纽约，是一家全球知名的财富管理、资本市场服务和咨询公司。美林公司为全球范围内的私人客户、中小企业、机构和公司客户提供资本市场服务、投资银行和咨询服务、财富管理、投资管理、保险、银行和相关产品及服务。美林公司还是金融衍生品等的交易商和承销商，是公司、政府、机构和个人的战略顾问。

美林公司过去的绩效管理的重点仍停留在对员工进行简单评价阶段，而转变之后的重点则着眼于提高员工绩效。为此，美林公司在绩效管理过程中非常重视绩效辅导、绩效反馈以及管理者与员工之间的绩效沟通。绩效评价在美林公司的绩效管理系统中仍然占有一席之地，但已不再是关注的唯一重点。每年年初，美林公司的员工要与其管理者共同制定工作目标；到了年中，管理者要对工作目标进行评价，并对员工行为适时地作出调整，从而确保其能够达成工作目标，同时，管理者还要关注个人发展计划的实施情况；到了年底，管理者要对员工的绩效进行评价，并结合 360 度反馈获得的信息对员工需要改进的方面提出建议。在整个绩效管理周期内，管理者要给员工持续的绩效反馈，以帮助其顺利地完成工作目标。为了适应绩效管理体系上的变化，美林公司出台了一系列举措：一方面，美林公司将绩效评价结果的等级从五个缩减为三个，这样就避免了管理者在与员工面谈时总是解释为什么将其评价为某一等级，能够将时间和精力放在如何提高员工绩效上；另一方面，美林公司加强了对管理者面谈技巧方面的培训。美林公司一直将管理者与员工的有效沟通视为绩效管理成功的重要基础。因此，为了让管理者在绩效管理周期内与员工持续不断地进行良好的沟通，美林公司制订了全方位的培训计划，例如对管理者如何开展面谈的培训、如何与员工共同协商从而制定目标的培训等。

(资料来源：方振邦，陈曦. 绩效管理[M]. 北京：中国人民大学出版社，2015.)

讨论题：

1. 你认为美林公司转变之后的绩效管理系统有哪些特点？
2. 试结合美林公司的实际，谈谈绩效管理与绩效考核的区别体现在哪些方面。

第二章

绩效管理的理论基础

【本章学习重点】
- 绩效管理的一般理论基础
- 绩效管理的直接理论基础

本章案例来源

【案例导入】

制度的力量

18世纪末期，英国政府决定把犯了罪的英国人统统发配到澳洲去。一些私人船主承包了从英国往澳洲大规模运送犯人的工作。英国政府实行的办法是以上船的犯人数支付船主费用。当时那些运送犯人的船只大多是由一些很破旧的货船改装的，船上设备简陋，没有药品，更没有医生。船主为了牟取暴利，尽可能地多装人，使船上条件更加恶劣。一旦船只离开岸，船主按人数拿到了政府的钱，对于这些人能否远涉重洋活着到达澳洲就不管不问了。有些船主为了降低费用，甚至故意断水断食。3年以后，英国政府发现：运往澳洲的犯人在船上的死亡率达12%，其中最严重的一艘船上424个犯人死了158个，死亡率高达37%。英国政府费了大量资金，却没能达到大批移民的目的。英国政府想了很多办法，每一艘船上都派一名政府官员监督，再派一名医生负责犯人和医疗卫生，同时对犯人在船上的生活标准作了硬性规定。但是，死亡率不仅没有降下来，有的船上的监督官员和医生竟然也不明不白地死了。原来一些船主为了暴利，贿赂官员，如果官员不同流合污就被扔到大海里喂鱼了。政府支付了监督费用，却照常死人。政府又采取新办法，把船主都召集起来进行教育培训，教育他们要珍惜生命，要理解去澳洲开发是为了英国的长远大计，不要把金钱看得比生命还重。但是情况依然没有好转，船上犯人的死亡率一直居高不下。一位英国议员认为是那些私人船主钻了制度的空子，而制度的缺陷在于政府给船主报酬是以上船人数来计算的。他提出改变制度：政府以到澳洲上岸的人数为准计算报酬，不论你在英国上船多少人，到了澳洲上岸的时候再清点人数支付报酬。问题迎刃而解。船主主动请医生跟船，在船上准备药品，改善生活，尽可能地让每一个上船的人都健康地到达澳洲。多一个人就意味着多一份收入。自从实行上岸计数的办法以后，船上犯人的死亡率降到了1%以下。有些运载几百人的船只经过几个月的航行竟然没有一个人死亡。

分析：这个故事告诉我们，绩效考核的导向作用很重要。企业的绩效导向决定了员工的行为方式，如果企业认为绩效考核是惩罚员工的工具，那么员工的行为就是避免犯错，而忽视创造性，忽视创造性，就不能给企业带来战略性增长，那么企业的目标就无法达成；如果企业的绩效导向是组织目标的达成，那么员工的行为就趋于与组织目标保持一致，分解组织目标，理解上级意图，并制订切实可行的计划，与经理成为绩效合作伙伴，在经理的帮助下，不断改善，最终支持组织目标的达成。

(资料来源：根据网络资料整理而成)

管理理论和实践之间具有密切联系。正如麦格雷戈(McGregor)所言，"任何管理都是建立在设想、假设与归纳的基础之上的，也就是说，是以一定的理论为基础的。""我们有可能作出不够充分的理论假设，但绝不可能在没有假设的前提下，制定出管理决策及措施。"然而就绩效管理而言，当前绩效管理文献基本都是从管理者的视角出发，以"应当怎样"的知识形式出现的，而关于绩效管理观念、原则所依赖的理论和实证基础的文献则非常少见。为了更好地理解绩效管理观念、原则背后的理论和实证基础，绩效管理研究就不可避免地需要更多地关注理论。对绩效管理理论基础研究的性质和难度，不同的学者存在不同的判断。例如，马奇(March)和萨顿(Sutton)认为，理论之于组织绩效研究如同皇帝的新衣一样绝大部分还是赤裸的。而毕希纳(Buchner)认为，当前通行的绩效管理模型通常会透露出有关基础理论的迹象，只是它们从未被明确地澄清过。本书认为绩效管理的理论基础可分为一般理论基础和直接理论基础两个层次：一般理论基础包括控制论、系统论、信息论等；直接理论基础包括工作分析、目标管理、目标设置、激励理论、成本收益理论、目标一致性理论、组织公平感理论、权变理论、信息市场理论等。

第一节　绩效管理的一般理论基础

一、控制论

自从 1948 年诺伯特·维纳(Norbert Wiener)出版了著名的《控制论：或关于在动物和机器中控制和通信的科学》一书以来，控制论的思想和方法已经渗透到了几乎所有的自然科学和社会科学领域。维纳把控制论看作一门研究机器、生命社会中控制和通信的一般规律的科学，是研究动态系统在复杂多变的环境条件下如何保持平衡状态或稳定状态的科学。他特意创造了"cybernetics"这个英语新词来命名这门科学。"控制论"一词最初来源于希腊文，原意为"操舵术"，就是掌舵的方法和技术的意思。在古希腊哲学家柏拉图的著作中，经常用它来表示管理的艺术。

(一)控制论的核心思想

控制论以系统方法为基础，主要研究复杂系统中的沟通信息流。20 世纪 30 年代到 40 年代，伴随着工业自动化的逐步普及，形成了伺服机构理论(即自动控制理论)，控制论就是在此基础上产生的。控制论认为，无论是自动机器还是神经系统等都可以看作一个自动控制系统，控制系统发出指令，作为控制信息传到系统的各个部分，由系统各部分按指令执行之后再把执行情况反馈输送回来，反馈对系统的控制和稳定起着决定性作用，是控制论的核心问题。

(二)控制论如何作用于绩效管理

从控制论的角度分析，绩效管理是一个控制系统。这一控制系统首先表现为员工、部门、组织绩效因果链中前一环节对后一环节的控制。就员工绩效管理而言，这也是一个因果链控制系统。绩效管理首先有预期的结果——绩效管理的目的，要达到绩效管理的目的，就必须有绩效评估，进行绩效评估的前提是必须对绩效进行沟通，绩效沟通的基础是绩效评估指标体系。绩效管理体系的因果链可以用图 2-1 表示。

绩效管理体系是一个动态的控制过程，反馈和前馈存在于绩效管理的整个过程中，绩效评估指标体系的建立就是对员工绩效的前馈控制。绩效沟通中既包括前馈控制，又包括反馈控制。绩效沟通通过分阶段检查员工的工作绩效，提供反馈意见，同时将总结的意见用于下一阶段的前馈控制，绩效评估反馈的信息则用于下一轮绩效的改进。绩效管理系统的控制作用体现在评估者为了使被评估者达到提高绩效水平的目的而展开的活动中。评估者作为施控主体，被评估者作为受控客体，评估者通过与被评估者共同建立绩效评估指标体系、保持绩效沟通、进行绩效评估与反馈来控制被评估者的工作行为或工作结果，达到提高绩效的目的。

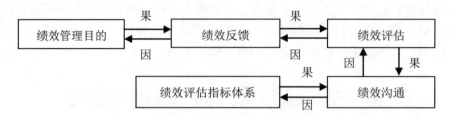

图 2-1　绩效管理体系因果链

(资料来源：胡君辰，宋源. 绩效管理[M]. 成都：四川人民出版社，2008.)

由于一个企业绩效管理系统所处的环境是在不断变化中的，因此绩效管理也是在不断变化的过程中实现的。可以说，绩效管理的控制过程是一种动态过程，绩效管理系统是一种动态系统，当绩效管理控制所要达到的目的是某种稳态时，这种稳态在本质上是一种动态平衡。

总之，通过控制活动能提供用来调整目标与手段的反馈信息，在具有既定目标的情况下，控制职能包含度量实际情况，把它们同标准对比，传出能用来协调组织活动、使之集中于正确方向并有利于达到动态平衡的信息。这一思想告诉我们，企业组织目标的实现必须依赖反馈控制原理，不断地将企业目标执行的结果与既定目标相比对，并调整企业组织活动不脱离原目标方向，显然这就是绩效管理能够控制企业组织战略目标实现的基本依据。

二、系统论

系统论思想源远流长，但作为一门科学的系统论，人们公认是由美籍奥地利裔生物学家贝塔朗菲(Ludwig. von Bertalanffy)创立的。他在 1932 年发表"抗体系统论"，提出了系统论的思想。1937 年，他提出了一般系统论原理，奠定了这门科学的理论基础。但是他的论文《关于一般系统论》到 1945 年才公开发表，他的理论到 1948 年在美国再次讲授"一般系统论"时，才受到学术界的重视。确立这门科学学术地位的是 1968 年贝塔朗菲发表的专著《一般系统论：基础、发展和应用》(*General System Theory: Foundations, Development, Applications*)，该书被公认为是这门学科的代表作。

系统论运用完整性、集中性、等级结构、终极性、逻辑同构等概念，研究适用于一切综合系统或子系统的模式、原则和规律，并力图对其结构和功能进行数学描述。系统强调整体与局部、局部与局部、整体与外部环境之间的有机联系，具有整体性、动态性和目的性三大基本特征。

(一)系统论的核心思想

系统论的核心思想是系统的整体观念。任何系统都是一个有机的整体，它不是各个部分的机械组合或简单相加，系统的整体功能是各要素在孤立状态下所没有的性质，系统中各要素不是孤立存在的，每个要素在系统中都处于一定的位置，起着特定的作用。要素之间相互关联，形成一个不可分割的整体。根据系统论的观点，首先把企业看成是一个大的系统，企业管理由许多子系统组成；其次，企业组织是一个开放系统，它同周围环境不断地进行交流；最后，管理必须从企业组织整体出发去考虑和评价问题。

(二)系统论的基本方法

系统论的基本思想方法，就是把所研究和处理的对象当作一个系统，分析系统的结构和功能，研究系统、要素、环境三者的相互关系和变动的规律性，并优化系统观点看问题。世界上任何事物都可以看成是一个系统，系统是普遍存在的。大至宇宙，小至原子；一粒种子、一群蜜蜂、一台机器、一个工厂、一个学会团体……都是系统，整个世界就是系统的集合。

(三)系统论如何作用于绩效管理

系统具有集合性、层次性和相关性，这些特征都对绩效管理有着不同的影响。

(1) 集合性。系统最基本的特征是，一个系统由若干个子系统组成，绩效管理作为人力资源管理甚至整个企业管理的子系统，其水平高低与企业发展关系紧密。

(2) 层次性。系统的结构是有层次的，企业绩效系统包括组织绩效、部门绩效、员工绩效三个层次。

(3) 相关性。系统各要素相互依存、相互制约，对绩效而言，员工绩效、部门绩效与组织绩效是相辅相成的。

三、信息论

信息论将信息的传递作为一种统计现象来考虑，给出了估算通信信道容量的方法。信息传输和信息压缩是信息论研究中的两大领域。这两个方面又由信息传输定理、信源-信道隔离定理相互联系。香农被称为"信息论之父"。人们通常将香农于 1948 年 10 月发表在《贝尔系统技术学报》上的论文《通信的数学理论》(*A Mathematical Theory of Communication*)作为现代信息论研究的开端。

(一)信息论的主要思想

20 世纪 20 年代，香农和维纳从通信和控制的角度提出了信息的概念。现代化的企业是一个复杂的大系统。在整个系统的生产经营活动中贯穿着两种"流动"：一种是人力、物力、财力的流动；另一种是随之产生的大量数据、资料、指标、图纸、报表等信息的流动。前一种流动是企业生产经营活动的主体流程，这种流动是否畅通，在很大程度上决定着企业生产经营活动的好坏。为了使企业经营达到最优效果，就必须对人流、物流、财流加以科学地计划、组织和调节，使其按照一定的规律运动，而人流、物流、财流畅通的前提条件是信息流的畅通。信息流的任何阻塞都会造成人流、物流、财流混乱，有损于企业生产的经济效果。因此，一个现代化的管理系统必须具有信息系统的功能，要能够对企业内部和外部的信息进行完整地收集、正确地加工、迅速地传递，以及有效地使用等，以保证信息流的畅通。

(二)信息论如何作用于绩效管理

从信息论的角度看，绩效管理过程就是一个信息过程。信息理论认为绩效管理信息获取的真实度及其迅速性是绩效管理的关键。

在绩效管理的过程中，对信息的要求可以归结为及时、准确、适用、经济。面对大量的、庞杂的信息流，如果评估者和被评估者无法迅速、有效地得到必要的信息，那么，评估者就无法对被评估者的绩效进行合理的控制，绩效管理职能就无法发挥。绩效管理结果如何，在很大程度上取决于信息的质量。信息是企业管理的基础，绩效管理系统的一个基本要求就是信息反馈(见图 2-2)。评估者与被评估者之间通过各种报表、数据、指令等信息关系发生联系。评估者的任务就是通过信息系统了解信息、处理信息，然后作出正确决策，有效地组织和协调绩效管理系统的各种活动。

因此，信息反馈是绩效管理中的一个非常重要的手段，是组织提高员工绩效的重要保证。

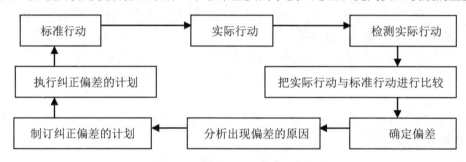

图 2-2　管理系统中的信息反馈

(资料来源: 胡君辰，宋源. 绩效管理[M]. 成都: 四川人民出版社，2008.)

四、行为科学理论

绩效是组织一切管理实践的指向所在。从这个意义上来说，广义的"绩效管理"即管理。从狭义的特别是从人力资源管理的视角来看，绩效管理观念是在传统人事绩效评估的基础上发展而来的，形成于 20 世纪 70 年代，发展于 20 世纪八九十年代。因此，从广义上讲，行为科学与管理学领域很多理论对绩效管理也产生了很深的影响。

(一)行为科学管理理论概述

行为科学理论是 20 世纪 30 年代开始形成的一门研究人类行为的新学科、一门综合性科学，并且发展成国外管理研究的主要学派之一，是管理学中的一个重要分支，它通过对人的心理活动的研究，掌握人们行为的规律，以便预测人的行为和控制人的行为。

目前行为科学已在管理上得到广泛的应用，并取得了明显的成效。它的成功改变了管理者的思想观念和行为方式。行为科学把以"事"为中心的管理，改变为以"人"为中心的管理，由原来对"规章制度"的研究发展到对"人的行为"的研究，由原来的专制型管理向民主型管理过渡。

(二)现行的行为科学管理理论的论点

现行的行为科学管理理论主要包括以下四个问题。

(1) 人性假设是行为科学管理理论的出发点。其中各个时期管理者对管理对象的认识可以分为六种基本类型：工具人假设、经济人假设、社会人假设、自我实现人假设、复杂人假设、决策人假设。

(2) 激励理论是行为科学的核心内容，具体包括需要层次理论、行为改造理论、过程分析理论三个方面的相关理论。

(3) 群体行为理论是行为科学管理理论的重要支柱，掌握群体心理是研究群体行为的重要组成部分。

(4) 领导行为理论是行为科学管理理论的重要组成部分，包括对领导者的素质、领导行为、领导本体类型、领导方式等方面的研究。

(三)行为科学管理理论的主要特点

行为科学管理理论的主要特点如下。

(1) 把人的因素作为管理的首要因素，强调以人为中心的管理，重视职工多种需要的满足。

(2) 综合利用多学科的成果，用定性和定量相结合的方法探讨人的行为之间的因果关系以及改进行为的办法。

(3) 重视组织的整体性和整体发展，把正式组织和非正式组织、管理者和被管理者作为一个整体来把握。

(4) 重视组织内部的信息流通和反馈，用沟通代替指挥与监督，注重参与式管理和职工的自我管理。

(5) 重视内部管理，忽视市场需求、社会状况、科技发展、经济变化、工会组织等外部因素的影响。

(6) 强调人的感情和社会因素，忽视正式组织的职能及理性因素和经济因素在管理中的作用。

(四)行为科学对企业管理的影响

行为科学对企业管理的影响主要有以下几点。

(1) 强调企业管理中人的因素的重要性。

(2) 主张从社会学、心理学的角度来研究管理。

(3) 重视社会环境、人们的相互关系对劳动效率的影响。

(4) 认为行为是人的思想、感情、欲望在行动上的表现，管理的作用就在于使人们因措施的刺激而产生行为动机。

(5) 要从人的本性中激发出动力。

第二节 绩效管理的直接理论基础

一、目标管理理论

"目标管理"既是一种组织管理模式，也是一种管理思想和管理哲学的体现。它的形成经历了较长的一段时期，是由众多管理思想大师一起完成的，而德鲁克就是他们中搭上最后一块积木的人。

(一)目标管理理论的主要思想

20世纪50年代，彼得·德鲁克(Peter F. Drucker)在他的《管理实践》一书中提出了目标管理理论，基本思想如下。

(1) 企业的任务必须转化为目标，企业管理人员必须通过这些目标对下级进行指导，并以此来保证企业总目标的实现。

(2) 目标管理是一种程序，使一个组织中的上下各级管理人员统一起来制定共同的目标，确定彼此的责任，并将该责任作为指导业务和衡量各自贡献的准则。

(3) 每个管理人员或工人的分目标就是企业总目标对他的要求，同时也是这个企业管理人员或工人对企业总目标的贡献。

(4) 管理人员和工人是依据设定的目标进行自我管理，他们以所要达到的目标为依据，进行自我控制、自我指挥，而不是由他的上级来指挥和控制。

(5) 企业管理人员对下级进行评估和奖惩也是依据这些分目标。

(二)目标管理理论的特征

目标管理的最大优点在于：以目标给人带来的自我控制力取代来自他人的支配式的管理控制方式，从而激发人的最大潜力，把事情办好，把工作做好。

目标管理有两个显著的特点：一是强调组织计划的系统性；二是强调目标制定过程本身的激励性。

(三)目标管理的过程

典型的目标管理包括八个步骤：①制定组织的整体目标和战略；②在经营单位和职能部门之间分配主要目标；③单位管理者与其上司一道合作确定具体目标；④在部门成员的合作下将具体目标落实到每位员工身上；⑤管理者与下级共同制订计划并达成协议；⑥实施行动计划；⑦定期检查完成目标的进展情况，并向有关人员反馈结果；⑧通过基于绩效的奖励强化目标的成功实现。

(四)目标管理和绩效管理的关系

绩效管理的过程尤其是绩效计划阶段包含目标管理。一方面，目标管理的实施离不开绩效管理。目标管理不仅将目标作为一种激励因素，也将目标作为员工考核的标准，进行目标管理就必然要进行绩效管理。另一方面，目标管理是绩效管理推行的前提之一，设定绩效目标是绩效管理的第一步，目标设定的合理与否直接决定着评价结果的好坏。很多企业的绩效考核推行不下去的根本原因就在于目标设定得不合理。有的很容易达到绩效目标，有的因为受到外部环境以及企业内部条件的限制，无论如何努力也达不到绩效目标。在薪酬与绩效挂钩的薪酬体系中，往往会产生内部不公平。那么如何科学合理地制定绩效目标并使其得到贯彻执行呢？目标管理不失为一种非常有用的工具，目标管理构成了有效绩效管理的基础，也为绩效管理提供了可行性论证(见图 2-3)。

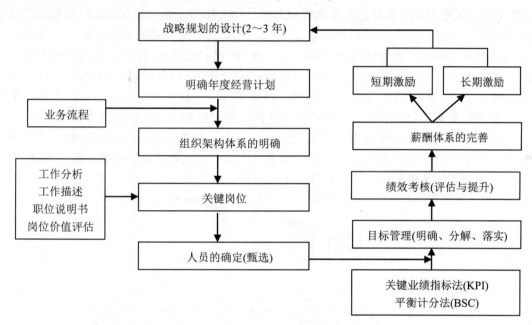

图 2-3　目标管理在人力资源绩效管理中的位置

二、目标设置理论

1968 年美国马里兰大学管理学兼心理学教授洛克(E. A. Locke)最先提出"目标设置理论"(goal setting theory)，认为目标本身就具有激励作用，目标能把人的需要转变为动机，使人们的行为朝着一定的方向努力，并将自己的行为结果与既定的目标相对照，及时进行调整和修正，从而实现目标。这种使需要转化为动机，再由动机支配行动以达成目标的过程就是目标激励。

(一)目标设置理论的基本模式

目标有两个最基本的属性：明确度和难度。

从明确度来看，目标内容可以是模糊的，如仅告诉被试者"请你做这件事"；目标也可以是明确的，如"请在 10 分钟内做完这 25 道题"。明确的目标可使人们更清楚要怎么做，付出多大的努力才能达到目标。目标设置得明确，也便于评价个体的能力。很明显，模糊的目标不利于引导个体的行为和评价他的成绩。因此，目标设置得越明确越好。事实上，明确的目标本身就具有激励作用，这是因为人们有希望了解自己行为的认知倾向。对行为目的和结果的了解能减少行为的盲目性，提高行为的自我控制水平。另外，目标的明确与否对绩效的变化也有影响。也就是说，完成明确目标的被试者的绩效变化很小，而目标模糊的被试者的绩效变化则很大。这是因为模糊目标的不确定性容易产生多种可能的结果。

从难度上看，目标可以是容易的，如20分钟内做完10个题目；可以是中等的，如20分钟内做完20个题目；可以是难的，如20分钟内做完30个题目；或者是不可能完成的，如20分钟内做完100个题目。难度依赖于人和目标之间的关系，同样的目标对某人来说可能是容易的，而对另一个人来说可能就是难的，这取决于他们的能力和经验。一般来说，目标的绝对难度越高，人们就越难达到。有400多个研究发现，绩效与目标的难度水平呈线性关系。当然，这是有前提的，前提条件就是完成任务的人有足够的能力，对目标又有高度的承诺。在这样的条件下，任务越难，绩效越好。一般认为，绩效与目标难度水平之间存在着线性关系，是因为人们可以根据不同的任务难度来调整自己的努力程度。

需要强调的是，在目标设置与绩效之间，除了上面两个因素外，还有其他一些重要的因素会产生影响。这些因素包括对目标的承诺、反馈、自我效能感、任务策略、满足感等。我们可以用目标设置模型来说明，如图2-4所示。

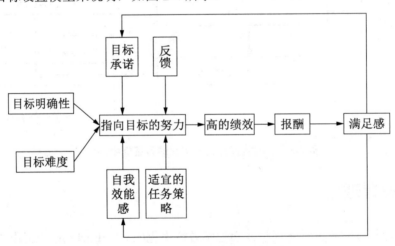

图2-4　目标设置模型

(二)目标设置理论和目标管理理论的比较

目标设置理论和目标管理理论有些相似之处，但又不尽相同。目标管理强调参与式的目标设置，这些目标是明确的、可检验的和可衡量的；目标设置强调把组织的整体目标转化为组织单位和员工个人的具体目标，而且低层次单位的管理者共同参与自己目标的设置。将目标设置和目标管理理论作对比，我们发现目标管理和目标设置理论都提倡具体的目标和绩效反馈，当目标足够困难时，目标设置能带来更高的个体绩效，目标管理也更有效，唯一不同的地方可能是关于参与的问题：目标管理激励主张参与，主要好处在于它引导员工建立更难达到的目标；而目标设置理论则表示给下属制定目标效果一样好。

(三)将目标设置理论运用在绩效管理中应注意的问题

企业目标是企业凝聚力的核心，它体现了职工工作的意义，能够在理想和信念的层次上激励全体职工。目标设置是目标激励的重要组成部分，在工作中设置什么样的目标才能达到目标与绩效的优化组合，设置的目标与个体的切身利益密切相关。因此，管理者和员工在目标设置过程中应注意以下几方面问题。

第一，目标设置必须符合激励对象的需要。激励对象的工作成就应同其正当的获得期望挂钩，使激励对象表现出积极的目的性行为。员工只有真正认识到设置的目标合乎自己的期望和需要时，才会在目标实现的过程中付出大量而有效的努力，否则就不会对员工的工作产生激励作用。

第二，注意目标设置的具体性。目标的内容要具体明确，能够有定量要求的目标更好，切忌笼统抽象。具体的目标更接近于员工自己的利益，并使员工能够在不断的反馈中体验到成就感。但过于具体的目标又显得组织混乱，造成管理上的困难，也不利于企业对目标的宏观调控。因此，企业只有在某个整体目标的指引下，设置适当的具体的目标，这样才能提高工作绩效。

第三，注意目标的阶段性。实现一个短期目标可以使人较快地看到自己的进步，看到自己的努力和成绩之间的关系，并产生不断进取以达到下一个目标的愿望。如果时间制定得太长，就会使人觉得很难达到，从而挫伤人们工作的积极性。所以在目标制定的时间上，既要有近期目标，又要有远期目标。应将长远目标分解为阶段目标，要把长远目标同阶段目标有机结合起来，将长远的理想同近期的需要结合起来，掌握工作节奏，分段达到预期目标。

第四，目标难度的拟定上要适当，过高了力所不及，过低了无须努力就能轻易得到，都不能收到良好的激励效果。设置的目标既要切实可行，又要振奋人心。同一目标对不同的人有着不同的难度，企业员工可以根据不同的任务难度调整自己的努力程度。针对不同岗位上的员工以及员工能力间的差异设置合适的目标，将目标难度的设立与员工能力的高低和目标承诺结合起来，即有足够的能力和高度的目标承诺时可以设置难度较大的目标，否则要作出适当调整。

第五，合理运用反馈机制。从心理学上分析，取得结果被承认后反馈于劳动者，使其产生积极的情绪反应，从而激励个人持续不断的、以更高的热情进行工作，其结果形成一个正反馈的连锁反应循环，使两终端互为能量补充。如果不让员工意识到他们的工作绩效并没有达到预期绩效的要求，则绩效不会有所改善。有效的管理者应当以一种能够诱发积极的行动反应的方式来向员工提供明确的绩效反馈。具体应注重以下几点：①反馈应当是经常性的，使员工在正式的评价过程结束之前就几乎能够知道自己的绩效评价结果。②鼓励下属员工积极参与绩效反馈过程，运用"解决问题法"，即管理者和员工在一种相互尊重和相互鼓励的氛围中讨论如何解决员工绩效中所存在的问题。绩效反馈要提供准确的反馈，其中既包括查找不良绩效，同时也包括对有效业绩的认可，赞扬员工的有效业绩有助于强化员工的相应行为。③将绩效反馈集中在行为上或结果上而不是人身上，进行负面反馈时要避免对员工作为一个人而存在的价值提出疑问，要做到这一点就必须把绩效反馈的重点放在员工的行为或者结果上。④制定具体的绩效改善目标，然后确定检查改善进度的日期。

第六，鼓励员工参与个人目标和企业目标的设置，参与目标设置的员工比被领导者分配目标的员工更能建立较高的目标并取得较高的工作绩效，因为参与目标设置本身就增强了员工对目标的承诺，而员工被动地接受目标会导致出现设置的目标与自身需要不一致的情况，因此可能影响工作效率和目标的实现。

第七，目标设置应注重对员工努力程度的反映，进行个性化的工作衡量。员工存在能力、资历、个性等各方面的个体差异，所以目标设置应具有个性化。而要达到目标设置的个性化，就应注重反映各个员工进行工作的努力程度的衡量，而不是用一把尺子去衡量所有的人，这样才能最大限度地激发每个员工的工作积极性。具体来讲，首先在设置工作目标时应尽量征询每个员工的意见，尽量针对其个人设置个性化的工作目标，由此而使其对工作目标有认同感，避免所给予其的工作任务有"吃不饱"或"吃不了"的现象；其次，应结合其个人意见制订多个步骤并制订各步骤的目标，使其能在逐个完成工作目标时，看到自己的进步和实现单元目标的希望，消除工作中的枯燥感，提高员工的挑战欲望和成功感，增强自信心；最后，目标反馈主要以员工个人成绩的提高程度作为评价基础，强调个人的努力，淡化个人的能力，使员工在单元目标的引导下，为实现其长远目标和整体目标而努力。

三、激励理论

(一)激励理论的主要思想

激励理论是行为科学的核心理论，又是管理心理学、组织行为学的重要内容。大致有四种激励理论：①需要激励模式，认为人的需要是多层次的，低层次需要满足后才会转而追求高层次的需要，马斯洛的需要层次论和赫茨伯格的双因素理论影响最广泛；②动机-目标激励模式，理论基础源于弗罗姆提出的期望理论，用公式表示为：激励力=期望值×效价；③权衡激励模式，理论基础为亚当斯提出的公平理论，他认为员工更关注的不是报酬的绝对值大小，而是报酬的分配是否公平合理以及自己是否受到公平待遇；④强化激励模式，依据的激励原理是斯金纳的强化理论。

(二)激励理论与绩效管理之间的关系

激励理论对绩效管理的实施有如下指导作用：在需要激励模式下，当员工低层次的需要满足后转而产生高层次需要，表现为希望知道自己绩效水平如何，希望自己的工作成绩得到企业的认可，实现自我超越，而这些需要通过绩效管理才能实现，所以员工具有期待绩效管理的内心愿望；在动机-目标激励模式下，我们在进行绩效管理、制定绩效目标时，既不宜低，也不宜高，目标制定要适度；在权衡激励模式下，绩效目标事先沟通且可衡量，绩效管理体系严密，尽管存在评估者的误差，但绩效管理模式下的评估显然更能使员工感到公平，更能激发员工的潜能。绩效评估结果的运用本身就是以绩效为基准的正强化、负强化过程，这正符合强化激励理论的思想。

四、成本收益理论

(一)成本收益理论的主要内容

从纯经济学角度看，收益大于成本的预期是人们行为的基本出发点，因而也是人类社会的首要理性原则。管理活动是一种价值产出，任何一项管理职能存在的意义在于此项管理活动正在或者即将为企业创造经济效益，即现实收益和潜在收益之和大于管理职能本身的成本。

(二)成本收益理论与绩效管理的关系

成本收益理论对绩效管理的指导意义体现在两个方面：一是就员工而言，配合绩效管理与抵触绩效管理可看作是员工与企业双方博弈时的不同决策，企业依据不同决策给予不同收益，员工能预见到的收益最大化应该是支持绩效管理；二是就企业而言，绩效管理本身所发生的直接成本与机会成本之和应该小于绩效管理所带来的现实收益与潜在收益之和，只有这样，企业才存在实施绩效管理的经济学理由。

五、权变理论

(一)权变理论的主要思想

权变理论是 20 世纪 60 年代末 70 年代初在经验主义学派的基础上进一步发展起来的管理理论，是西方组织管理学中以具体情况及具体对策的应变思想为基础而形成的一种管理理论。进入 20 世纪 70 年代以来，权变理论在美国兴起，受到广泛重视。权变理论的兴起有着其深刻的历史背景，20 世纪 70 年代的美国，社会不安，经济动荡，政治骚动，达到空前的程度，石油危机对西方社会产生了深远的影响，企业所处的环境很不确定。但以往的管理理论，如科学管理理论、行为科学理论等，主要侧重研究加强企业内部组织的管理，而且以往的管理理论大多追求普遍适用的、最合理的模式与原则，而这些管理理论在解决企业面临瞬息万变的外部环境时则显得无能为力。正是在这种情况下，人们不再相信管理会有一种最好的行事方式，而是必须随机应变地处理管理问题，于是形成一种管理取决于所处环境状况的理论，即权变理论，"权变"的意思就是权宜应变。

(二)权变理论的优点

权变理论有以下几点突出优势。

(1) 其理论得到了大量以经验为依据的研究支持。在流行报摊上充斥着"如何成为一名成功的领导者"之类书籍的时代，权变理论提供了一个有着悠久传统的研究方法。许多研究者检验后都发现，权变理论是能够解释如何获得有效领导的切实可行的学说。也就是说，权变理论在研究方面是有基础的。

(2) 通过思考工作情境对领导者的影响，权变理论拓展了我们对领导力的理解。在权变理论发展之前，领导力理论主要着重于探讨是否存在一种单一的、最好的领导方式(如特质学说)，而权变理论强调了领导者风格和不同情境要求之间的关系。事实上，权变理论将重点转移到领导情境上，特别是领导者与工作情境之间的关联。

(3) 权变理论有预见性，因此提供了关于特定情境下可能有效的领导模式的有用信息。根据"最难共事者"测验(LPC)提供的数据和三个情境变量的描述(即领导者-下属关系、任务结构和职位权力)，我们可以判断某个人在特定情境下成功的概率。这使得权变理论具备了其他领导力理论所没有的预见性和判断力。

(4) 该理论实用性很强，因为它不要求人们在任何情况下都有效率。团队的领导者们常常觉得自己有必要成为万能的人，但这对领导者而言要求过分了。权变理论认为领导者不该希望自己在所有情况下都能领导，公司应尽量将领导者安置在与他们的领导风格相符的工作岗位上。当领导者明显被放在错误的情境中时，就应该调整工作情境变量或者把领导者调动到另一个岗位上。权变理论使领导者与其所处的工作情境相符，但是没有要求领导者适合每一种情况。

(5) 权变理论为团队提供了一些关于领导者风格的数据，对于更全面地描述领导方式比较有用。LPC 测验得分和人力资源计划中的另一些评估结合，可以构成员工个人资料，这些资料可用于决定员工在哪个岗位上工作才能最好地为公司服务。

(三)权变理论与绩效管理之间的关系

对所有企业而言没有一个统一的、在所有情况下都适合的最优绩效管理体系，绩效管理体系的设计必须建立在对企业内外环境进行分析的基础上，并随着环境的变化适时地调整。具体如下：在绩效评估的方法选择上，应根据企业自身的特点，避免绩效管理工作的简单化和一般化，根据权变理论，企业在选用自己的绩效评估方法时，首先要弄清自身所处的内部环境和外部环境，应用该方法的其他企业有何可借鉴的地方，分析该方法发挥作用的前提条件，才能加以变通，使之在本企业中真正地被有效运用；在绩效管理体系的设计上，应注意和不同的企业文化环境相结合。不同文化环境导致不同的领导方式、不同的工作氛围，因此根据权变理论，绩效管理体系在设计时一定要综合考虑多方面的因素。

本 章 小 结

从各种绩效管理教材的总体情况来看，绩效管理被普遍认为是为实现组织战略目标而采取的系统化管理实践，"是一个识别、测量和开发个人及团队绩效，并使其与组织战略目标保持一致的持续性过程"。显然，绩效管理既然是一套有目的的、系统化的管理实践，就必然存在其理论基础。但是考察表明，不同的教材在着力阐述绩效管理应当"如何做"的同时，对于绩效管理的理论基础的分析却相当模糊和不完整。本书认为绩效管理作为一项实践性很强的管理活动，其背后蕴含着较为深厚的理论基础。具体来说，其理论基础可分为一般理论基础和直接理论基础两个层次：一般理论基础包括控制论、系统论、信息论等；直接理论基础包括工作分析、目标管理、目标设置、激励理论、成本收益理论、目标一致性理论、组织公平感理论、权变理论、信息市场理论等。

思　考　题

1. 绩效管理的理论基础有哪些？
2. 系统论、信息论及控制论与绩效管理之间的关系是什么？
3. 权变理论与绩效管理之间有何关系？

案　例　分　析

张经理的烦恼

老张是营业部经理，他拿到人力资源部送来的考评表格，却不知该怎么办。表格主要包括了对员工工作业绩和工作态度的评价。工作业绩一栏分为五档，每一档只有简短的评语，如超额完成工作任务、基本完成工作任务等。由于种种原因，年初老张并没有将员工的业绩目标清楚地确定下来。因此，在业绩考评时无法判断谁超额完成任务，谁没有完成任务。工作态度就更难填写了，由于平时没有收集和记录员工的工作表现，到了年底，仅对近一两个月的事情有一点记忆。由于人力资源部催得紧，老张只好在这些考评表上勾勾圈圈，再加上一些轻描淡写的评语后交给人力资源部。想到这些绩效考评要与奖金挂钩，老张感到如此做有些不妥，他决定向人力资源部建议重新设计本部门营业人员的考评方法。那么，为营业人员设计考评方法应该注意哪些问题呢？

(资料来源：根据百度资料改编)

讨论题：

1. 该公司绩效管理方面存在的哪些问题有待改进和加强？
2. 选择营业人员的绩效考评方法时，应该注意哪些问题？

第三章

绩效管理的体系

【本章学习重点】

- 绩效管理的战略意义
- 绩效管理与战略规划之间的关系
- 绩效管理的过程及各环节的有效整合

本章案例来源

【案例导入】

卢普客户管理公司——将绩效管理与公司愿景结合

在卢普客户管理公司(Loop Customer Management Company)的一份新发展方向和新公司愿景陈述中包含了有效的绩效管理体系的内容。卢普客户管理公司是英国凯尔达集团(Kelda)的一个组成部分，为自己的客户提供托管性质的客户服务、呼叫中心和集体服务。2001年，该公司从一家公用事业公司的一部分转变成为一家外包服务供应商。伴随着这一转变，一个新愿景被提出来了。这个新愿景的核心是"卓越的客户体验源自卓越的人"。然后公司就开始寻找一个可以将愿景与员工的技能和行为联系起来的绩效管理体系。基于客户服务是企业成功的核心这一认识，卢普客户管理公司尝试对最好的服务行为作出界定、衡量和提供奖励。这个过程包括两个方面，即甄别那些有助于实现良好客户沟通的具体行为，然后将这些行为与绩效评价和奖惩体系联系起来，使员工能够清晰地了解到自己的行为是如何与公司愿景挂钩的。

(资料来源：根据网络资料整理)

分析：卢普客户管理公司的案例表明，为了落实组织变革与公司战略的执行，绩效管理体系是如何与愿景联系在一起的。

第一节 绩效管理与战略规划

一、绩效管理的战略意义

良好的绩效管理体系能鼓励员工为实现组织的战略目标作出实实在在的贡献。一旦绩效管理对组织和部门最看重的那些方面能够作出的贡献变得十分清晰，绩效管理体系就可能得到高层管理人员的支持。如果没有高层管理人员的支持，绩效管理体系很可能会失败。那么，我们如何确定一个组织的战略目标呢？一个组织怎样才能知道自己需要盯住的"目标"到底应该是什么？如何才能知道应当努力去实现何种目标以及如何去实现这些目标呢？这些问题需要通过剖析一个组织的战略规划来回答。

(一)战略规划的定义

战略规划是一个过程。它的内容包括：描述一个组织的终极目标；评估一个组织在实现其终极目标的过程中可能遇到的各种障碍；选择有效的方法帮助组织扫除障碍、实现目标。战略规划的主要目标是要找到一种能够为组织带来竞争优势的资源分配方式。总的来说，战略规划是一幅蓝图，它阐明了一个组织在努力实现其目标的过程中将如何分配自己的资源。

(二)战略规划的目的

战略规划主要有以下七个方面的目的。

第一，战略规划的第一个目的，同时也是最重要的目的，是让组织界定自己的身份。换言之，它让组织对自己到底是谁以及目标是什么有一个清醒的认识。

第二，战略规划可以帮助一个组织为未来做好准备，因为它帮助组织阐明了希望达到的目标。明确一个组织希望达到何种目标，是在就如何实现这些目标进行规划之前必须完成的一个关键步骤。

第三，战略规划还会要求一个组织去分析它所处的环境，而这种分析能够提升组织适应外部环境变化的能力，甚至还能提高它预见未来变化的能力。虽然对环境的了解并不能保证一个组织更有可能通过积极的变革适应外部环境的变化，但这毕竟是提高组织适应性的第一步。

第四，战略规划可以帮助一个组织实现资源聚焦，从而使它能够将资源配置到最重要的核心业务上去。反过来，资源配置的改善又很可能促进组织的成长，提高组织的利润率。

第五，战略规划还能够帮助一个组织在其内部塑造一种合作文化，因为它帮助组织创建了一套共同的目标。而这种合作文化又能够为组织带来关键的竞争优势。

第六，战略规划为一个组织打开视野提供了良好的机会，因为在此过程中，组织会发现存在很多新的机会。新机会可能包括向新的市场扩张或者提供新的产品。

第七，战略规划还是指导员工日常工作的一个有效工具，因为它明确了哪些行为和工作结果对于组织战略目标的实现是真正有意义的。因此，战略规划为绩效管理体系提供了一些非常重要的信息。

我们可以将绩效管理的战略意义进行总结，具体如下。

(1) 帮助组织界定身份。

(2) 帮助组织为未来做好准备。

(3) 提升组织适应环境的能力。

(4) 促使组织更加聚焦，同时更好地配置资源。

(5) 培养合作型的组织文化。

(6) 使组织看到一些新的选择机会。

(7) 提供能够指导员工日常工作活动的信息。

二、绩效管理与战略规划之间的关系

战略规划对企业有很重要的战略意义，于是很多企业开始制订自己的战略规划。但是即使已经制订了战略规划，也不能保证这种信息自然而然地就会作为绩效管理体系的一个重要组成部分而得到有效利用。事实上，有不计其数的组织虽然花费了数千小时来制订自己的战略规划，但是到最后也没有采取任何切实有效的行动。还有太多的组织花费了大量的时间和精力来陈述它们的使命和愿景，但是却没有采取任何具有实际意义的后续行动。于是，这些组织的战略规划过程的最终结局就是：浪费了大量时间，变成了一件让人感到沮丧和在很长一段时间里被人冷嘲热讽的事情。一项研究结果显示，尽管在多数公司中都有良好的战略规划程序，但公司层面的战略目标与员工层面的战略目标之间却并没有发现明确的联系。因此，为了确保战略能够在组织中得到贯彻并且转化为实实在在的行动，就必须有意识地采取一些措施将战略规划和组织中的每个人的绩效联系在一起。

我们可以借助图 3-1 来理解一个组织的战略规划与部门的战略规划、职位描述、个人和团队的绩效之间的关系。组织的战略规划包括一份使命陈述、一份愿景陈述以及为了实现这些使命和愿景需要达成的各种目标和需要采取的战略。战略的制订需要各级管理人员的广泛参与，他们的参与程度越高，就越有可能使他们认为组织最终制订的战略是可行的。一旦组织层次的战略确定下来，组织的高层管理者就要随时与下属各部门或各业务单元的负责人一起就组织的战略进行沟通，各部门或业务单元的负责人也要号召本单位的所有成员积极地投入到本部门或本单位的使命、愿景、目标及战略的制订过程中。在这一过程中，有一个非常关键的问题需要注意，即必须确保每一个部门或业务单元的使命、愿景、目标及战略都与组织的使命、愿景、目标及战略保持一致。然后，还需要对职位描述重新进行审定，以确保它们与部门及组织的重点任务保持一致。最后还要构建组织的绩效管理体系，这个绩效管理体系需要包括结果、行为和开发计划三个组成部分，并且这些内容要与组织和部门的重点任务以及个人的职位描述保持一致。

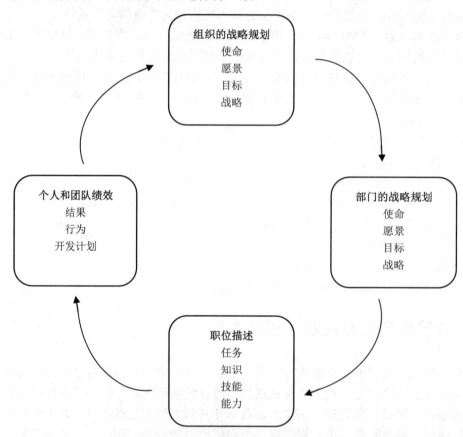

图 3-1　组织的战略规划与个人绩效之间的关系

然而，使一个组织、各部门以及组织成员的重点任务保持一致的做法在现实中真的有用并且切实可行吗？答案显然是肯定的，这种做法的好处已经得到了广泛证实。绩效管理起到的一个重要作用就是将战略转化为行动。事实上，一项针对 42 个国家中的 338 个组织所做的调查研究发现，在影响战略目标成功实施的因素中，绩效管理的重要性排在第三位。这在大型组织以及那些面临市场环境快速变化的企业中表现得尤为明显。

总的来说，组织的绩效管理体系必须建立在其战略规划的基础之上。所有员工的行为、结果以及开发计划都必须与组织和部门的愿景、使命、目标和战略联系起来。只有当这种一致性建立起来时，组织才有可能从实施绩效管理体系中获得更大的回报。

在制订战略规划时，需要仔细分析一个组织当前所处的竞争环境、目前所处的位置以及未来想要达到的位置，制定组织的战略目标，设计行动计划和实施方案，确定最有可能帮助组织达成战略目标的各种资源(包括人力资源、组织资源、物质资源等)的分配方案。

要想成功地制定一项战略规划，有几个关键步骤必须予以充分关注。这些步骤如下。

第一，进行环境分析(确定组织当前所处运营环境的内部变量和外部变量)。

第二，创建组织使命(关于一个组织是什么的陈述)。

第三，创建组织愿景[一个组织在长期(比如 10 年以后)发展中准备达到一个什么样的位置]。

第四，确定目标[一个组织在短期内(比如1～3 年内)准备做什么]。

第五，制定能够帮助一个组织履行使命、实现愿景以及达成各项目标的战略(达成既定的远大目标的策略或实现路径)。一旦上述问题得到解决，一个组织就创建了自己的战略，从而有助于该组织实现其使命和愿景，并达成目标。

然而，战略规划过程并不是一蹴而就的。例如，一个组织往往需要先粗略地勾勒出本组织的使命和愿景，然后再进行环境分析，这样才能更加清晰地定义组织的使命和愿景。换句话说，组织可以先大体确定自己的使命和愿景，然后再进行环境分析。在此很重要的一点是，在上述两个环节之间存在着一个互动过程：愿景和使命会影响环境分析类型，而环境分析结果又可以用来修订组织的使命和愿景。因此，我们有必要对这些问题逐一进行讨论。需要注意的是，这些战略规划环节之间存在着持续性的相互影响和相互作用。

(一)环境分析

制订战略规划的第一步是退后一步去看一看所谓的宏观"大画面"，这一步可以通过环境分析来完成。所谓环境分析，是指为了理解在组织所处的特定行业中的很多大问题而对外部变量和内部变量进行的分析，其目的是使组织能够在一个较为广阔的背景下进行决策。

1. 对组织外部环境的分析

对组织外部环境的考察包括对组织面临的各种机会和威胁的思考。机会是指可以帮助组织取得成功的一些外部环境特征。机会可能是那些当前还没有人去提供服务的市场，也可能是尚未被开发和利用的劳动力，还可能是新的科技进步。而威胁则是阻止组织取得成功的外部环境特征。组织面临的威胁既包括经济衰退，也包括竞争对手有了创新产品。

以下是一些组织在进行环境分析时要考虑但尚未穷尽的外部环境因素。

(1) 经济。例如，近期是否会出现经济衰退？或者，目前的经济衰退有可能在不久的将来结束吗？这些经济趋势将会对我们的业务产生怎样的影响？

(2) 政治/法律。例如，国内的政治变革或者我们准备进入的国际市场上出现的政治变革，将会对我们的战略产生怎样的影响？

(3) 社会。例如，劳动力队伍的老龄化将会对我们的组织产生怎样的影响？

(4) 技术。例如，在我们的行业中将会出现哪些新的技术？或者说，这些新的技术将会怎样影响我们的经营方式？

(5) 竞争对手。例如，我们的竞争对手的战略和产品将会如何影响我们的战略和产品？我们能够预料到竞争对手的下一步计划吗？

(6) 客户。例如，我们的客户现在想要什么？在未来五年中他们想要什么？我们能预测到这些需求吗？

(7) 供应商。例如，现在我们和供应商的关系如何？在未来一段时间内，这种关系会发生变化吗？如果发生的话，变化将会以何种方式发生？

2. 对组织内部环境的分析

对组织内部环境所作出的分析主要包括思考组织的优势和劣势。优势是组织可以用来增强其竞争优势的内部特征。例如，组织的资产和员工的关键技能是什么？劣势是那些可能阻碍组织成功的内部特征。它可能是无法使组织内的各个部门变成一个整体的一套过时的组织结构，也可能是组织、部门和个人三个层次的目标不一致，或者是其他情况。

以下是一些组织在进行任何环境分析时都需要考虑但尚未穷尽的内部环境因素。

(1) 组织结构。例如，目前的组织结构是否有利于实现快速、有效的沟通？

(2) 组织文化。组织文化是指那些被组织成员认可但是却不成文的规范和价值观。例如，目前的组织文化是鼓励创新还是阻碍创新？是鼓励中层管理人员的创新行为，还是会对其形成阻碍？

(3) 政治。例如，组织的各部门对资源的竞争是否在事实上已经导致任何跨部门的合作都无法实现？或者说，各部门对于跨部门的合作项目是否抱有一种开放、合作的心态？

(4) 流程。例如，供应链的运行状况是否良好？当客户需要我们的时候，他们能找到我们？在找到我们之后，他们能否得到满意的答复？

(5) 规模。例如，组织的规模是太大还是太小？成长的速度是太快了还是太慢了？我们能否有效地管理组织的成长(或收缩)？

(二)使命

一旦环境分析完成，组织成员就需要确定他们自己是谁以及他们要做什么，然后，这些信息要被整合到组织的使命陈述中去。组织的使命陈述概括了一个组织存在的最重要的理由。使命陈述提供了一个组织存在的目的及其活动范围等信息。

如果想将组织及其各部门的使命陈述运用到个人职位描述的编制过程中，并且据此管理个人和团队的绩效，需要更详细的信息。一份完整的使命陈述应当包括以下几方面内容。

(1) 组织准备提供的基本产品和服务是什么(组织是做什么的)？

(2) 组织所要服务的主要市场或客户群体是哪一类(组织要为谁服务)？

(3) 组织所要提供的产品或服务具有哪些独特的好处或优势(组织能够带来哪些好处)？

(4) 组织准备运用何种技术来生产产品或提供服务？

(5) 通过谋求增长或盈利获得生存的基本关注点是什么？

一个组织的使命陈述往往还会包含组织的价值观和理念等方面的信息：组织的管理哲学；组织力求塑造的公众形象；员工和股东所接受的企业自身形象。

总而言之，一份使命陈述界定了一个组织存在的目的、活动的范围、所要服务的客户以及所要提供的产品和服务等。组织的使命陈述还包括很多具体信息，如组织在进行生产和提供服务时需要使用的技术、组织提供的产品和服务的独特好处或优势。最后，在组织的使命陈述中还可以包括对组织的价值观和信念的陈述，如组织的管理哲学。

(三)愿景

一个组织的愿景是关于其未来发展愿望的一种陈述。换句话说，愿景陈述是对一个组织希望在未来成为的那种组织所做的一种描述。显然，愿景陈述通常是在组织使命陈述完成之后才确定下来的，因为只有当一个组织明确了自己到底是谁以及自己存在的目的是什么时，才能清楚自己在未来将会成为什么样子。需要注意的是，很多组织的使命陈述和愿景陈述是混淆的。在许多情况下，两者很难区分。在这种情况下，愿景陈述常常包括两个组成部分：一是核心理念，它常常被视为使命；二是预想中的未来，它常常被视为愿景。核心理念包括一个组织的核心目标和核心价值观，而预想中的未来则具体说明组织的长期目标以及组织期望成为那种组织的总体蓝图。

良好的愿景陈述应当具有以下几个特征。

(1) 简洁。一个组织的愿景陈述应当简洁明快，从而使员工能够记住它。

(2) 可证实。一份良好的愿景陈述应当能够经受住现实的考验。例如，我们如何才能证明一家公司能够变成本行业中最理想的工作场所之一？

(3) 有时限。一份良好的愿景陈述并不是对各种愿望的简单罗列，而是要聚焦于对组织未来成功至关重要的组织绩效中的几个方面。

(4) 可理解。愿景陈述应当用一种清晰的、直截了当的方式表达出来，以便所有的员工都能理解。

(5) 鼓舞人心。良好的愿景陈述应当能使员工对组织的未来充满信心，同时鼓励他们帮助组织实现愿景。

(6) 延展性。20世纪80年代，微软公司在刚开始开发MS-DOS操作系统时描绘的公司愿景陈述："在每个家庭和每张桌子上都放上一台电脑。"这份愿景陈述无疑是非常具有延展性的，因为在当时，大型计算机仍然占据绝对的统治地位，而第一台微型计算机(即现在的个人电脑)才刚刚被生产和销售出去。因此，微软的这种愿景在当时被认为是荒谬可笑的。但这个愿景现在已经变成现实。所以现在微软公司提出了新的愿景："将电脑装进每辆轿车和每个口袋里。"

总而言之，愿景陈述是对组织未来各种期望的一种描述。使命陈述更强调现在，愿景陈述则更强调未来。

(四)目标

组织在分析了面临的内外部环境，并且描述了使命和愿景之后，就可以制定有助于履行其使命的目标了。设定这些目标的目的在于将组织在中长期(即在最近3年左右)的期望以书面形式正式表达出来。这些目标为履行组织的使命提供了更加具体的信息。这些目标还可以成为动力的源泉，能够为员工提供更加具体的努力方向。同时，通过牢记预期的结果，这些目标还能为决策提供良好的基础。最后，这些目标还为绩效衡量提供了良好的基础，因为它使组织可以将每个单位、小组以及个人应该达到的结果与其实际达到的结果进行比较。

(五)战略

到目前为止，我们已经知道了一个组织是干什么的(使命)，它在未来希望成为什么样子(愿景)，还有为达到未来的那种理想状态而需要采取的一些中间步骤(目标)。接下来，我们要讨论如何履行使命、实现愿景以及达成确定下来的那个目标。这时就需要通过制定战略来实现上述目标，而战略是对达成既定目标的策略性计划或实现程序所做的一种描述。战略能够解决组织成长、生存、转向、稳定、创新、领导力等方面的问题。

在制定和实施战略的过程中，人力资源管理部门起着非常关键的作用，它能够使一个组织深刻地意识到其使命和愿景。具体而言，人力资源管理部门能够作出如下决策。

(1) 传递战略规划方面的知识。人力资源管理部门可以成为一个向所有员工传递组织战略规划的各部分内容(例如，使命、愿景和目标)的良好渠道。

(2) 勾画出执行战略所需的各种知识、技能和能力。通过进行职位分析并得出职位描述，人力资源管理部门可以由此形成成功执行战略规划所需要的各种知识、技能和能力的一个知识库。因此，人力资源管理部门在提供一些信息方面(如目前的员工队伍是否具备能够支持战略规划实施的相关知识、技能和能力等)处于一种非常独特的位置。如果发现员工不具备这种能力，人力资源管理部门还需要就下列问题提出自己的建议：组织应当雇用哪些类型的员工，同时组织应当制订哪些类型的开发计划，以及如何通过内部开发的方式获得所需的知识、技能和能力。

(3) 提出薪酬体系方面的建议。人力资源管理部门能够提供薪酬体系类型等方面的信息，从而激励员工支持组织战略规划的实施。

(六)企业战略对绩效管理系统的决定作用

企业战略对绩效管理系统的决定作用主要体现在，绩效管理系统中绩效目标体系的确立要以企业战略作为基本依据。企业的绩效管理作为一个系统，是企业组织中绩效管理的不同层面和不同环节相互联系、相互作用而构成的具有特定功能的有机整体。其中的不同层面包括企业组织、部门或团队和岗位(员工)所构成的三个层次；不同环节包括绩效计划、绩效实施、绩效考评、绩效反馈、绩效结果应用等一系列环节所形成的绩效管理循环。因此，在企业所要构建的绩效管理系统中，首先要进行绩效计划，其中的核心问题是确立绩效目标，包括整个企业组织的绩效目标，以及企业内部各个部门或团队的绩效目标和各个部门内每个岗位(员工)的绩效目标，从而构成企业的绩效目标体系。绩效目标体系是企业绩效管理系统中的核心内容，它决定了通过绩效管理系统的实施所要实现的目标必须与整个企业的战略方向一致。因此，明确的企业战略决定了企业组织层次绩效目标的设计和管理，进而对企业三个层次的绩效目标都具有决定性作用和指导作用。

以战略作为基本依据，就明确了企业绩效管理系统的目标与方向。如果企业没有明确的战略，或者绩效目标体系不是依据战略而制定的，虽然也能够构建或者存在绩效管理系统，但是由于这种绩效管理系统的目的与方向不明确，就无法通过绩效管理将整个组织的活动统一到企业战略周围。因此，不依据企业战略而建立起来的绩效管理系统无法发挥其真正的作用。

(七)绩效管理系统是实现企业战略的重要工具

在企业战略管理过程中，不仅要制定有效的战略，还要成功地实施这些战略。在当今复杂多变的经营环境中，企业要制定有效的战略绝非易事，而要成功地实施这些战略难度更大。战略的制定可以被看作是"决定"，战略的实施可以被看作是"做"。而"决定"和"做"是两件不同的事情。战略的制定至少还可以有多种选择，而战略实施则要将战略转化成每个人都明白的说法，并成为人们日常工作的重点，因此更加困难、更加关键。在企业战略的实现过程中，无论是对战略进行描述，还是推动战略的实施，都需要借助科学的方法和工具。绩效管理系统是在实现企业战略过程中可以借助的一种重要的支持手段或工具，利用它可以使企业战略的成功实施拥有可靠的基础。

西方一些学者认为绩效管理是有关组织战略执行情况的管理方法，它所关注的是计划如何转化为结果。这是对绩效管理概念的一种合理解释，按照这种解释，可以具体来理解绩效管理系统是怎样成为实现企业战略的工具的。

第二节　绩效管理的基本流程

一、绩效管理的过程

绩效管理的过程通常被看作一个循环，有学者将其分为四个环节，也有学者将其分为五个环节，不管是四个环节还是五个环节，其本质都是一样的。本书倾向于将绩效管理分为五个环节，分别为：绩效计划与指标体系构建、绩效管理的过程控制、绩效考核与评价、绩效反馈与面谈以及绩效考核结果的应用。绩效管理的一般流程可以用图 3-2 表示。

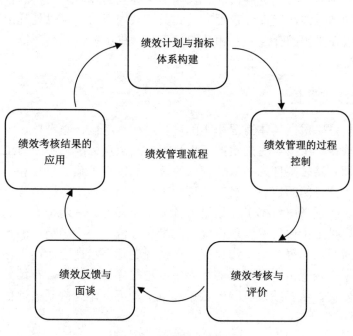

图 3-2　绩效管理的流程

(一)绩效计划与指标体系构建

绩效计划作为绩效管理流程的第一个环节，是绩效管理实施的关键和基础所在。绩效计划制订得科学合理与否，直接影响着绩效管理的实施效果。在这个阶段，管理者和员工的共同投入与参与是进行绩效管理的基础。如果是管理者单方面地布置任务、员工单纯地接受要求，就变成传统的管理活动，失去了协作性的意义。

有了明确的绩效计划之后，便要根据计划来构建指标体系。指标体系的构建使员工了解企业目前经营的重点，为员工日后的工作提供了指引。指标体系包括绩效指标和与之对应的标准。绩效指标是指企业对工作产出进行衡量或评估方面的内容，而绩效标准是指在各个指标上应该分别达到什么样的水平。换句话说，指标解决的是企业需要关注"什么"，才能实现其战略目标，而标准着重的是被评价的对象需要在各个指标上做得"怎样"或完成"多少"。绩效指标和绩效标准是相互对应的。

(二)绩效管理的过程控制

制订了绩效计划、构建了指标体系之后，被评估者就要开始按照计划开展工作了。绩效管理不仅关注最终任务完成情况、目标完成情况、结果或产出，同时，还关注绩效形成过程。因为过分强调结果或产出，会使得企业管理者无法准确地获得个体活动信息，从而不能很好地对员工进行指导与帮助，而且更多时候会导致企业的短期行为。在绩效形成的过程中，管理者要对被评估者的工作进行指导与监督，对发现的问题及时予以解决，并随时根据实际情况对绩效计划进行调整。

在整个绩效期间，都需要管理者不断地对员工进行指导和反馈，即进行持续的绩效沟通。这种沟通是一个双方追踪进展情况、找到影响绩效的障碍以及得到使双方成功所需信息的过程。持续的绩效沟通能保证管理人员和员工共同努力，及时处理出现的问题，修订工作职责，上下级在平等的交互中互相获取信息，增进了解，联络感情，从而保证员工的工作能正常地开展。

(三)绩效考核与评价

工作绩效考核可以根据具体情况和实际需要进行月考核、季考核、半年考核和年度考核。工作绩效考核是一个按事先确定的工作目标及其衡量标准，考察员工实际完成绩效情况的过程。考核期开始时签订的绩效合同或协议一般规定了绩效目标和绩效衡量标准。绩效合同一般包括工作目的的描述、员工认可的工作目标及其衡量标准等。绩效合同是进行绩效考核的依据。绩效考核包括工作结果考核和工作行为评估两个方面。其中，工作结果考核是对考核期内员工工作目标实现程度的测量和评价，一般由员工的直接上级按照绩效合同中的标准，对员工的每一个工作目标完成情况进行等级评定。而工作行为考核则是针对员工在绩效周期内表现出来的具体的行为态度进行评估。同时，在绩效实施过程中，所收集到的能够说明被评估者绩效表现的数据和事实，可以作为判断被评估者是否达到关键绩效指标要求的证据。

(四)绩效反馈与面谈

绩效管理的过程并不是为绩效考核打出一个分数就结束了,主管人员还需要与员工进行一次甚至多次面对面的交谈。通过绩效反馈面谈,员工可了解主管对自己的期望,了解自己的绩效,认识到自己有待改进的方面,也可以提出自己在完成绩效目标过程中遇到的困难,请求上级的指导。

(五)绩效考核结果的应用

当绩效考核完成以后,对评估结果不可以束之高阁、置之不理,而是要与相应的其他管理环节相衔接。在目前的绩效管理中,主要有以下几个管理接口。

1. 制订绩效改进计划

绩效改进是绩效管理过程中的一个重要环节。传统的绩效考核的目的是通过对员工的工作业绩进行评估,将评估结果作为确定员工薪酬、奖惩、晋升或降级的标准。而现代绩效管理的目的不限于此,员工能力的不断提高以及绩效的持续改进和发展才是其根本目的。公司将绩效考核结果反馈给员工,有利于他们认识自己的工作成效,发现自己在工作过程中的短板所在。绩效沟通可以帮助员工真正认识到自己的缺点和优势,从而积极主动地改进工作。所以,绩效改进工作的成功与否,是绩效管理过程能否发挥效用的关键。

2. 组织培训

组织培训是指根据绩效考核的结果分析来对员工进行量身定制的培训。对难以靠自学或规范自身行为态度就能改进绩效的员工来说,可能真的在知识、技能或能力方面出现了"瓶颈"。因此,企业必须及时认识到这种需求,有针对性地安排一些培训项目,组织员工参加培训或接受再教育,以及时弥补员工能力的短板。这样带来的结果是既满足了完成工作任务的需要,又可以使员工享受免费的学习机会,对企业和员工都是有利的。而培训和再教育也越来越成为企业吸引优秀员工加盟的一项企业为员工提供的福利。

3. 薪酬奖金的分配

企业除了基本工资外,一般都有业绩工资。业绩工资是直接与员工个人业绩挂钩的。这种工资形式在业界很流行,它被形容为"个人奖励与业绩相关的系统,建立在使用各种投入或产出指标来对个体进行某种形式的评估或评价"。一般来说,绩效评价越高,所得的业绩工资越多。这其实是对员工追求高业绩的一种鼓励与肯定。

4. 职务调整

经过多次绩效考核后,员工的业绩始终不见改善,如果确实是员工本身能力不足,不能胜任工作,则管理者将考虑为其调整工作岗位;如果是员工本身态度不端正的问题,经过多次提醒与警告后都无济于事,则管理者要考虑将其解雇。这种职务调整在很大程度上是以绩效考核结果为依据的。

5. 员工职业发展开发

根据绩效评价的结果,分别制定员工在培养和发展方面的特定需要,以便最大限度地发挥他们的优点，使其缺点最小化，从而提高培训效率，降低培训成本；在实现组织目标的同时，帮助员工发展和执行他们的职业生涯规划。

6. 人力资源规划

绩效考核结果为组织提供人力资源质量优劣程度的确切情况，使管理者获得所有人员晋升和发展潜力的数据，以便为组织的未来发展制订人力资源规划。

7. 正确处理内部员工关系

坦率地公开绩效评价，为员工在提薪、奖惩、晋升、降级、调动、辞退等重要人力资源管理环节提供公平客观的数据，减少不确定因素对管理的影响。

二、绩效管理各环节的有效整合

绩效管理是一个循环的动态系统。绩效管理系统所包含的几个环节紧密联系、环环相扣，任何一环的脱节都将导致绩效管理的失败。因此，在绩效管理过程中应重视每个环节的工作，并将各个环节有效地整合在一起，力求做到完美。

绩效计划是主管与员工合作，对员工下一年度应该履行的工作职责、各项任务的重要性等级和授权水平、绩效的衡量、经理需要提供的帮助、可能遇到的障碍及解决的办法等一系列问题进行探讨，并达成共识的过程。因此，绩效计划在帮助员工找准路线、认清目标方面具有一定的前瞻性。它是整个绩效管理系统中最基本的环节，也是必不可少的环节。

持续的绩效沟通就是经理和员工共同工作，并分享有关信息的过程。这些信息包括工作进展情况、潜在的障碍和问题、可能的解决问题的措施以及经理如何才能帮助员工等。由此来看，绩效管理就是一种双向的交互过程。而且这种交互沟通必须贯穿于绩效管理的整个过程。通过沟通，企业要让员工很清楚地了解绩效考核制度的内容、制定目标的方法、衡量标准、努力程度与奖酬的关系、工作业绩、工作中存在的问题及改进的方法。当然，企业更要聆听员工对绩效管理的期望及呼声，这样绩效管理才能达到预期目标。

绩效考核本身是一个动态的持续的过程，因此，不能孤立地进行绩效考核，而应将绩效考核放在绩效管理系统中考虑，重视考核前期与后期的相关工作。绩效计划和持续的沟通是绩效考核的基础，只有做好绩效计划和沟通工作，绩效考核工作才能顺利进行。因为只要平时认真执行绩效计划并做好绩效沟通工作，考核结果就不会出乎考核双方的预期，最终考核产生分歧的可能性会很小，也就减少了员工与主管在考核方面的冲突。

绩效反馈和绩效考核结果的应用是绩效考核的后继工作。绩效考核的一个重要目的是发现员工工作中的绩效问题并进行改进，所以考核工作结束后，要针对考核结果进行反馈，分析问题，提出改进工作的方案，以供员工参考，帮助员工提高绩效。另外，在考核中还应将当前评估与过去的绩效联系起来，进行纵向比较，这样才能得出客观准确的结论。

管理人员和员工就当期绩效提出绩效改进计划后，整个绩效管理又回到了起点：再计划阶段。此时，绩效管理的一轮工作就基本完成了。应在本轮绩效管理的基础上进行总结，制订下一轮绩效管理工作计划，使得绩效管理能持续地进行下去，达到企业绩效再上一个台阶的目的。

这些环节的整合，使绩效管理过程成为一个完整的、封闭的环。其中，绩效计划属于前馈控制阶段，持续的绩效沟通属于过程控制阶段，而绩效考核、绩效反馈与绩效改进的实施则属于反馈控制阶段，其中，制订绩效改进计划是前馈与反馈的联结点。这三个阶段的整合，形成了一个完整的绩效管理的循环。只有当这个环是封闭的，绩效管理才是可靠的和可控的，同时连续也是不断提升和改善的保证。因为连续不断的控制才会有连续不断的反馈，连续不断的反馈才能保证连续不断的提升。

本 章 小 结

绩效管理在实践过程中具有很重要的战略意义。战略规划可以帮助组织界定身份、帮助组织为未来做好准备、提升组织适应环境的能力、促使组织更好地配置资源、培养合作型组织文化，使组织看到一些新的选择机会，提供能够指导员工日常工作活动的信息。

在制定与执行战略规划时，需要做好环境分析，将环境分析的结果整合到组织的使命陈述中，从而确定愿景陈述，继而可以切实地制定有助于履行其使命的目标。

绩效管理的过程是一个循环，这个循环分为五步：绩效计划与指标体系构建、绩效管理的过程控制、绩效考核与评价、绩效反馈与面谈以及绩效考核结果的应用。

绩效计划作为绩效管理流程的第一个环节，是绩效管理实施的关键与基础所在。绩效计划制订得科学合理与否，直接影响着绩效管理整体的实施效果；绩效管理的过程控制需要管理者不断地对员工进行指导和反馈，即进行持续的绩效沟通，这种沟通是一个双方追踪进展情况、找到影响绩效的障碍以及得到使双方成功所需信息的过程；绩效考核是一个按事先确定的工作目标及其衡量标准，考察员工实际完成的绩效情况的过程；而绩效反馈面谈则使员工了解主管对自己的期望，了解自己的绩效，认识自己有待改进的方面，并且，员工也可以提出自己在完成绩效目标过程中遇到的困难，请求上级的指导。

绩效管理是一个循环的动态的系统，绩效管理系统所包括的几个环节紧密联系、环环相扣，任何一环的脱节都将导致绩效管理的失败，所以在绩效管理过程中应重视每个环节的工作，并将各个环节有效地整合在一起，力求做到完美。

思 考 题

1. 绩效管理与战略规划之间的关系如何？
2. 绩效管理系统包括哪几个环节？不同环节之间的关系如何？

案 例 分 析

绩效管理体系出了什么问题？

韩国某企业集团是世界上著名的跨国公司，在世界 66 个国家拥有 233 000 名员工和 340多个办事机构，其业务范围包括电子、机械、航空、通信、商业、化学、金融、汽车等领域。该公司在中国各地投资兴建了几十家生产和销售公司，由于各个公司投产的时间都不长，因此内部管理制度还不完善，于是在绩效评估中采用设计和实施相对比较简单的强制分布评估方法对员工进行绩效评估。各个公司的生产员工和管理人员每个月进行一次绩效评估，评估的结果对员工的奖金分配和日后的晋升都有重要影响。这家公司的最高管理层很快就发现这种绩效评估方法存在许多问题，但是又无法确定问题的具体表现及其产生的原因。于是，他们请北京的一家管理咨询公司对企业的员工绩效评估系统进行诊断和改进。

咨询公司的调查人员在实验性调查中发现，该企业在中国的各个生产分公司都要求在员工绩效评估中将员工划分为 A、B、C、D、E 五个等级，其中 A 代表最高水平，而 E 代表最低水平。公司规定，每次绩效评估中要保证总体员工的 4%～5%得到 A 等评估，20%得到 B 等评估，4%～5%得到 D 等或 E 等评估，余下的大多数员工得到 C 等评估。员工绩效评估的依据是工作态度占 30%，绩效占 40%～50%，遵守法纪和其他方面占 20%～30%。被调查的员工认为在绩效评估过程中存在轮流坐庄的现象，并受员工与负责评估工作的主管人际关系的影响，结果使评估过程与工作绩效之间联系不够紧密。因此，对他们来说，绩效评估虽然有一定的激励作用，但是不强烈。而且评估的对象强调员工个人，而不考虑各个部门之间绩效的差别。因此，在一个整体绩效一般的部门工作，工作能力一般的员工可以得到 A 等或 B 等评估；而在一个整体绩效好的部门工作，即使员工非常努力也很难得到 A 等甚至 B 等评估。员工还指出，他们认为员工的绩效评估是一个非常重要的问题，这不仅是因为评估的结果将影响到自己的奖金数额，更重要的是员工需要得到一个对自己工作成绩客观公正的评估。员工认为绩效评估的标准比较模糊、不明确。在销售公司中，销售人员抱怨自己的销售绩效不理想，在很多情况下都是由于市场不景气、自己所负责销售的产品在市场上的竞争力不高造成的。这些因素是自己的能力和努力无法克服的，但是在评估中却得到 C 等甚至 D 等评估，所以觉得目前这种绩效评估方法很不合理。

（资料来源：根据网络资料整理）

讨论题：

1. 指出该公司绩效评估体系存在的主要问题，并进行简要分析。
2. 一个有效的绩效评估体系应具备哪些特征？

第四章

绩 效 计 划

【本章学习重点】

- 绩效计划的内涵
- 绩效计划的制订
- 绩效指标的内涵
- 绩效指标体系的制定
- 绩效标准的内涵
- 绩效标准体系的制定

本章案例来源

【案例导入】

目标制定缺乏员工参与和承诺

H 企业销售部张部长在管理方面一向比较强势，最近 H 企业刚实施了绩效管理，公司也已根据总体发展战略规划为销售部制定了本年的年度目标，于是，张部长根据经验把销售目标细分给本部门各销售员，不仅包括个人年度目标，还包括个人季度目标。第一季度过去后，因为公司来了不少新销售员，他们经验不足，对业务还不熟悉，所以季度业绩考核成绩很差，于是大家怨声载道，认为制定的目标不合理，自己根本不知道这些考核目标从何而来，也没有承诺一定要实现这些目标，而且没有得到相关资源的支持和帮助，因此对绩效考核结果很不服气，扬言要集体辞职。

(资料来源：根据网络资料整理)

分析：这是一个典型的行政命令式目标直接下达、没有经过员工认同并签订绩效合约的案例。在很多企业里，员工对于绩效管理制度的最大意见就是不了解。许多员工反映根本不知道公司的考核是怎样进行的，自己的考核指标是如何得出的，考核的结果是什么，考核结果最终有什么用处等。至于自己在工作中存在哪些问题、这些问题又是什么原因造成的、应该如何改进等，更是无从得知。

第一节　绩效计划概述

一、绩效计划的含义

绩效计划是一个确定组织对员工的绩效期望并得到员工认可的过程。绩效计划必须清楚地说明员工要达到的结果，以及为达到该结果期望员工表现出来的行为和能力。传统的计划过程通常是自上而下的行政指令下达，而现代绩效计划则是一个自上而下和自下而上相结合的过程，通过这一过程将个人目标、部门或团队目标与组织目标有机地结合起来。由此不难看出，绩效计划是绩效管理的一个重要环节，是绩效管理的开始。俗话说得好："好的开始是成功的一半"，在绩效管理中亦如此。如果我们在绩效计划阶段充分发动员工积极参与到这一管理过程中，明确组织和部门对自己的要求，明确自己的职责和任务，明确自己的努力方向，那么员工就有可能通过自己的努力达到组织的期望，甚至超额完成任务。

(一)制订绩效计划的前提是参与和承诺

在绩效计划中最重要的一个原则就是员工参与，另外一个重要原则就是绩效的实施者要作出承诺。

当人们亲自参与了某项决策的制定时，他们一般会倾向于坚持立场，并且在外部力量的作用下也不会轻易改变立场。大量研究发现，人们坚持某种态度和改变态度的可能性主要取决于两种因素：一是其在形成这种态度时参与的程度，即是否参与态度形成的过程；二是其是否为此进行了公开表态，即作出正式承诺。美国心理学家多伊奇(Deutsch)曾做过一个承诺实验，实验结果表明，承诺与行为之间存在一定的联系，如表 4-1 所示。生活中也有很多容易理解的例子。例如，你陪一位朋友去商场买了一件衣服，由于你参与了作出决策，因此你会倾向于认为这件衣服很好，即使后来听到其他人的反对意见，你也会尽可能地维护自己的意见。

表 4-1　多伊奇的承诺实验

被试组	改变最初意见的百分比
无承诺组	24.7%
弱私下承诺组	16.3%
强私下承诺组	5.7%
公开承诺组	5.7%

(二)绩效计划是关于工作目标和标准的契约

在绩效周期开始的时候，主管和员工必须对员工工作的目标和衡量标准达成一致的契约。在员工的绩效契约中，至少应该包括以下六方面内容。

(1) 员工应该完成的工作。

(2) 员工所做的工作如何为组织目标实现做贡献。

(3) 用具体内容描述"怎样才算把工作做好"。

(4) 从何处获得关于员工工作结果的信息。

(5) 员工和主管怎样共同努力才能帮助员工完成工作目标。

(6) 如何衡量员工的绩效。

(三)绩效计划是一个双向沟通的过程

建立绩效契约是一个双向沟通的过程，在这个过程中，主管主要向员工解释说明的内容有以下几点。

(1) 组织整体的目标是什么。

(2) 为了完成这样的整体目标，我们所处的业务单元的目标是什么。

(3) 为了达到这样的目标，对员工的期望是什么。

(4) 对员工的工作应该制定什么样的标准，如何衡量员工的绩效。

员工应该向主管表达的内容如下。

(1) 自己对工作目标和如何完成该目标的认识。

(2) 自己对工作的疑惑和不理解之处。

(3) 自己对工作的计划和安排。

(4) 在完成工作的过程中可能遇到的问题和需要的资源。

综上所述，绩效计划是关于工作目标和工作标准的契约，是绩效双方在充分沟通的基础上就绩效目标和绩效标准，以及如何实现这一目标达成的一致认识，是对企业战略目标的细化和分解。一个完整的绩效计划至少包括两方面内容：做什么和如何做。具体来说，包括绩效指标、绩效标准以及行动计划等。

二、绩效计划的作用

(一)保证组织、团队计划的贯彻实施

个人的工作计划要服从组织计划，同时，组织计划的实施依赖于员工个人工作计划的实施。因而员工个人绩效计划制订得好坏，直接关系组织目标的实现。正如一场战役，如若没有统帅运筹帷幄的战略、司令员灵活应变的战术、士兵冲锋陷阵的英勇，是不可能克敌制胜的。这是绩效管理体系下员工计划所具有的一项特殊的优势。组织各层次计划的制订要充分听取员工意见，从而使员工有完成工作目标的动因和成就感。

(二)提供对员工进行绩效考评和培训的依据

绩效计划包括员工的个人绩效指标、绩效目标设计以及行动方案拟订。其中目标和行动方案是绩效考评的依据，绩效考评结果是组织提供培训时的参考依据。绩效计划是开展绩效管理的第一步，就像摩天大楼的基石一样不可或缺。

(三)为员工提供努力的方向和目标

有了目标，有了对自身情况的清醒认识，员工就可以结合组织的目标方案和自身的长处，与上级主管协商确定自己的工作了。

制订计划时需要对所处环境及自身情况通盘考虑，这样有利于员工发现自己的优势和不足，以及完成工作目标可能遇到的问题和困难，提高自己对工作目标的认识，从而审时度势、量力而行。了解在工作需要时能够得到什么样的支持，企业能为自己提供哪些资源，以便与相关部门和人员进行交流，取得认同和支持。对优势要运用和发展，对不足要回避或者改进，不断发展和完善自我。

员工在分析了自身优势与不足以及所处的环境之后，将这些信息反馈给主管，这样有利于主管了解情况，适时给予下属支持和引导，采取措施、防范风险，并对员工的薄弱环节着重帮助和指导。

三、绩效计划的制订

(一)绩效计划的准备阶段

绩效计划通常是通过主管与员工双向沟通的绩效计划会议得到的。为了使绩效计划会议取得预期效果，事先必须准备好相应的信息。这些信息主要分为以下三种类型。

(1) 组织信息。在绩效计划会议中，主管人员与员工就组织的战略目标、公司的年度经营计划进行充分沟通，并确保双方对这个问题的认识没有分歧。有人认为，关于整个组织的信息只要高层主管了解就可以了。这显然是不正确的。其实对员工来说，了解组织发展战略和经营计划的信息非常必要，员工对组织信息的了解越多，就越能自觉地在自己的工作中保持正确的方向。

(2) 团队信息。团队目标是根据组织的整体目标逐步分解而来的，例如经营性指标可以分解到生产、销售等业务部门以及业务支持性部门。

(3) 个人信息。被评估者个人的信息主要包括两个方面：一是工作描述的信息；二是上一个绩效期间的评估结果。员工在每个绩效期间的工作目标通常是连续或有关联的，因此，在制订本次绩效期间的工作目标之前有必要回顾上一个绩效期间的工作目标和评估结果。而且，在上一个绩效期间存在的问题和有待于进一步改进的方面，也需要在本次绩效计划中得到体现。

(二)绩效计划的沟通阶段

绩效计划的沟通阶段是整个绩效计划阶段的核心。在这个阶段，主管与员工经过充分交流，对员工在本次绩效周期内的工作计划、工作目标以及考评方法等达成共识。

1. 沟通的原则

在沟通时，主管应遵循以下三个原则。

(1) 主管和员工在沟通中是一种相对平等的关系，他们共同为了业务单元的成功而制订计划。

(2) 多听取员工建议。一般来说，员工是真正最了解自己所从事的工作的人，员工本人是自己工作领域的专家。因此在制定工作的衡量标准时应该更多地发挥员工的主动性，更多地听取员工的意见。

(3) 主管应该与员工一起作决定，而不是代替员工作决定，员工自己作决定的成分越高，绩效管理就越容易成功。

2. 绩效计划沟通方式的选择

采取什么样的方式对绩效计划的内容进行沟通，需要考虑不同的环境因素，例如企业文化和氛围是什么样的，员工的特点以及所要达成的工作目标的特点。如果希望借绩效计划的机会向员工进行一次动员，那么，不妨召开员工大会。如果一项工作目标与一个小组的人员都有关系，那么可以开一个小组会，在小组会上讨论关于工作目标的问题。这样不仅有助于在完成目标时小组成员之间的协调配合，而且在小组成员合作中对可能出现的问题也会及早发现并及时得到解决。

如果一个企业第一次引入绩效管理的方法，那么在绩效计划沟通时必须让员工了解：绩效管理的主要目的是什么；绩效管理对员工、对公司分别有什么好处；采取的宗旨和方法是什么样的；以及绩效管理的流程是怎样的。

很多企业都是采取绩效计划会议的方式进行沟通的。要想采取这种方式，就必须让员工知道与绩效计划会议相关的一些信息，如绩效计划会议要完成的工作是什么；主管会向员工提供什么；员工自己要提供什么信息；在绩效计划会议上要作出的决策和达成的结果是什么；以及需要员工做什么样的准备。

3. 选择适宜的沟通环境

第一，主管和员工都应该确定一个专门的时间用于绩效计划的沟通。

第二，在沟通的时候最好不要被其他事情打扰。

第三，沟通的气氛要尽可能轻松，不要给人太大的压力，轻松的环境可以让双方在心理上得到放松，减少员工的抵触情绪。

4. 沟通的过程

在前面我们已经介绍了绩效计划是双向沟通的过程，在这里，我们会将这个过程描绘出来。值得注意的是，沟通的过程并不是千篇一律的，这里介绍的只是最普通的一种。

(1) 回顾有关信息。在进行绩效计划沟通时，首先往往需要回顾一下已经准备好的各种信息，包括组织的经营计划信息、员工的工作描述和上一个绩效期间的评估结果等。

(2) 确定关键绩效指标。在组织的经营目标的基础上，每个员工都需要设定自己的工作目标。员工要针对自己的工作目标设定关键绩效指标。所谓设定关键绩效指标，也就是首先确定关键的工作产出，然后针对这些工作产出确定评估的指标和标准，并决定通过何种方式跟踪和监控这些指标的实际表现。在设定关键绩效指标时，一定要注意这些关键绩效指标必须是具体的、可衡量的，而且应该有时间限制。

(3) 讨论主管人员提供的帮助。在绩效计划沟通过程中，主管人员需要了解员工在完成计划的过程中可能遇到的困难和障碍，并提供帮助。

(三)绩效计划的审定和确认阶段

在确定绩效计划过程结束时，主管和员工应该以同样的答案回答下列问题，以确认双方是否达成共识。

(1) 员工在本绩效期内的工作职责是什么？

(2) 员工在本绩效期内所要完成的工作目标是什么？

(3) 如何判断员工的工作目标完成得怎么样？

(4) 员工应该在什么时候完成这些工作目标？

(5) 各项工作职责以及工作目标的权重如何？哪些是最重要的，哪些是次要的？

(6) 员工的工作绩效好坏对整个组织或特定团队有什么影响？

(7) 员工在完成工作时可以拥有哪些权力？可以得到哪些资源？

(8) 员工在达到目标的过程中会遇到哪些困难和障碍？

(9) 主管会为员工提供哪些支持和帮助？

(10) 员工在绩效期内会得到哪些培训？

(11) 员工在完成工作的过程中，如何获得有关他们工作情况的信息？

(12) 在绩效期内，主管该如何与员工进行沟通？

由于绩效计划的主要目的就是让组织中不同层次的人员对组织的目标达成一致见解，所以员工和主管一定要对这些问题达成一致意见。绩效计划可以帮助组织、业务单元和个人朝着一个共同的目标努力，所以，主管和员工是否能对绩效计划达成共识是问题的关键。如果所有的主管和员工的意见都能达成共识，组织的整体目标与全体员工的努力方向就会取得一致，这样才能在全体员工的一致努力下，共同达成组织的整体目标。

当绩效计划结束时，应达到如下结果。

第一，员工的工作目标与公司的总体目标紧密相连，并且员工清楚地知道自己的工作目标与组织的整体目标之间的关系。

第二，员工的工作职责和描述已经按照现有的组织环境进行了修改，可以反映本绩效期内的主要工作内容。

第三，主管和员工对员工的主要工作任务、各项工作任务的重要程度、完成任务的标准、员工在完成任务过程中享有的权限都已经达成了共识。

第四，主管和员工都十分清楚在完成工作目标的过程中可能遇到的困难和障碍，并且明确主管所能提供的支持和帮助。

第五，形成了一个经过双方协商讨论的文件。该文件包括员工的工作目标、实现工作目标的主要工作结果、衡量工作结果的指标和标准、各项工作所占权重，并且主管与员工双方都要在该文档上签字。

第二节　绩　效　指　标

一、绩效指标的含义

绩效指标是对绩效进行评价的维度，是指用于评估和管理被评估者绩效的定量化或行为化的要素。

一般来讲，绩效指标应至少具备以下几个特点。

(一)增值性

增值性指的是绩效指标对组织目标是具有增值作用的，该增值作用是指绩效指标的管理是否可以产生"1+1>2"的产出效果以及对组织有贡献行为的鼓励作用。此时的绩效指标不仅是连接个体绩效与整体目标的桥梁，而且是组织内部进行绩效沟通的基石。

(二)定量化

定量化是指绩效指标应尽量用数量的方式来表示，用数量的方式来表示就是为了能够被衡量。非量化的指标也可以通过一定的方法将其转化为可以量化或可行为化的指标。如对公交车司机的绩效进行评价的一个重要内容就是注意力集中，但是注意力是心理状态，难以观察，无法验证，不具有可操作性，此时应该把"注意力集中"转化为诸如吸烟次数、看报纸次数、玩手机次数等具体的可以用数量表示的指标。

(三)行为化

行为化是指绩效指标的工作内容是否被付诸行动，是否被执行，表现结果是工作做了没有，任务完成了没有。很多指标如果不能用数量来表示，那就尽量用行为来描述。行为化的目的也是使绩效指标更具有可操作性。

二、绩效指标的分类

从不同的角度看，绩效指标有多种分类方式。常见的分类有以下四种：软指标与硬指标；"特质、行为、结果"三类绩效指标；工作业绩指标、工作能力指标与工作态度指标；财务指标与非财务指标等。

(一)软指标与硬指标

硬指标指的是那些可以以统计数据为基础，把统计数据作为主要评价信息，建立评价数学模型，以数学工具求得评价结果，并以数量表示评价结果的评价指标。使用硬指标可以免除个人经验和主观意识的影响，具有相当的客观性和可靠性。借助于电子信息技术，可以有效地提高评价的可行性和效率。但是，当评价所依据的数据不够可靠，或者当评价的指标难以量化时，硬指标的评价结果就难以客观和准确了。同时，硬指标往往比较死板，缺乏灵活性。

软指标指的是通过人的主观评价方能得出评价结果的评价指标。实践中，人们用专家评价来指代这种主观评价的过程。所谓专家评价，就是由评价者对系统的输出作出主观的分析，直接给评价对象进行打分或者作出模糊判断(如很好、好、一般、不太好、不好等)。这种评价指标完全依赖于评价者的知识和经验，容易受主观因素的影响。所以，软指标的评价通常由多个评价主体共同进行，因此，又将软指标评价称为专家评价。软指标的优点在于这类指标不受统计数据的限制，可以充分发挥人的智慧和经验。

随着信息技术的发展和模糊数学的应用，软指标评价技术获得了迅猛发展。通过软指标并对评价结果进行科学的统计分析，我们能够将软指标评价结果与硬指标评价结果共同运用于各种判断和推断，以提高绩效评价结果的科学性和实用性。

(二)"特质、行为、结果"三类绩效指标

杨杰、方俐洛、凌文铨等在《对绩效评价的若干基本问题的思考》一文中阐述了"特质、行为、结果"三类绩效指标。三者的适用性和不足之处详见表4-2。

表4-2 "特质、行为、结果"三类绩效指标比较一览表

绩效指标	特　质	行　为	结　果
适用范围	适用于对未来的工作潜力作出预测	适用于评价可以通过单一的方式或者程序化的方式实现的岗位	适用于评价那些可以通过多种方法达到绩效标准或绩效目标的岗位
不足	①没有考虑情景因素，通常预测效度较低。 ②不能有效地区分实际工作绩效，使员工容易产生不公平感。 ③将注意力集中在短期内难以改变的人的特质上，不利于改进绩效	①需要对那些同样能够达到目标的不同行为方式进行区分，以选择真正适合组织需要的行为方式，这一点比较困难。 ②当员工认为其工作重要性较小时意义不大	①结果有时候不完全受被评价对象的控制。 ②容易诱使评价对象为了达到一定的结果而不择手段，使组织在获得短期效益的同时丧失长期利益

从表4-2可以看出，特质类指标关注的是员工的素质与发展潜力，在选拔性评价中更常用。行为类绩效指标关注的是绩效实现的过程，适用于通过单一方式或程序化的方式达到

绩效目标的职位。而结果类指标更多地关注绩效结果或绩效目标的实现程度。

如果按照这种分类设计绩效指标，比较好的解决办法是折中，即将评价的维度冠以"特质"标签，而对维度的定义和量表锚点的选择则采取任务与行为定向的方法。然而，这种方法并未完美地解决问题，只是相对于单纯依靠特质或者单纯依靠行为而言更优而已。

(三)工作业绩指标、工作能力指标与工作态度指标

按照绩效考核内容的不同，绩效指标可分为工作业绩指标、工作能力指标、工作态度指标。

工作业绩指标：所谓工作业绩，就是工作行为所产生的结果。工作业绩指标可表现为职位的关键工作职责输出或一个阶段性的工作项目。在设计工作业绩指标时，可以从完成工作的数量、质量、效率以及成本四个方面来考虑。

工作能力指标：能力考核是考核员工在岗位实际工作中是否具备相应的能力，考核人根据被考核人表现的工作能力，对被考核人作出评定。如谈判能力、解决问题能力、沟通能力、学习能力、团队合作能力、领导能力等都属于工作能力指标。

工作态度指标：所谓工作态度，是对某项工作的认知程度及为此付出的努力程度，工作态度是工作能力向工作业绩转换的桥梁，在很大程度上决定了工作能力向工作业绩的转化效果。如主动性、责任感、忠诚度、敬业精神等都属于工作态度指标。

(四)财务指标与非财务指标

财务指标是指企业总结和评价财务状况和经营成果的相对指标，通常可分为三类：①偿债能力指标，包括资产负债率、流动比率、速动比率；②营运能力指标，包括应收账款周转率、存货周转率；③盈利能力指标，包括资本金利润率、销售利润率(营业收入利润率)、成本费用利润率等。

非财务指标是指无法用财务数据直接计算的指标，通常可分为三类：①经营类指标，如公司发展潜力、创新能力、新产品开发能力等；②顾客类指标，如顾客满意度、顾客忠诚度等；③员工类指标，如员工培训、团队精神、员工满意度等。

三、绩效指标体系设计的原则

绩效指标体系的设计要考虑两方面问题：绩效指标的选择和各个指标之间的整合。因此，要建立一个良好的绩效指标体系，需要遵循以下五项原则。

(一)定量指标为主、定性指标为辅的原则

由于定量化的绩效评价指标便于确定清晰的级别标度，提高评价的客观性，因此在实践中被广泛使用。财务指标之所以一直以来被国内外的企业用作关键绩效指标之一，其易于量化的特点也不可忽视。

不过，这个原则并不适用于所有职位。它只是提醒我们要注意尽可能地将能够量化的指标进行量化。同时，对于一些定性的评价指标，也可以借助相关的数学工具对其进行量

化，从而使评价结果更精确。

(二)少而精的原则

绩效指标要通过一些关键绩效指标反映评价的目的，而不需要做到面面俱到。设计支持组织绩效目标实现的关键绩效指标，不但可以帮助企业把有限的资源集中到关键业务领域，同时可以有效地缩短绩效信息的处理过程，乃至整个评价过程。

另外，少而精的评价指标也易于被一般员工理解和接受，同时也可以促使评价者迅速了解绩效评价系统、掌握相应的评价方法与技术。所以，在构建绩效评价指标体系的时候，要选取最有助于企业战略目标实现的指标，以引导企业和员工集中实现企业的绩效目标。

(三)可测性原则

评价指标本身的特征和该指标在评价过程中的现实可行性决定了评价指标的可测性。绩效评价指标设置指标的级别标志和级别标度就是为了使绩效指标可以测量。同时，评级指标代表的对象也是在不断变化的。在选择绩效指标时，要考虑获取相关绩效信息的难易程度。很难搜集绩效信息的指标一般不应当作为绩效评价指标。

另外，是否具有相应的评价者能够对绩效考核指标作出评价，也是确定评价指标时需要注意的一点。

(四)独立性与差异性原则

独立性原则强调评价指标之间的界限应该清楚明晰，避免发生含义上的重复。差异性原则指的是评价指标需要在内涵上有明显的差异，使人们能够分清它们之间的不同之处。要想做到这一点，首先在确定绩效评价指标的名称时，就要讲究措辞，明确每一个指标的内容界限。必要时还需要通过具体明确的定义，避免指标之间的重复。

例如，"沟通协调能力"与"组织协调能力"中都有"协调"一词，但在实际应用中人员类型是不同的，这两种协调能力的含义也是不同的。"沟通协调能力"往往可以运用于评价普通员工，而对于拥有一定数量下属的中层管理人员则可以通过评价他们的"组织协调能力"来评价他们在部门协调与员工协调中的工作情况。如果在同样人员身上同时评价这两种"协调能力"就容易引起混淆，降低评价的可靠性和准确性。

(五)目标一致性原则

目标一致性原则是选择绩效指标时应遵循的最重要的原则之一。它强调各个评价指标所支持的绩效目标应该具有一致性。针对企业的战略目标建立的评价指标体系，要保证各个绩效指标的确能够支持战略目标在各个层面上的子目标，从而支持企业战略目标的实现。

不仅如此，绩效评价指标之间的目标一致性同时还强调绩效指标的完整性。评价指标应该能够完整地反映评价对象系统运行总目标的各个方面，这样，才能够保证总目标的顺利实现。

四、提取绩效指标的方法

绩效指标主要来源于两个方面：部门和员工的工作任务、企业的战略目标。而从中提取评价指标的方法主要有六种：工作分析法、个案研究法、业务流程分析法、专题访谈法、经验总结法和问卷调查法。

(一)工作分析法

工作分析法是人力资源管理的基础工作之一，也是组织与工作系统管理的重要基础。它是确定完成各项工作所需履行的责任和具备的知识及技能的系统工程。工作描述、任职资格、工作成果的计量与激励，以及员工的职业发展问题，都是工作分析关注的焦点。其中，工作描述和任职资格是工作分析的两个直接成果。

在以提取绩效评价指标为目的的工作分析中，首先需要分析某一职位的任职者需要具备哪些能力，以及该任职者的工作职责；然后，确定以什么指标来衡量任职者的能力和工作职责，并指出这些能力的相对重要性。这样就可以明确各个职位的绩效评价指标。

(二)个案研究法

个案研究法是指对某一个体、群体或者某一组织在较长时间里连续进行调查研究，并从典型个案中推导出普遍规律的研究方法。例如，根据评价目的、对象，选择若干个具有典型代表的任务或者事件为调研对象，通过系统地观察、访谈，分析并确定评价要素。

常见的个案研究法有典型任务(事件)研究与资料研究两大类。典型任务研究是以典型人物的工作情景、行为表现、工作绩效为直接对象，通过对他们的系统观察和分析研究来归纳总结出他们所代表群体的评价要素。资料研究是以表现典型任务或者事件的文字材料为研究对象的，通过对这些资料的对比分析和总结，归纳出评价要素。

(三)业务流程分析法

业务流程分析法指的是通过分析被考评人员在业务流程中承担的角色、责任以及同上下级之间的关系来确定衡量其工作的绩效指标。此外，如果流程存在问题，还应该对流程进行优化或者重组。

(四)专题访谈法

专题访谈法是研究者通过面对面的谈话，用口头沟通的途径直接获取有关信息的研究方法。研究者通过分析汇总访谈所获得的资料，可以获取许多信息。专题访谈法有个别访谈和群体访谈两种。个别访谈轻松、随便、活跃，可快速获取信息。群体访谈以座谈会的形式进行，具有集思广益、团结民主等优点。

(五)经验总结法

经验总结法是指众多专家通过经验总结，提炼出规律性的研究方法。一般它又可分为个人总结法和集体总结法两种。个人总结法是请人力资源专家或者人力资源部门的工作人员回顾自己过去的工作，通过分析最成功或者最不成功的人力资源决策来总结经验，并在此基础上总结出评价员工绩效的指标目录。集体总结法是请若干人力资源专家或者企业内部有关部门的主管(6～10人)集体回顾过去的工作，列出长期以来用于评价某类人员的常用指标，在此基础上提出绩效评价指标。

(六)问卷调查法

问卷调查法就是设计者根据需要，把要调查的内容设计在一张调查表上，写好填表说明和要求，分发给有关人员填写，收集和征求不同人员意见的一种方法。该方法让被调查者根据个人的知识与经验，自行选择答案。因此，调查的问题应设计得直观、易懂，调查问题的数量不宜过多，应尽可能减少被调查对象的回答时间，以免影响调查表的回收率和调查质量。

例如，研究者通过访谈法把评价某职务人员的绩效评价指标归纳为40个指标，为了从这40个指标中筛选出关键的评价指标，可以用问题或者表格的形式进行问卷式的民意调查。

问卷调查法可以分为开放式问卷和封闭式问卷两大类。开放式问卷没有标准化答案，被调查者可以按照自己的意愿自由回答；而封闭式问卷则可分为是非法、选择法、排列法和计分法四种。

(1) 是非法——问卷列出若干问题，要求被调查者作出"是"或者"否"的回答。

(2) 选择法——被调查者必须从并列的两种假设提问中选择一项。

(3) 排列法——被调查者要对多种可供选择的方案按其重要性进行排序。

(4) 计分法——问卷列出几个等级分数，要求被调查者进行判断选择。

五、绩效指标体系设计时应注意的问题

有效的绩效评价指标是绩效考评取得成功的保证，因此也成为建立绩效考评体系的中心环节。在设计企业绩效考评指标时，应注意解决以下六个方面的问题。

(1) 指标的原则是简单、明确、清晰。即每项指标的具体目标或者控制点程度等(如财务指标、利润率或者成本比例、能耗水平和物耗水平)都应当是准确、清楚的。

(2) 指标的有效性。不提倡"指标越多越客观"或者"定量指标比定性指标更客观"等做法，应该提倡用最少的指标控制最大的绩效结果的成本收益原则，在素质指标、基本技能指标、管理技能指标、发展潜力指标之间寻找平衡点，以求简化绩效考评体系。

(3) 在量化指标和定性指标之间寻求基本的平衡。在绩效考评中，是定量指标好还是定性指标好，没有绝对的答案。

(4) 绩效考评指标之间保持内在的相关性和一定的互补性。在设计绩效考评指标时，目的要明确，使目标之间可以相互对应或者一一对应。

(5) 重视绩效考评指标及其结构"本土化"问题。即应该结合企业自身的实际状况设计合适的绩效指标体系。

(6) 国内企业与国外企业在设计绩效指标时的差别：国内企业因为没有完善的管理制

度与体制，无法对绩效产生的过程进行监控，所以更多地关注绩效结果；而国外企业由于能够对绩效产生的过程进行比较有效的监控，在关注绩效结果的同时，也关注绩效产生的过程。

第三节 绩 效 标 准

一、绩效标准的含义

制定绩效指标与标准往往是一起进行的。一般来说，绩效指标是指企业要从哪些方面对工作产出进行衡量或评估。而绩效标准是指企业在各个指标上应该分别达到什么样的水平。也就是说，指标解决企业需要评价"什么"，才能实现其战略目标；而标准关注被评价的对象需要在各个指标上做得"怎样"或完成"多少"。绩效指标和绩效标准是相互对应的。本章将绩效指标与绩效标准分开阐述，使学生对这两个不同的概念有更清楚的认识。

二、绩效标准的分类

一套完整的绩效指标与其标准一般包括四个构成要素，这四个要素是指标名称、指标的操作性定义、等级标志、等级定义。其中，等级标志和等级定义往往合二为一，形成了与绩效指标对应的绩效标准。等级标志是用于区分各个等级的标志性符号；等级定义规定了与等级标志对应的各等级的具体范围，用于揭示各等级之间的差异。表 4-3 展示了一个完整的绩效评价指标与其标准。

表 4-3　绩效指标与标准的四个要素示例

指标名称	销售收入增长率				
指标的操作性定义	该绩效周期里，销售收入较上一周期增长的百分比				
等级标志	A	B	C	D	E
等级定义	>20%	15%～20%	10%～15%	5%～10%	<5%

与绩效指标一样，绩效标准也有多种分类方式。常见的分类有以下两种：描述性标准与量化标准、基本标准与卓越标准。

(一)描述性标准与量化标准

根据实践经验，我们可将绩效评价标准分为描述性标准和量化标准两种。

1. 描述性标准

描述性标准常见于特质指标、行为指标之后，在对整体性绩效结果的评价中运用得较多。

描述性标准在特质指标中的应用主要是用来区分被评价者能力或者特质差异的行为因

素，需要借助行为指标和相应的描述性标准区分优劣。而描述性标准在行为指标中应用的结果就是行为特征标准。关键事件法和行为锚定等级评定法中需要建立大量的行为标准。

不过，建立行为标准不是一件容易的事情。首先，工作行为的观察者需要了解被评价者所从事的工作。在长期跟踪、观察并记录被评价者的工作行为后，观察者还要从大量的记录中整理出具有代表性的、典型的工作行为。所谓典型的工作行为，就是能够体现绩优者与绩差者差异的一系列行为。最后，需要通过简洁明了、规范的语言详细描述筛选出的各种工作行为，以尽量使其能够成为衡量员工日常工作行为的尺度，这样才能形成有效的行为标准。

在评价整体性结果时，对整体性结果的分等级描述是相对粗糙的。如对员工整体工作状态的判断就可以采用勉强、普通、能干、可嘉、优秀等级别(见表 4-4)。

表 4-4　等级描述性标准示例

绩效等级	状态描述
勉强	● 在职时间应该有更好的表现。 ● 由于其无能，对其他同人(包括您本人)造成了一些士气上的问题。 ● 对工作缺乏兴趣，或调任其他工作会比较好。 ● 拖累了其他人的工作。 ● 该员工明知其工作做不好。 ● 如果继续留他，工作进度会一直落后，整个部门会受很大影响。 ● 错误连续发生，有些是一错再错
普通	● 该员工的工作大体不错，能达到最起码的要求，许多方面也能有正常的表现。 ● 该员工的绩效并不是真的很糟，但是如果您手下人都像他一样，您就麻烦了。 ● 您很想看到他能进步，但同时您又挑不出大毛病。 ● 他或许属于那种需要督促的人，在紧盯之下才能把工作完成。 ● 您可能需要密切监督，能去掉这一层的话，他应该属于能干的。 ● 他表露出上进心，但还需要充实工作知识。 ● 他可能需要帮他把工作一步一步地安排好，在这种情况下工作通常能完成。 ● 某些时候您的其他部属帮扶他一把。 ● 除非您不断地督促检查，否则您没有信心交由他去完成工作
能干	● 他做事完整，令人满意。正是您所期望的一位有资格有经验的人所表现的。 ● 您不会再要求他有什么重大的改进；如果有，那对整个部门的效益是件好事，如果没有，您也无话可说。 ● 如果您的手下都能像他一样，那么整体的工作表现该是令人满意的。 ● 您很少听到与其工作有关的人埋怨他。 ● 错误极少，也很少有重复的现象

绩效等级	状态描述
可嘉	<ul><li>工作的质与量都很好。</li><li>不在不重要的事情和问题上花费时间。</li><li>采用他的意见时，您觉得很放心。</li><li>只需要适度的督导，他通常能按时做好工作。</li><li>工作有关的各方面几乎都曾经历过，而且都证明其能力很强。</li><li>您把他当作手下重要的一员，并且在其工作范围内交付任何事情都觉得很放心。</li><li>该员工即使在最困难与复杂的事务上仍有超过要求的表现。他能面对具有挑战性的目标自行开展并完成工作。正常情况下，应考虑晋升该员工。</li><li>您发现他做得比您希望的要多。</li><li>他能承接额外的工作而不致妨碍到其他的工作。</li><li>他经手的每一份工作都完美无缺。</li><li>该员工决策与行动的效果比预期得要高。</li><li>他时常有额外的贡献。</li><li>他只偶尔需要督导或追踪。</li><li>他时常超越目标。</li><li>他自行预作计划，设想可能的问题并采取适当的行动。</li><li>他能掌握全局。设想不局限于小节，朝着部门整体的目标努力</li></ul>
优秀	<ul><li>该员工表现出来的知识，通常需在该项工作上有相当长的经验才能获得。</li><li>公认该员工是其所从事工作的专家。</li><li>当有较高职位(相同或相关的工作)出缺时，他应是首先被考虑的人选。</li><li>其表现显示他对工作了解的程度远远超出指定的范围。因为他对部门工作各方面都具有丰富的知识，常有外人求助于他。</li><li>他很少或完全不用督导。</li><li>几乎可以说他是永远抱着务必尽善尽美的心态工作的</li></ul>

由于等级描述比较简单，其中又会涉及多个绩效角度，如知识、经验、行为、态度、结果等，它们相互交叉影响，因果关系模糊，判断起来具有相当大的难度，同时也缺乏客观性。因此，在评价整体性结果时，最好采用分要素的描述性标准，如表4-5所示。

表4-5　要素描述性标准示例

项　目	评价等级定义
计划与组织管理	定义：有效地利用人、财、物，计划性安排和组织工作。 1级：缺乏预先制订的工作计划，解决问题准备不足； 2级：有计划，但缺乏系统性，导致工作执行不利； 3级：能有效地计划和组织下属工作； 4级：对工作的执行和可能遇到的问题有计划性解决方案，并能够组织实施； 5级：具有系统、准确、迅速解决问题的工作行为特征，并进行有效的工作分解，以较佳的方式达成工作目标

项 目	评价等级定义
目标管理	定义：建立工作目标，制定合理的行为规范与行为标准。 1级：目标设置模糊、不现实，实现标准不明确，没有明确的时间要求； 2级：仅设置总体目标，细化分解不足，制定标准不恰当，时间要求不合理； 3级：多数情况下，目标设置合理现实，但会出现目标设置标准忽略现实要求的情况； 4级：总是设置具有现实性的目标，但有时目标设置过难； 5级：设置目标合理、有效，计划性、时间性强
管理控制	定义：组织协调各种工作关系，领导群体实现目标。 1级：回避群体控制，批评多，但不提建议； 2级：面临困难易放弃原则，管理思想和工作风格不易被他人接受； 3级：保持必要的指示、控制，获得他人的协作，对他人表现出信任； 4级：善于激励，能对下属及同事的行为产生影响，以管理者的身份体现其影响力； 5级：善于控制、协调、干预，使群体行为趋同于目标的实现
管理决策	定义：设计决策方案，并对方案进行迅速评估，以适当的方法采取行动。 1级：较少制定、作出决策或表现出决策的随意性； 2级：决策犹豫，忽略决策的影响信息； 3级：作出日常的、一般性决策，在较为复杂的问题上采取中庸决策策略； 4级：决策恰当，一般不会引起争议； 5级：善于综合利用决策信息，经常作出超出一般的决策，且大多数情况是正确的选择
沟通合作	定义：交流沟通，与人合作。 1级：缺乏沟通方式，不善交流，难于表达自己的思想、方法； 2级：交流、沟通方式混淆，缺乏中心议题，不易合作； 3级：沟通清楚易于接受，表现出互相接受的合作倾向； 4级：善于沟通，力求合作，引人注意； 5级：具有很强的沟通愿望和良好的沟通方式，使合作成为主要的工作方式、方法

2．量化标准

在绩效评价中，量化标准往往紧随结果指标之后。量化标准能够精确地描述指标需要达到的各种状态，被广泛用于生产、营销、成本控制、质量管理等领域。在设计量化标准时，需要考虑两个方面问题：一是标准的基准点；二是等级间的差距。

(1) 基准点的位置。基准点本质上是企业为被评价对象设定的期望其实现的基本标准。基准点的位置是基本标准的位置，而不是传统考核中考核尺度"中点"的位置。在传统考核中，无论五级尺度法还是七级尺度法，我们都习惯于把尺度的中点作为"基准点"。实际上，基准点多处于考核尺度的最高等级和最低等级之间的某个位置，向上和向下均有活动的空间。也有部分特殊指标，如人员伤亡、火灾等重大恶性事故等，所对应的基准点可能在最高等级，因为企业对这类事情的期望就是"根本不要发生"。

实践中，很多企业所谓的"称职水平"实际上是考核尺度的"中点"位置的水平。这和我们所倡导的基准点的称职水平是不同的。当一个人的绩效水平达到基准点时，我们才说这个人称职。

(2) 等级之间的差距。绩效标准的等级差距存在两种：一是尺度本身的差距；二是每一尺度差所对应的绩效差距。不过，这两个差距是结合在一起来描述绩效状态水平的。

尺度差距实质上是标尺的差距。它可以是等距的，也可以是不等距的。

绩效标准做成等差的还是不等差的，要根据具体情况确定。一般来说，绩效标准的上行差距应越来越小，而其下行差距应越来越大。这是因为，从基准点提高绩效的难度越来越大，边际效益下降；而在基准点以下，人们努力的边际效益比较大。但是，有时为了控制员工绩效，增加他们达不到基准点的压力，也可以把基准点以上的差距加大，而把基准点以下的差距缩小。

(二)基本标准与卓越标准

上述描述性标准和量化标准是对绩效标准的主流分类方法。不过，对量化标准基准点的界定引起了绩效标准另外一种分类：基本标准和卓越标准。

1. 基本标准

基本标准是指企业期望某个被评价对象达到的绩效水平。这种标准是每个被评估对象经过努力都能够达到的水平，并且对一些职位来说，基本标准可以有限度地描述出来。基本标准的作用主要是用于判断被评估者的绩效是否能够满足基本的要求。评估的结果主要用于决定一些非激励性的人事待遇，如基本的绩效工资等。

2. 卓越标准

卓越标准是指企业对被评估对象未做要求和期望的、被评估对象经过努力方可以达到的绩效水平。卓越标准的水平通常只有小部分被评估对象可以达到。卓越标准不像基本标准那样可以有限度地描述出来，它通常是没有天花板的。由于卓越标准不是人人都能达到的，因此卓越标准主要是为了识别榜样角色。对卓越标准评估的结果可以决定一些激励性的待遇，例如额外的奖金、分红、职位的晋升等。

表 4-6 中列出了一些职位的基本标准和卓越标准。从中可以看到，即便是一个非常普通的职位，例如司机、打字员，也会有很多卓越表现的标准。通过设定卓越标准，可以让任职者树立更高的努力目标。这些卓越标准本身就代表着组织所鼓励的行为。组织对作出这些鼓励行为的人，通常会给予相应的奖励。

表 4-6　基本标准与卓越标准比较

举例职位	基本标准	卓越标准
司机	● 按时、准确、安全地将乘客载至目的地 ● 遵守交通规则 ● 随时保持车辆良好的性能与卫生状况 ● 不装载与目的地无关的乘客或货物	● 在几种可选择的行车路线中选择最有效率的路线 ● 在紧急情况下能采取有效措施 ● 在旅途中播放乘客喜欢的音乐或在车内放置乘客喜欢的报刊以消除旅途的寂寞 ● 较高的乘客选择率

续表

举例职位	基本标准	卓越标准
打字员	<ul><li>速度不低于 100 字/分钟</li><li>版式、字体等符合要求</li><li>无文字及标点符号的错误</li></ul>	<ul><li>提供美观、节省纸张的版面设置</li><li>主动纠正原文中的错别字</li></ul>
销售代表	<ul><li>正确介绍产品或服务</li><li>达成承诺的销售目标</li><li>回款及时</li><li>不收取礼品或礼金</li></ul>	<ul><li>对每位客户的偏好和个性等做详细记录和分析</li><li>为市场部门提供有效的客户需求信息</li><li>维持长期稳定客户群</li></ul>

三、绩效标准设计的原则

绩效标准在设计过程中需要遵循以下八项原则。

(1) 客观公正性原则。绩效标准在设计中要避免主观臆断，始终牢记"针对岗位而非针对个人"标准，标准的选取要符合客观实际情况，以岗位职责为依据，而不是以现有岗位的人作为设定标准的依据。

(2) 明确具体性原则。绩效标准要明确、具体，任何一个标准的描述都应该使用精确、清晰的语言，各个标准的界定和要求要明朗，不能含糊不清，以免造成误解。

(3) 可操作性原则。标准设置不宜过高，过高的标准会影响员工的积极性；过低的标准不易区分员工之间的差异，达不到激励员工的目的。

(4) 界限清楚原则。每项标准的内涵和外延都应界定清楚，避免产生歧义。

(5) 可比性原则。同一层级、同一职务及同一性质岗位的标准在横向上必须保持一致，具有可比性，便于在绩效考核时分出不同等级。

(6) 数量少而精原则。绩效考核标准并不是越多越好，标准越多，成本越大，而且标准越多，会使简单的工作变得复杂。所以，绩效考核标准的数量应当与岗位层级挂钩，层级越低，标准越少。

(7) 相对稳定性原则。稳定性是指考核标准一经确定，不得随意更改。缺乏稳定性的绩效标准缺乏权威性，容易失去可信赖性。

(8) 差异性和独立性原则。差异性是指各项标准在内容上不同，能明确分清其不同；独立性是指各项标准界限清晰，各标准的含义没有重复现象。

四、绩效标准制定的步骤

如上所述，每个绩效指标都有其相对的绩效标准。因此，绩效标准的制订应该紧随绩效指标之后。由于绩效标准分为描述性标准和量化标准，而这两类标准的制订过程存在较大的差异。下面我们将分别讨论如何制订描述性标准和量化标准。

(一)描述性标准的制定步骤

描述性标准往往基于实际发生的事情或者行为，因此需要企业对日常发生的工作行为或事件有清晰的了解。下面我们借助行为标准的制定过程来说明如何建立描述性标准。

制定行为标准需要具备以下五个基本步骤。

(1) 对不同绩效水平的员工的工作行为进行长期而连续的观察和详细的记录。

(2) 分析、整理收集的行为资料，分辨造成员工之间绩效差异的一系列关键行为或代表性行为。

(3) 将选择的行为分配到已有的行为指标下。

(4) 运用凝练明了的陈述句对筛选出的一系列行为进行客观描述。

(5) 对各个行为指标下的行为分等分级，建立具有参照性的行为标准。

(二)量化标准的制定步骤

与描述性标准相比，量化标准的制定比较简单。量化标准要基于企业的历史数据和战略目标(或绩效目标)而制定。其基本步骤与绩效指标的制定类似，具体如下。

(1) 以公司层面、部门层面和职位层面的绩效目标和绩效指标为依据，初步确定各个层面的量化考核标准。

(2) 参考企业最近几年的绩效标准，对上述绩效标准进行调整。

(3) 将调整后的各级量化考核标准分发给各级管理人员和相关员工。

(4) 各级管理人员及其下属就各级量化考核标准进行讨论，并在取得一致意见的基础上对考核标准作出调整，然后将调整意见与调整后的绩效考核标准提交给有关部门。

(5) 企业汇总各级的量化标准，形成最终的量化考核标准。

五、绩效标准设计时应注意的问题

(一)考核标准的压力要适度

绩效标准不能定得太低，考核标准要使大多数人经过努力才能达到，标准太低会失去激励作用；同时，标准也不能定得过高，可望而不可即，这样也容易使员工产生沮丧、自暴自弃的情绪。绩效标准的可实现性会促使员工更好地发挥潜能，实践表明，员工在适当的压力下可以取得更好的绩效。因此，考核标准的水平要适度，标准产生的压力以能提高劳动生产率为限。

(二)考核标准要有一定的稳定性

考核标准是考核员工工作绩效的权威性尺度，因此，绩效标准需要具有相当的稳定性，以保证标准的权威性。当然，这种权威性必须以标准的适度性为基础。一般来说，绩效标准一经制定，其基本框架不应经常改变。

不过，为了使绩效标准及时地反映和适应工作环境的变化，需要不断地对其进行修订。但是修订往往只是部分的、对某些条款的变动，不需要做大幅度的变动。

对于新创立的公司来说，由于缺乏经验，绩效标准往往不够完善。因此，经常修订标准是不可避免的。此时，吸取同行业其他公司的经验，参照国际的、国内的先进标准，是建立绩效考核体系的有效途径。

(三)制定的绩效标准应符合 SMART 原则

SMART 原则是制定绩效标准、绩效目标等的常用原则。SMART 是五个英文单词首字母的缩写。S 代表的是 specific，意思是指"具体的"；M 代表的是 measurable，意思是指"可衡量的"；A 代表的是 attainable，意思是指"可实现的"；R 代表的是 relevant，意思是指"相关的"；T 代表的是 time-bound，意思是指"有时限的"。

以上只是对绩效指标和标准的总体概述，在实际应用中不可生搬硬套。实际上，规模较大的企业一般有自己独立的绩效管理体系和方法。当前比较流行的绩效管理方法有目标管理、平衡计分卡、KPI、标杆管理等。每一种绩效管理思想对绩效指标与标准的设计都有独特的要求。实践中，我们应该将这些绩效指标与标准的设计理论和方法与企业绩效管理系统相结合。

本 章 小 结

绩效管理作为一种闭环管理，由绩效计划制订、绩效计划实施与过程控制、绩效考核与评价、绩效反馈、绩效考核结果应用五部分组成。绩效计划作为绩效管理流程的第一个环节，是绩效管理实施的关键和基础所在。绩效计划是关于工作目标和工作标准的契约，是绩效双方在充分沟通的基础上就绩效目标和绩效标准，以及如何实现这一目标达成的一致认识，是对企业战略目标的细化和分解。一个完整的绩效计划至少包括两个方面的内容，即做什么和如何做，具体来说包括绩效指标、绩效标准以及行动计划等。

绩效指标是对绩效进行评价的维度，是用以评判对象(个人、业务单元、部门或组织)业绩好坏的因素。绩效指标体系的设计要考虑绩效指标的选择和各个指标之间的整合两个方面的问题。因此，要建立一个良好的绩效指标体系，需要遵循以下五项原则：①定量指标为主、定性指标为辅的原则；②少而精的原则；③可测性原则；④独立性与差异性原则；⑤目标一致性原则。

绩效标准是指企业在各个指标上应该分别达到什么样的水平，是界定组织及其成员工作绩效的尺度和准则。依据不同的分类标准，绩效标准可以分为描述性标准和量化标准、基本标准和卓越标准等。

思 考 题

1. 什么是绩效计划？制订绩效计划应该注意的事项有哪些？
2. 什么是绩效指标？什么是绩效标准？两者之间的联系是什么？
3. 什么是基本标准？什么是卓越标准？

案 例 分 析

A 公司关于绩效考核标准的困惑

A 公司成立仅四年，为了更好地对各级人员进行评价和激励，公司在引入市场化用人机制的同时，建立了一套绩效管理制度。对于这套方案，用人力资源部门经理的话说就是，细化传统的德、能、勤、绩几项指标，同时突出工作业绩的一套考核办法。其设计的重点是将德、能、勤、绩几个方面内容细化延展成考核的 10 项指标，并把每个指标都量化出五个等级，同时定性描述等级定义，考核时只需将被考核人实际行为与描述相对应，就可以按照对应成绩累计相加得出考核成绩。

但是，在年度绩效考核中却出现了一个奇怪的现象：原先工作比较出色和积极的员工考核成绩却常常排在多数人后面，一些工作业绩并不出色的人却排在前面。还有就是一些管理干部对考核结果大排队的方法不理解和有抵触心理。

综合各方面情况，目前的绩效考核还是取得了一定的成果，各部门都能够很好地完成。不过，让公司高层管理人员头疼的是，对于考核排序在最后的人员如何落实处罚措施。对这些人降职和降薪无疑会伤害一批像他们一样认真工作的人，但是不落实却容易破坏考核制度的严肃性和连续性。

另一个问题是，在本次考核中，成绩统计工具比较原始，考核成绩统计工作量太大，人力资源部只有 3 个人，却要统计总部 200 多人的考核成绩，平均每个人有 14 份表格，统计、计算、评价、排序发布，最后还要和这些人分别谈话。在整个考核的一个半月中，人力资源部几乎都在做这件事情，其他事情都耽搁了。为此，人力资源部的负责人建议公司引入一种人力资源软件。公司是否有必要采纳人力资源部的建议呢？

为了彻底弄清楚问题所在，张总经理决定请车辆设备部和财务部的负责人到办公室深入了解一些实际情况。

车辆设备部李经理、财务部王经理来到了总经理办公室。当总经理简要地说明了情况之后，车辆设备部李经理首先快人快语回答道："我认为本次考核方案需要尽快调整。它不能真实地反映我们的实际工作。例如，我们车辆设备部主要负责公司电力机车设备的维护管理工作，总共只有 20 个人，却管理着公司总共近 60 台电力机车。为了确保它们安全无故障地行驶在 600 公里的铁路线上，我们的主要工作就是按计划到基层各个点上检查和抽查设备维护的情况。在日常工作中，我们不能有一次违规和失误。因为任何一次失误都是致命的，也会造成重大损失，但是在考核业绩中有允许出现'工作业绩差的情况'。因此，我们的考核只有合格和不合格之说，不存在分数等级多少。"

财务部王经理紧接着说道："对于我们财务部门，工作基本上都是按照规范和标准来完成的。平常填报表和记账等都要求万无一失，这些如何体现出创新的最好一级标准？如果我们没有这项内容，评估我们是按照最高成绩打分还是按照最低成绩打分？还有一个问题，在本次考核中我们沿用了传统的民主评议的方式。我对部门内部人员评估没有意见，但是让其他人员打分是否恰当？因为我们财务工作经常得罪人，让被得罪的人评估我们财务部，这样公正吗？"

听完各个部门负责人的看法,张总想:难道公司的绩效管理体系本身设计得就有问题?问题到底在哪里?考核内容指标体系如何设计才能适应不同性质岗位的要求?公司是否同意人力资源部门提出购买软件方案?能否有一个最有效的方法解决目前的问题?

分析: 绩效计划作为绩效管理流程的第一个环节,是绩效管理实施的关键和基础所在。绩效指标成为绩效计划的主要表现形式和主要内容,可以说绩效计划制订的关键和重点就是绩效指标体系的构建。

(资料来源:根据百度文库资料整理)

讨论题:

1. A公司绩效管理体系设计存在哪些问题?
2. 如何解决A公司绩效管理中存在的问题?

第五章

绩效管理的实施及过程控制

【本章学习重点】

- 绩效管理过程控制的内涵
- 绩效管理过程中的常见问题
- 持续的绩效沟通
- 绩效信息的收集与分析

本章案例来源

【案例导入】

小张的辞职信

黄总：您好！

我不得不非常遗憾地对您说，我要走了。您知道，去年一年我们的网络建设速度实在太快了，这也是在同行业中公认的。但您是否知道，为了实现公司的目标，我们有多少个周末没有休息、多少个晚上没有睡觉啊？

虽然您交给我的任务我并不总是能完成得那么完美，但您有没有问过我是否有什么困难啊？事实上，困难我可以自己克服，但很多事情我是多么想早一点儿知道解决的办法，而不是到最后才知道。说老实话，我很怀念自己在原来公司的日子，虽然那时挣得工资没有现在多，但老板总时不时地走到我们的座位旁与我们聊天，出差在外的时候，还经常打电话给我们，那种感觉特别好。而如今，您除了坐在自己的办公室里，就是与大老板们开会，总共向我们讲过几句话我到现在都还记得。

我真是盼望着能多与您沟通，那天我发了一个电子邮件给您，向您讲了一些工作上的事情，可是很长时间都没有您的答复。因此，我决定不再等下去了。

很抱歉在公司这么忙的时候离开。

张××

××××年××月××日

(资料来源：根据网络资料整理)

分析：管理者的责任并不是仅仅给员工制定指标、下达任务，好的管理不仅要关注员工工作的结果，更要关注员工工作的过程，要经常与员工进行沟通，时刻关注员工工作进展的状况，并有针对性地给予必要的支持与鼓励，与员工一同成长。

第一节　绩效管理的实施及过程控制概述

一、绩效管理的实施及过程控制的概念、内涵及意义

(一)绩效管理的实施及过程控制的概念

美国人佛尼斯(Furness)曾做过一个调研。

(1) 调研的对象：来自世界各地的 2 万名经理人。

(2) 调研的问题：列出员工无法按要求完成任务的原因。

(3) 调查结果：排在前四位的调查结果是：①员工不知道该做什么；②员工不知道怎么做；③员工不知道为什么必须做；④员工以为自己正在做(缺乏反馈)。

这项研究结果表明：绩效管理问题多出在"前期任务分配"与"中期任务指导"阶段，而不是"后期任务评估"阶段；对绩效管理来说，过程有时候比结果更重要。

绩效管理的实施及过程控制，本质为绩效计划的实施，即通过确定目标，明确责任，有组织、有领导，通过企业的内部管理机制，落实绩效计划的过程。绩效计划实施的过程，实际上就是对绩效计划的执行情况的监督、检查及指导的过程。一般而言，实施过程中最关键的问题，是管理者应该投入一定的时间与精力进行绩效的日常管理，包括观察、记录员工日常表现，并及时与下属员工进行沟通，以便在过程中记录员工的具体表现，帮助员工提高绩效。

因此，判断一个绩效管理体系成功与否的关键不在于是否给员工打了分，确定了什么等级，也不在于是否制造了员工为应付绩效考核而忙乱的局面，而在于绩效管理的过程是否得到了有效的控制，直线经理在绩效管理的过程中是否体验到了由此带来的成就感，是否体验到了管理的快乐，而愿意为绩效管理付出更多，理由是他们需要这么做，这么做对他们有利，这才是判定绩效管理是否成功的根本所在。从这层意义上讲，绩效管理的本质是对影响组织绩效的员工行为的管理；绩效管理的重心不是绩效考核的结果，而是绩效考核过程中的持续沟通。

(二)绩效管理的实施及过程控制的内涵

简单来说，绩效管理的实施及过程控制就是指制定好绩效目标及绩效计划以后的实施过程。我们可以从以下几个方面来理解绩效管理的实施及过程控制。

1. 绩效管理的实施及过程控制是一个动态变化的过程

绩效管理的实施及过程控制实际上就是企业运作和管理过程的一部分，这一过程涉及企业生产经营的方方面面，管理者千万不要认为所制订的绩效计划会自然而然地实现。虽然绩效管理强调结果，强调自主、自治和自觉，但并不等于说绩效计划制订以后管理者就可以高枕无忧、放手不管了。相反，由于绩效计划已经形成了一定的目标体系，一旦某一个环节失误就会发生"牵一发而动全身"的情况，因此管理者在绩效管理的实施过程中应进行定期的检查沟通，积极地帮助下级解决工作中出现的困难，为下级提供必要的帮助和支持，必要时调整原来的目标等，这些对于绩效目标的实现是至关重要的。

绩效管理的实施及过程控制是整个绩效管理中耗时最长的活动，在这一活动中，组织的内外部环境不断地发生变化，正所谓"计划赶不上变化快"，所以说实施与管理只能是一个动态的变化过程。这里的变化包括：内外部环境的变化、绩效计划本身的调整、组织战略目标的调整、技术的革新等。实际上，计划完成本身就是一个不断改进和提高的过程。

2. 绩效管理的实施及过程控制的核心是持续沟通式的绩效辅导

绩效管理的目的之一在于使人的行为量化而达到管理的目标。绩效计划对组织、团队和员工意味着工作数量和工作质量，意味着企业的价值体现。但我们发现在绩效计划的制订与执行之间存在着一个较大的弹性空间。在绩效计划开始实施的时候，许多管理者和被管理者意识、态度和行为并没有做好充分的准备，缺乏足够的对计划的执行能力——帮助组织、团队和员工处理危机和实现成就的正确意识和方法。因此，绩效实施的过程中，管理者和员工双方持续的绩效沟通至关重要。

3. 绩效管理的实施及过程控制的结果是为绩效评估提供依据

绩效管理实施是为绩效管理的下一个环节——绩效评估准备信息数据的。所以在绩效管理实施的过程中，一定要对被评估者的绩效表现做一些观察和记录、收集整理必要的信息。这里所说的"记录"，是指由主管人员对自己所观察员工工作过程中绩效行为的文字描述；"收集"则是指主管人员对其他观察人员所记录的绩效信息的获取。记录或收集绩效信息可以为绩效评估提供充分的客观事实；为绩效改进和绩效提高提供有力的依据；可以发现绩效问题和产生优秀绩效的关键时间及原因，可以在绩效评估和人事决策发生争议的时候提供事实基础。

(三)绩效管理的实施及过程控制的意义

多数人认为绩效管理主要工作就是制订绩效计划，并在绩效周期结束时对绩效进行评估，对绩效管理的实施及过程控制并不重视，认为实施过程就是员工自己的行为过程。其实这是一种不负责任的、非常危险的态度，绩效管理的实施及过程控制是非常重要的。

1. 绩效管理的实施及过程控制是绩效计划实现的保证

作为绩效管理过程的中间环节，绩效管理的实施及过程控制是绩效计划的落实和执行，包括从绩效计划形成到目标实现为止的全部活动。这是展现管理者管理水平和艺术的主要环节，实施与管理的好坏直接影响到绩效管理的成败。

2. 绩效管理的实施及过程控制可以对绩效计划进行调整

这种调整包括两个方面：一是制订绩效计划时，我们不可能把计划实施过程中遇到的所有客观情况考虑周全，一旦出现由于某些不可抗拒因素导致的情况，我们必须按照实际情况调整绩效计划，否则，绩效计划的目标就永远不可能完成。二是当绩效计划实施过程中出现某些有利于计划顺利进行的因素时，我们也可以根据客观情况相应地提高原有计划中设定的目标。否则，计划的完成就太简单了，起不了任何激励作用。

3. 绩效管理的实施及过程控制是绩效管理的主要环节

绩效计划制订好以后，必须通过在绩效管理的实施过程中观察到的现象和收集到的信息，我们才能进行后续的绩效评估、绩效反馈等绩效管理的其他工作。员工也可以就绩效实施过程中遇到的问题随时和管理者进行沟通，以防出现绩效计划执行不力、绩效评估不合格的状况。

二、绩效管理的实施及过程控制的内容

绩效管理的实施及过程控制是一个动态的变化过程，其本质就是绩效计划的实施及落地过程。在这一过程中，依据管理机制的不同，绩效管理大致可分为四大机制，依次为：绩效目标落实机制、实施过程管控机制、实施过程数据采集机制、绩效管理调整与改善机制。

(一)绩效目标落实机制

众所周知，绩效目标的落实需要从上至下进行层层分解，将总体目标分解成单位目标、部门目标和岗位目标等。而在绩效目标分解过程中，企业各个层级应该承接何种责任以及对应的行动是什么呢？总体而言，在绩效目标落实过程中，企业中的活动依据性质不同，大致可分为五个层级：系统层级、计划层级、项目层级、任务层级、活动层级。

1. 系统层级

系统层级主要从事企业战略的制定。董事会是企业的系统决策机构，负责制定并掌握企业的战略发展方向。该机构需要思考企业未来的经营模式和发展方向，同时还需要合理地调配企业各种资源，包括资金、组织结构、产品结构等。系统层级的工作是宏观且长远的经营行为，决定企业的生存状态。系统管理者是企业经营目标的制定者及资源整合者。在绩效管理行动中，他们应该制定出明确的经营目标及计划、经营计划达成的方向和关键点，以及配套的资源等。

2. 计划层级

计划层级是制定企业的执行策略，其工作任务是依据战略目标生成实现目标的计划，并保证这些计划得以实现。在绩效管理行动中，应该依据企业整体的战略规划分析，进而拆分成有步骤、有秩序的可行性计划，并对这些计划进行项目分解、落实、管理和执行。

3. 项目层级

项目层级指的是实施计划与分解计划。一般来说，部门经理是项目层级管理者，主要工作任务是制定、管理并监控工作项目的完成情况。项目层级是企业绩效管理行动中最重要的层级，项目完成数量和质量对计划的实现有重要影响。因此项目层级管理者在绩效管理行动中除了要做到对工作项目进行分析并制定出若干具体工作任务外，还要保证这些工作任务的实施。例如，当营销总监制订出第一年将市场占有率提升为 50%的计划时，部门经理通过对计划的分解，分解出的具体工作任务为提高产品终端覆盖率、提升代理商的满意度、改进产品性能或包装、扩大新品销售比例等。

4. 任务层级

任务层级是计划实施的执行者和过程监督者。部门主管属于任务层级管理者。在绩效管理行动中，他需要将承接的工作任务分解为若干子任务并予以执行。对于任务层级来说，他的工作目标具体而清晰。如一次促销管理项目可分为制订促销计划、与销售终端商洽、采购促销品、选定促销地点和促销方式、现场促销和实施结果评价等多个任务。在绩效管理行动中，任务层级应对整个过程进行监督与执行，并提出工作流程标准化的建议。

5. 活动层级

活动层级是具体某项工作任务或动作的执行者。普通职员属于活动层级的管理者。在绩效管理行动中，他需要在具体工作目标的指引下，遵循工作流程，完成具体的工作任务或动作，比如在既定的促销方式和地点中，完成促销任务。

基于绩效目标分解，企业应当依据各层级在绩效管理活动中承担的职责不同，将绩效目标清晰、具体地分解到各个层级，并以此形成岗位考核方案，让各个层级都清楚自己在绩效目标实现过程中的任务和要求。

(二)实施过程管控机制

绩效目标的实现，除了通过员工自身在考核目标的指引下，主动开展工作，实现工作目标外，更重要的是要建立相应的绩效实施过程管控机制。通过建立完善的绩效管控机制，对工作过程进行管控、分析、检讨和调整，确保绩效计划顺利实施，最终实现绩效目标。实现过程管控的方法有很多，同样可以依据公司层级建立相应的管控工具。

1. 系统层级

在绩效管理活动中，系统层级的主要管控重点应为：年度绩效计划的分解目标是否都在按计划实施？实施进展和效果如何、有无异常？行动方向是否产生偏差？公司资源使用情况是否和目标进展保持一致？各单位的协调配合情况如何？等等。

这方面最常见的管控措施就是由总经理依据绩效计划书定期进行过程监控、分析及修正。常用的方式有以下几种。

(1) 将年度绩效计划目标分解形成月度绩效计划目标，月度结束后进行总结，并对月度工作进展情况进行分析点评。

(2) 每个目标分解成若干工作节点并设定完成时间，组织通过节点跟踪把控各单位工作进度。

(3) 定期召开季度或半年度经营分析会议，通过经营分析报告，对各单位的经营情况进行分析点评，检讨得失，并制订出下一步工作的开展计划。

(4) 对影响公司总体绩效目标实现的重点项目可由总裁亲自挂帅，确保项目的顺利进行及目标的达成。

2. 计划层级

在绩效管理行动中，计划层级的主要管控重点是通过单位年度绩效目标的分解、制订出落地方案、实现多落地方案的过程管控，确保向公司作出的年度绩效承诺得以实现。其管控措施也是通过会议和流程管控的方式实现，会议方式和系统层级类似，只是会议时间更多地以月度为单位。

(三)实施过程数据采集机制

绩效管理过程中的数据是绩效结果评价及绩效改善的重要依据，绩效管理过程数据的可采集性及数据准确性关系到被考核人对考核结果的认同度及绩效管理的质量。

要保证绩效管理过程中数据的可采集性就需要建立数据采集规则。在绩效管理过程中，我们经常会遇到这样的问题，就是因为无法采集到具体数据而不得不放弃一些我们认为很重要的考核指标，或者确定考核指标后，却发现因缺乏历史数据参考，而无法确定考核目标。所以在考核指标设定时，应相应地建立起考核数据采集规则。比如某公司人力资源部要提高招聘满意度，所以设立招聘响应率指标，该指标规定推荐第一批求职者给用人部门的时间为：一般职员的响应周期为 5 天，中层管理人员的响应周期为 10 天，并以此建立相应的数据报表，由用人部门在数据报表上对响应时间进行签字确认。招聘人员的上级以此作为招聘响应率的考核依据。

此外，要保证绩效管理过程数据的准确性就需要建立相应的数据报表并随时更新，绩效管理过程数据报表依据考核指标类型可分为两大类：报表类和行为事件类。

1. 报表类

针对财务类和一些管理类指标，需要建立相应的管理过程数据报表，如工厂的产品合格率指标，就应有对应的生产统计报表，方便绩效评价时取数。企业在日常管理过程中，大多会对重点流程建立相应的管理报表，如生产统计报表、销售月报表等。但对一些非重点流程或者还未形成标准的地方就容易忽略管理报表的建立，比如招聘报表、司机出车记录等。

2. 行为事件类

在实际考核方案制订过程中，尤其是效率类指标，没有统一的管理报表。这就需要考核者建立日常管理档案，对考核涉及的行为事件及时记录并提醒被考核者，如财务报表递交及时率、薪酬数据错误个数等。

(四)绩效管理调整与改善机制

对单位、部门、岗位绩效目标实现建立有效的调整与改善机制，就是针对绩效计划实施的过程进行定期或不定期的回顾与修正，绩效管理的过程是一个动态的过程，所有的计划都是针对未来制订的，而未来具有很多不确定性，因此绩效管理的过程控制要根据具体情况适时地调整，具有权变的思想，在此过程中，建立完善的调整与改善机制就显得尤为重要。

第二节　绩效计划实施过程中存在的常见问题

首先让我们来回顾一下绩效管理的整个过程：从制订绩效计划开始，经过绩效实施和管理的过程，然后进行绩效评估，最后是绩效反馈面谈。在此过程中，绩效计划、绩效评估和绩效反馈都可以在短短的几天时间内完成，而耗时最长的是绩效计划实施与管理，它贯穿于整个绩效管理期间。不但绩效实施与管理是耗时最长的活动，而且绩效计划是否能够落实和完成要依赖于绩效实施与管理，绩效评估的依据也来自绩效实施与管理的过程，所以绩效计划的实施与管理是一个重要的中间过程，这个过程做得如何会直接影响绩效管理的成败。

然而绩效计划实施与管理的过程往往容易被人们所忽视，在此过程中还存在一些问题，这一节我们一起来讨论这些问题。

一、过于强调近期绩效

很多企业在进行绩效考核时，完全用财务指标进行考核。而采用单一的财务指标进行绩效评价，过于强调短期利益，势必会引发公司经营管理者和员工的短视行为，不利于企业的长期发展。

在绩效考核方式上，很多企业常常采用一些定量考核方法，这种考核方式更多地关注考核结果，忽略了对过程的控制和督导，是一种结果重于过程的考核管理方式。在此过程中，员工之所以会改善自己的绩效，一方面是利益的驱动，另一方面是惧怕惩罚。而这种不问过程的考核，就可能过于强调近期绩效。

此外，在绩效管理中，很多管理者不是收集整个评估期间的资料，而是根据最近一两个月员工的绩效表现考核，这也是造成过于强调近期绩效的一个主要因素。

二、缺乏有效的绩效沟通

许多人认为考核是绩效管理的核心。绩效沟通可有可无，于是就淡化甚至取消了沟通。这绝对是本末倒置的做法。考核的结果无论好坏，都已成为过去式，但目标结果完成好坏的原因若不能及时总结，员工的不足劣势若不能及时改正，上下级之间的信息若不能及时反馈，考核就不能起到激励员工、发展未来的目的。绩效管理仅仅成了给员工打分的工具，长此以往，员工会对考核失去信心，绩效管理就会逐渐成为中看不中用的摆设。

事实上，目标设定和绩效沟通才是真正的核心，目标设定好了，绩效沟通有成效，完成绩效结果是水到渠成的事情。一个绩效管理的过程，就是一个绩效沟通的过程。对管理者来说，绩效沟通有助于管理者及时了解员工工作状况，针对员工问题进行相应的辅导支持。对员工来讲，能及时得到自己工作的反馈信息和主管的帮助，从而可以不断地改进不足。通过绩效沟通，使管理者与员工能够真诚合作，形成绩效伙伴关系，管理者的工作会更轻松，员工绩效会大幅度提高，绩效管理就成了很简单的事情。而且，绩效沟通也是一个发现人才、辨别人才的过程。

(一)缺乏绩效沟通的原因

绩效沟通既然如此重要，为什么没有得到有效推行呢？通过调查发现，主要是主管和员工两个方面造成的。主管缺乏沟通的原因主要有三种：缺乏沟通意识、缺乏沟通能力、缺乏沟通态度。而员工方面则存在着对绩效沟通的恐惧。

(1) 缺乏沟通意识：许多主管习惯了传统的报表和"纸上"考核，不清楚还要面对面与员工探讨绩效问题，而且很多企业也没有相应的制度要求主管和员工沟通，所以不沟通也就很自然了。主管辅导者角色的缺乏和制度缺失是导致这一情况的主要原因。

(2) 缺乏沟通能力：许多主管知道要沟通，但缺乏相应的能力和技巧，导致沟通达不到效果，甚至更糟，导致主管对沟通发怵。如很多主管说话过于笼统，不着边际，让员工听不懂；许多主管不注意沟通技巧，光批评不表扬，很难让人服气等。

(3) 缺乏沟通态度：许多主管对沟通持反对态度，认为沟通会把自己暴露在下属面前，这样可能削弱其权威。再者，如果沟通讨论绩效，容易引起双方关系紧张甚至争吵，让主管颜面扫地，这是主管不愿看到的。还有就是很多主管感觉沟通太麻烦，浪费时间。以上都是导致主管对沟通不是很积极的因素。

(二)改善沟通效果的方法：四阶段沟通法

要想让绩效沟通顺利进行，必须进行以下几个方面的准备。首先通过培训、宣传，让主管和员工认识到绩效沟通的重要性和好处。同时，让人们学会绩效沟通的方法。然后从制度上建立系统的沟通制度，让员工尤其是主管有责任有义务进行沟通。这样，人员对沟通的态度就会发生显著变化，从原来的抵触到愿意沟通。

绩效沟通主要体现在四个方面：目标制定沟通、绩效实施沟通、绩效反馈沟通、绩效改进沟通。这四个方面相互配合、层层递进，共同构成了企业的沟通系统。

1. 目标制定沟通

沟通时间：在员工绩效目标制定时进行沟通。

沟通方式：主要采取双方面谈交流沟通的方式进行。

沟通内容：三个方面，绩效目标本身、绩效实施措施、目标所需支持。

首先，目标本身是指目标制定一定是员工与管理者经过交流沟通确定的。在此过程中，需要主管向员工明确说明企业的整体目标是什么；为了完成这样的整体目标，部门的目标是什么；为了达到这样的目标，对员工的期望是什么；对员工的工作应当制定什么样的标准；检查的方法和措施是什么；完成目标后有什么奖惩措施等。通过对目标的交流，员工对自身目标就有了全面的了解，在执行目标的过程中就会心中有数，不会发生只埋头干活、不抬头看路的情况。

其次，绩效实施措施是指目标应该采取什么样的措施和手段完成，哪些是关键环节或过程，应该如何应对等，这是双方交流的重要内容。因为不同的实现手段导致的结果会很不一样。例如，营销员工需要完成任务，是通过销售老产品还是新产品；是通过对老市场的精耕还是新市场的开拓等。通过对实施措施的交流，可以有效地防止员工出现短视甚至有害的行为，也便于主管今后的监督和指导。

最后，目标所需支持是指完成目标需要什么样的支持条件，需要什么样的资源，需要公司或者主管提供什么样的帮助，这些都需要在目标沟通中确定。这样主管可以提早做好相应的准备，调动相关资源，保证员工全力以赴地完成任务。

2. 绩效实施沟通

沟通时间：在目标执行、实施过程中进行例行和随机沟通。

沟通方式：例会、正式交流、非正式交流、例行检查、文件汇报等。

沟通内容：员工关键节点沟通、员工问题沟通和目标实现手段沟通。

首先，员工关键节点沟通是通过对先前绩效实施措施的说明，主管会对员工的目标完成实施手段有一定的了解。对于哪些是决定目标完成的关键节点、关键路径，主管也会心中有数。在关键环节，主管需要适时地监督与沟通，看看员工完成的结果怎样、进度怎样。不在关键节点沟通，如果员工隐瞒进度或问题，就有可能严重影响目标完成，到时主管再急急忙忙补救，恐怕已是船到江心补漏迟，不仅员工个人目标完不成，还有可能影响整个部门的目标拖后。

其次，员工问题沟通是指主管布置完任务，并不是要撒手不管，当甩手掌柜，主管还要为员工的绩效完成情况负责。当员工在目标完成过程中出现问题、困难，半路卡壳时，主管该出手时就出手，帮助员工分析原因，解决困难和问题。让员工相信主管是他的坚强后盾，这样员工会心存感激，心里也会很踏实。

最后，目标实现手段沟通是指主管要对员工实施目标的手段进行监督，防止员工为达目的不择手段，采取短视、饮鸩止渴甚至是危害企业长远利益的行为。如果出现这种情况，主管就需要及早制止。同时，对于员工好的方法措施，主管也要及时表扬推广。

3. 绩效反馈沟通

沟通时间：在主管对员工的绩效评估打分结束后进行。

沟通方式：口头沟通、书面沟通、面谈等。

沟通内容：本次评估结果说明；员工完成/未完成目标原因分析；下一阶段目标交流等。

4. 绩效改进沟通

沟通时间：贯穿于目标完成的全过程。

沟通方式：例会、正式/非正式交流、例行检查、文件汇报等。

沟通内容：侧重员工的绩效改进情况。

四个阶段的绩效沟通是循序渐进、缺一不可的。员工目标制定得好、执行得好、改进得好，完成绩效目标就是自然而然的事情。绩效结果也不会出乎意料，因为在平时的沟通中，员工已就自己的业绩情况和主管达成共识，考核只是对平时沟通的复核和总结而已，人才的优劣也会明显区别出来。通过动态、持续地沟通，主管与员工的关系会更加融洽，员工的绩效逐步提升，整个团队的绩效也会水涨船高，企业的整体绩效就朝着更好的方向发展。这样，员工、主管和企业就会实现共赢，绩效管理就真正成了企业绩效的促进器，推动企业不断前进。

三、混淆或误解绩效标准

(一)绩效考核标准的含义

绩效考评标准是考评者通过测量或通过与被考评者约定所得到的衡量各项考评指标得分的基准。通常来说，绩效考评标准由三个要素组成：标准强度和频率、标号、标度。其中，标准强度和频率是指评价标准的内容，也就是各种规范行为或对象的程度或相对次数，属于评价的主要组成部分；标号是指不同强度的频率的标记符号，通常用字母(如 A、B、C、D 等)、汉字(如甲、乙、丙、丁等)或数字来表示，标号没有独立的意义，只有我们赋予它某种意义时，它才具有意义；标度就是测量的单位标准，它可以是经典的测量尺度(即类别、顺序、等距和比例尺度)，也可以是现代数学的模糊集合、尺度，可以是数量化的单位，也可以是非数量化的标号，总之，它可以是定量的，也可以是定性的。

在绩效考评中，各种内容、标度和属性的标准之间，存在着密切的内在联系，它们相互依存、相互补充、相互制约，组成一个有机整体，这就是考评标准体系。

(二)如何制定绩效标准

根据绩效标准的含义，我们可以按照以下步骤制定绩效标准。假设该组织没有建立完善的工作说明书体系，在这种情况下，制定绩效标准的过程就要从基本的工作分析开始。

第一步，确定各部门工作一览表。可以将各个部门的部门职责进行分解，找出为了实现部门职责，部门人员应完成的各种工作任务。将这些工作罗列出来就形成了部门的工作一览表。

第二步，确定部门各项工作所需要的知识、技能、经验、资格，尽可能写具体，并划分出相应的等级，形成一份职能标准登记表。

第三步，根据所整理的工作一览表确定每位员工的分工，包括确定个人的工作量、主要工作事项等。

第四步，根据每位员工的工作内容，确定相应的职务标准。

第五步，参照职能标准等级表，确定每位员工的职能标准。

第六步，上司与下属就所确定的职务标准进行沟通和磋商，并进行修正，最终达成共识。

解决办法：为员工制定出明确的目标和清晰的标准，并将标准正确地解释给员工；对员工进行培训、指导、监督，并使其能力得到提升。

四、绩效管理过程中的认知误区

误区一：绩效考评就是对人进行考核。

"绩效"两字，英文含有"表现"的意思。也就是说，现代企业管理当中的绩效考评，本义应该是对工作表现的考核，而不是对人进行考核。这就意味着在考核对象方面打破了传统。

传统的考核是对人的德、能、勤、绩的考核，这是从行政部门的考核中延伸过来的，它实际上考核的是人，而不是人的工作表现。而现代的绩效考评则强调考核个人与组织目标相关的部分，而不是全部。实践中经常听到这样一种评价，如某人表现得勤勤恳恳、任劳任怨。按照现代绩效考核的要求来讲，这话几乎等于废话。为什么这样说呢？现在的绩效考核只考核个人和组织目标相关的部分，至于表现得勤勤恳恳、任劳任怨，那首先要看是否与组织目标有关系。

误区二：绩效等于业绩。

既然绩效考评是对工作表现的考核，有些管理者又走入了另外一个误区，就是把绩效等同于业绩，把绩效考核简化为对某几个财务指标的考核。这就错了，对一个员工的绩效考评，并不是简简单单一两个财务指标的完成情况，它应该包括很多内容，要有来自客户的指标，来自管理方面的指标，来自学习发展的指标；有结果性指标，也有行为性指标，还应该有态度与潜能方面的指标。只有这样，才能比较全面、正确地评价一个人对于组织的贡献和价值。

误区三：考评就是为了发奖金。

为什么要考核？这是企业经常会忽略的问题。常见的回答是：考核是为了年底发奖金嘛！这是非常片面的，从当前国际企业通行的情况来看，绩效考核有两大主要目的。

一是绩效发展。即绩效考核要帮助员工与组织的绩效发展，促进员工和组织在绩效方面不断得到提升和改变。

二是为人事决策提供依据。也就是说，绩效考核的结果，是用来与奖金、薪酬、人员的任用、晋升等人事决策挂钩的。

误区四：考核者是人力资源部。

谁是考核者？这个问题的回答也是五花八门。有的说是老总，有的说是人力资源部，也有的说是企管部，还有的说公司有考核小组，专门管考核。其实答案很简单，就是员工的直接上司。

五、缺乏清晰的绩效记录资料

(一)缺乏记录的原因

在绩效管理的实施过程中，有些人常常认为员工最忙碌，而经理人员则是把任务分派下去，自己就没有什么事情可做了。事实上，管理人员还有大量的事情需要做，至少为了在绩效期满进行评估时能够拿出事实依据来，他们应该做大量的记录。而有的管理人员则过分相信自己的记忆力，不愿花费时间做记录，这样在进行评估时只能依靠印象，难免会有凭主观判断的倾向。

在绩效实施的过程中不做记录，一方面在绩效评估时对工作表现的记忆不够清晰，容易造成对事实的歪曲；另一方面，在与员工进行沟通时，没有足够的事实依据在手中，容易引起争议。

可以说，绩效实施与管理的环节是为下一个环节——绩效评估，准备信息的。所以，在绩效实施与管理的过程中就一定要对被评估者的绩效表现做观察和记录，收集必要的信息。

(二)记录的重要性

绩效管理的一个很重要的原则就是"没有意外"(no surprise)，即在进行绩效考核的时候，管理者与员工不应该对一些问题的看法和判断出现意外，一切都应是顺理成章的，管理者与员工对绩效考核结果的看法应该是一致的。然而，这一原则并不是在所有的企业都能顺利实现，它需要一个良好的基础。

与员工因绩效考核结果而发生争吵是令管理者比较头疼的一个问题，也是许多管理者回避绩效结果、回避考核与反馈的一个重要原因。为什么会出现争吵？恐怕缺乏有说服力的真凭实据是导致这个问题的最主要的原因。试问，不做绩效记录，有哪一个管理者可以清楚地说出一个员工一年总共缺勤多少次？分别是在哪一天？是什么原因造成的？恐怕没有，因为没有，员工才敢于理直气壮地和你争论。

为了避免这种情况的出现，为了使绩效管理变得更加自然和谐，管理者有必要花点时间、花点心思，认真当好记录员，记录下有关员工绩效表现的细节，形成绩效管理文档，以作为年终考核的依据，确保绩效考核有理有据，以事实为依据，公平公正，没有意外发生。而做好记录的最好办法就是走出办公室，到能够观察到员工工作的地方进行观察。所记录的文档一定是切身观察所得，不能道听途说，道听途说只能引起更大的争论。这样一年下来，管理者就可以全面掌握员工的绩效资料，做到"手中有粮，心中不慌了"，考核也因此更加顺畅，不会再出现意外和争吵。

六、缺乏具体的行动计划

如果想成功地完成项目就必须制订一个计划。要在计划中说明行动的方向和目标，以及具体的实施步骤。如果没有计划，员工就不知道行动的方向，这种情况下要对项目进行控制是不可能的。绩效管理要对组织的行为进行某种控制，而这种控制只有在拥有了一个与明确的预期、任务和绩效目标紧密相连的计划之后才能实现。

如果说绩效计划用来说明我们想做的事情，那么行动计划则要说明我们怎样去实现绩效计划。也就是说，每个绩效计划都要有一个行动计划。管理者要善于协助员工就绩效计划制订详细周密的行动计划。同时，管理者在以后的绩效辅导与实施过程中，还应该及时监督并控制员工行动计划的实施，帮助员工提高绩效和工作能力。

第三节 绩效实施过程的有效控制

一、持续的绩效沟通

(一)持续不断的绩效沟通辅导

1. 绩效沟通辅导的意义

在绩效计划实施阶段，一方面，员工汇报工作进展或就工作中遇到的障碍向管理者求助，寻求解决办法和资源上的支持；另一方面，管理者会对员工实际工作与绩效目标之间的偏差进行分析，采取纠正措施或及时修改绩效计划。

(1) 管理者需要掌握员工工作进展状况。管理者和员工多次沟通达成绩效契约(即绩效计划)，不等于员工的绩效计划必定能顺利完成。作为管理者应及时掌握员工工作进展情况，了解员工在工作中的表现和遇到的困难。管理者应及时协调各方面的资源，对下属工作进行辅导支持。另外，掌握员工工作状况，有利于绩效期末对员工进行公正客观的考核评估。虽然很多考核指标是结果导向的，但也有一些指标是行为化的，是过程控制的。管理者只有对工作过程清楚了解，才能对员工进行正确的考核评价。

(2) 员工需要管理者对工作进行评价和辅导支持。员工需要在工作中不断地得到自己绩效的反馈信息，及时得到管理者的评价，以便不断地提高自己的绩效和能力。如果员工因干得比较好而得到及时肯定的评价，他必然会更加努力；如果员工工作中存在较多问题，及时指出其工作中的缺陷，有利于员工迅速调整工作方式方法，逐步提高绩效。

由于工作环境和条件的变化，在工作过程中，员工可能会遇到在制订绩效计划时没有预料到的困难和障碍，这时员工应该及时得到帮助和资源支持。一个称职的管理者不能抱怨员工的工作能力差，对员工进行工作指导是管理者的重要职责之一。另外，管理者应在职权范围内合理调动各方资源，对员工工作进行支持；如果某些事项超过自己职责权限范围，管理者应将实际情况上报有关决策者，尽快解决员工工作中出现的问题。

(3) 必要时对绩效计划进行调整。绩效计划是基于对外部环境和内部条件的判断后，在管理者和员工取得共识的基础上作出的。外部环境是不断变化的，公司的内部资源也是有限的，因此在绩效期开始时制订的绩效计划很可能变得不切实际或无法实现。例如，因为竞争价格的变化，将导致本公司的产品价格政策发生变化，从而导致公司产品的销售量和销售额发生变化；因为一个技术障碍无法有效解决，可能导致公司产品不能及时上市；因为公司战略调整，原计划新开五家子公司的计划被取消。因此，绩效目标中的相应内容也应该及时地进行调整。在绩效实施过程中，通过管理者和员工的沟通可以适时地对绩效计划进行调整，使之更加适合外部和内部环境的变化。

2. 持续绩效沟通的目的

首先，市场的竞争是激烈的，市场的变化也是无常的。不论是工作环境还是工作本身都随着市场的改变而不断变化，这导致绩效计划有可能过时甚至完全错误。除了客观原因外，员工本身的工作状态好坏、管理者的监督指导力度大小等也会影响绩效结果的达成。进行绩效沟通，就是为了保持工作过程的动态性，保持它的柔性和敏感性，以便及时调整目标和工作任务。

其次，沟通不仅可以帮助管理者应对变化，还可以为管理者提供信息。管理者不可能靠自己就收集到所有需要的信息。所有的工作进展情况如何？项目目前处于何种状况？有哪些潜在问题？员工的情绪和精神面貌怎样？怎样才能有效地帮助员工？这些信息如果不通过沟通，就很难既全面又准确地掌握。

最后，员工也需要获得信息。工作内容是否有所变动？进展是否需要调整？所需要的资源或帮助能否得以满足？出现的问题该如何解决？目前的工作状态是否得到赏识？没有反馈与沟通，员工的工作就处于一种封闭状态，久而久之，就容易失去热情与干劲。

因此，持续的绩效沟通可以使一个绩效周期里的每一个人，无论是管理者还是员工，都能随时获得有关改善工作的信息，并就随时出现的变化情况达成新的承诺。

(二)持续绩效沟通的内容和方式

1. 持续绩效沟通的内容

究竟需要沟通哪些信息，取决于管理者和员工关注什么。管理者应该思考的是："作为管理者，要完成职责，必须从员工那里得到什么信息？而员工要更好地完成工作，需要向他们提供什么信息？"从这个基本点出发，管理者和员工可以在计划实施过程中，就下列问题进行持续而有效的沟通。

(1) 工作开展的情况怎样？

(2) 哪些地方做得很好？

(3) 哪些地方需要纠正或改善？

(4) 员工是在努力实现工作目标吗？

(5) 如果偏离目标，管理者应采取什么纠正措施？

(6) 管理者能为员工提供何种帮助？

(7) 是否有外界发生的变化影响目标？

(8) 如果目标需要进行改变，如何进行调整？

2. 持续绩效沟通的方式

沟通方式分为正式沟通与非正式沟通两种。其中，正式沟通又分为书面报告、定期面谈、管理者参与的小组会议或团队会议、绩效进展回顾。

1) 正式沟通

(1) 书面报告。书面报告是绩效管理中比较常用的一种正式沟通方式。它是指员工使用文字或图表的形式向管理者报告工作的进展情况，可以是定期的，也可以是不定期的。管理者可以通过这种形式及时地了解员工的工作开展状况，但也有一些管理者并未真正了解这种方法的价值，而只是流于形式，不能起到实质性的作用，又浪费了大量的人力和财力，得到了一大堆束之高阁的表格和文字。

优点：节约了管理者的时间；解决了管理者和员工不在同一地点的问题；培养员工边工作边总结，进行系统思考；培养员工的书面表达能力；可以在短时间收集到大量信息。

缺点：信息单向流动，只是从员工到管理者；容易流于形式，员工厌烦写报告；适用性有限，不适合以团队为工作基础的组织，信息不能共享。

对于这些缺点，通常可以采取一些措施来配合使用，以平衡掉这些影响。例如，可以辅之以面谈、电话沟通等方式，使单向信息流变为双向沟通；可以省去繁杂的文字叙述，用简单的表格或图形来反映情况；也可以采用现代化的网络设施，使信息在团队成员间得以共享等。

(2) 定期面谈。定期进行一对一的面谈是管理者与员工进行绩效沟通的一种常见方式。面谈前应该陈述清楚面谈的目的和重点内容，让员工了解与其工作相关的一些具体情况和临时变化。在面谈中将重点放在具体的工作任务和标准上。例如，"最近我们上交给总经理的报告似乎总是不够理想，你觉得主要是哪里出了问题？看看我们能不能找到一个解决办法？"要给员工充分的时间来说明问题，必要时，管理者可以给予一定的引导和评论。面谈的最终结果是要在管理者和员工之间就某一问题达成共识，并找到解决方案。如果员工以一种对抗的态度进行面谈，那就意味着面谈是失败的，还需要在随后的时间里再面谈一次，直到达到面谈目的为止。

优点：沟通程度较深；可以对某些不便公开的事情进行沟通；员工容易对管理者产生亲近感，气氛融洽；管理者可以及时对员工提出的问题进行回答和解释，沟通障碍少。

缺点：面谈时容易带有个人感情色彩；难以进行团队间的沟通。

(3) 管理者参与的小组会议或团队会议。书面报告不能提供讨论和解决问题的手段，而这一点对及早发现问题、解决问题又必不可少；一对一的面谈只局限于两个人之间，难以对公共问题达成一致意见，因此，有管理者参与的小组会议或团队会议就显示出了它的重要性。除了进行沟通外，管理者还可以借助开会的机会向员工传递公司战略的有关信息，传播企业的文化精神，统一价值观，鼓舞士气，消除误解等。

优点：便于团队沟通；缩短信息传递的时间和环节。

缺点：耗费时间长，难以取得时间上的统一性；有些问题难以在公开场所进行讨论；容易流于形式；大家对会议的需求不同，对信息会选择性地过滤。

【知识拓展】

进行一次有效的绩效会议沟通，要做到以下几点。

(1) 在会议之前必须进行充分的准备，包括会议的主题是什么、会议以何种程序进行、会议在何时何地召开、与会者需做哪些准备。

(2) 会议过程的组织，包括会议开始时做好议程的介绍和会议的规则；当员工讨论偏离会议主题时要含蓄地将议题引回来；鼓舞员工多说话，不要随意打断或作出决策；在会议上就作出会后的行动计划并与员工取得共识；布置相应的职责和任务。

(3) 做好会议记录，包括记录会议上谈话的关键点，在会议结束前将记录要点重申一遍，看是否有遗漏或错误；记录行动计划和布置任务的细节，明确任务完成时间、任务负责人和任务完成质量等。

(4) 有效的咨询是绩效管理的一个重要组成部分。在绩效管理的实践中，进行咨询的主要目的是：员工没能达到预期的绩效标准时，管理者借助咨询来帮助员工克服工作过程中遇到的障碍。咨询过程包括以下三个主要阶段：一是确定和理解所存在的问题；二是帮助员工确定自己的问题，鼓励他们表达这些问题，思考解决问题的方法并采取行动；三是提供资源，即驾驭问题，包括确定员工可能需要的其他帮助。

(4) 绩效进展回顾。绩效进展回顾应该是一个直线管理过程，而不是一年一度的绩效回顾面谈。工作目标的实现对组织的成功是至关重要的，应该定期对其进行监测。在绩效管理实践中，人们主张经常进行回顾。对一些工作来讲，每季度进行一次会谈和总结是合情合理的。但对其他短期工作或新员工，应该每周或每天进行反馈。

在进展回顾时，应注意：第一，进展回顾应符合业务流程和员工的工作实际；第二，将进展回顾纳入自己的工作计划；第三，不要因为其他工作繁忙而取消进展回顾；第四，进展回顾不是正式或最后的绩效回顾，进展回顾的目的是收集信息、分享信息并就实现绩效目标的进一步计划达成共识；第五，如果有必要，可以调整所设定的工作目标。

2) 非正式的沟通

在工作开展的过程中，管理者和员工不可能总是通过正式的渠道进行沟通。无论是书面报告、一对一的面谈还是小组会议，都需要事先计划并在确定的时间和地点沟通。然而，事实上，在日常工作中随时随地都可能发生沟通，如非正式的交谈、吃饭时间的闲聊、郊游或聚会时的谈话，还有走动式管理或开放式办公等，都可以随时传递关于工作或组织的信息。一般认为，就沟通对工作业绩和工作态度的影响来说，非正式的沟通或每天都进行的沟通比在年度或半年度业绩管理评估会议时得到的反馈更重要。可见，非正式沟通更加普遍。

优点：形式多样，时间地点灵活；及时解决问题，办事效率高；对提高员工满意度起到了很好的激励作用；增强了员工与管理者之间的亲近感，利于沟通。

缺点：缺乏正式沟通的严肃性；并非所有情况都可以采用非正式沟通。

二、绩效信息的收集

(一)绩效信息收集的目的

绩效信息的收集和记录是绩效管理的一项基础工作，很多绩效管理失败的原因在于绩效信息的不准确及管理者对考核评价的随意性。准确及时的绩效信息对绩效考核的顺利实施具有重要的意义。

1. 提供绩效评估的事实依据

在绩效实施的过程中对员工的绩效信息进行收集和记录，是为了在绩效评估中有充足的客观依据。在绩效评估时，我们将一个员工的绩效判断为"优秀""良好"或者"差"，需要一些证据做支持。也就是说，我们依据什么将员工的绩效评判为"优秀""良好"或者"差"，这绝对不是凭感觉，而是要用事实说话。这些绩效信息除了可以作为对员工绩效进行评估的依据外，也可以作为晋升、加薪等人事决策的依据。

2. 提供改进绩效的事实依据

我们进行绩效管理的目的是改进和提高员工的绩效和工作能力，那么当我们对员工说"你在这些方面做得不够好"或"你在这方面还可以做得更好一些"时，需要结合具体的事实向员工说明其目前的差距和需要如何改进和提高。例如，主管人员认为一个员工在对待客户的方式上有待改进，他就可以举出员工的一个具体事例来说明。"我们发现你对待客户非常热情主动，这很好。但是客户选择哪种方式的服务应该由他们自己作出选择，这是他们的权利。我发现你在向客户介绍服务时，总是替客户作决策，比如上次……我觉得这样做不太妥当，你看呢？"这样就会让员工清楚地看到自己存在的问题，有利于他们改进和提高。不仅在指出员工有待改进的方面时需要提供事实依据，即便是表扬员工时也需要就事论事，而不是简单地指出"你做得不错"。

3. 发现产生绩效问题和优秀绩效的原因

对绩效信息的收集和记录还可以使我们积累一定的具有突出绩效表现的关键事件，例如，记录绩效特别好的一些员工的工作表现可以帮助我们发现产生优秀绩效的背后原因，然后可以利用这些信息帮助其他员工提高绩效，使他们以优秀员工为基准，把工作做得更好。或者可以发现产生不良绩效的背后原因，是工作态度的问题还是工作方法的问题，这样有助于员工对症下药，改进绩效。

4. 为仲裁提供信息来源

在发生争议时，翔实的员工绩效信息可作为事实依据。一旦员工对绩效评估或人事决策产生质疑，就可以将这些记录在案的事实依据作为仲裁的信息来源。这些记录可以保护公司的利益，也可以保护当事员工的利益。

(二)收集信息的渠道和方法

收集信息的渠道可以有多种，例如，员工自身的汇报和总结，同事的共事和观察，上级的检查和记录，下级的反映与评价。如果企业中所有员工都具备反馈绩效信息的意识，就能给绩效管理带来极大的帮助与支持。各种渠道畅通，信息来源全面，便有利于作出更真实客观的绩效考核，使企业的绩效管理更加有效。

收集信息的方法包括观察法、工作记录法、他人反馈法等。

(1) 观察法是指主管人员直接观察员工在工作中的表现并将之记录下来的方法。

(2) 工作记录法是指通过工作日志的方式将员工的工作表现和工作结果记录下来。

(3) 他人反馈法是指管理者通过其他员工的汇报、反映来了解某些员工的工作绩效情况。例如，通过调查顾客的满意度来了解售后服务人员的服务质量。

在实践中，要提倡综合运用各种方法。因为单一的方法可能只能了解到员工绩效的一个或几个方面，而不能面面俱到。方法运用得是否正确、有效直接关系到信息质量的好坏，最终影响到绩效管理的有效性。

(三)收集绩效信息的注意事项

1. 员工应该参与信息收集的过程

绩效管理的主要目的是提高员工的工作绩效，绩效管理是管理者和员工的共同责任，因此员工应该自己收集相关绩效信息或者参与相关信息的收集过程。员工参与信息的收集过程，一方面可以及时地对工作进行调整，有利于绩效目标的完成；另一方面管理者依据员工参与收集的信息与员工进行沟通时，员工更容易接受这些事实。

对于某些信息，可以由员工自己收集记录，最后报管理者抽查审核；还有一些信息是管理者发现并掌握的，如工作出现差错等信息，这时管理者应及时向相关员工通报这些信息，这样一方面可以对员工的工作进行及时辅导、纠正，另一方面在绩效期末员工也易于接受这些绩效信息。

2. 收集信息要有目的

收集信息是一项耗时、费力的工作，要占用大量的人力、物力和时间，因此一定要收集那些对绩效管理非常有必要的信息。有些过程信息可以不去关注，而直接关注最终结果；有些重要的过程信息，可以用关键事件记录法来记录；对于重要的结果信息，一定要如实记录；针对关键业绩指标中的相关内容，可以组织相关人员进行信息记录、收集。

3. 抽查是核对信息真实性的好办法

很多信息是员工自己记录的，而且管理者也没有太多的时间、精力来做信息的记录与收集工作，因此员工在做工作记录或收集绩效信息时往往会有选择地记录和收集信息，甚至会提供虚假信息。制约员工这种行为倾向最好的办法就是抽查，对抽查中发现的故意提供虚假信息的行为，要进行严厉的惩罚。

4. 信息记录应把事实与推测区分开

应该记录事实的绩效信息，而不应记录对事实的推测。通过观察可以记录员工的行为，但行为背后的动机和原因往往是推测的，很可能是不可靠的。例如，员工近期经常迟到、早退，而且工作效率低下，不能按期完成任务，上述内容就是事实记录；但如果进行推测记录，员工积极性降低、业务水平不高就是简单推测，因为很可能是其他原因(如家中出现变故等)导致工作绩效低下。

三、绩效实施过程中的反馈

(一)反馈的重要性

绩效反馈是指由员工和管理人员一起回顾和讨论考评的结果。如果不将考核结果反馈给被考评的员工，考核将失去激励、奖惩和培训的功能。因此，有效的绩效反馈对绩效管理起着至关重要的作用。

1. 绩效反馈是考核公正的基础

由于绩效考核与被考核者的切身利益息息相关，考核结果的公正性就成为人们关心的焦点。而考核过程是考核者履行职责的能动行为，考核者不可避免地会掺杂自己的主观意志，导致这种公正性不能完全依靠制度的改善来实现。绩效反馈较好地解决了这个矛盾，它不仅让被考核者成为主动因素，更赋予了其一定的权利，使被考核者不但拥有知情权，更有了发言权。同时，通过程序化的绩效申诉，有效地降低了考核过程中不公正因素所带来的负面效应，在被考核者与考核者之间找到了结合点、平衡点，从而对整个绩效管理体系的完善起到积极作用。

2. 绩效反馈是提高绩效的保证

绩效考核结束后，当被考核者接到考核结果通知单时，在很大程度上并不了解考核结果的由来，这时就需要考核者就考核的全过程，特别是被考核者的绩效情况进行详细介绍，指出被考核者的优缺点，特别是考核者还需要对被考核者的绩效提出改进建议。

3. 绩效反馈是增强竞争力的手段

任何一个团队都存在两个目标：团队目标和个体目标。团队目标与个体目标一致，能够促进团队的不断进步；反之，就会产生负面影响。在这两者之间，团队目标占主导地位，个体目标处于服从的地位。

(二)反馈的方法

1. 反馈前做好充分的准备

"凡事预则立，不预则废"，如果在反馈前能做好充分的准备(包括了解员工的基本情况、安排好反馈面谈的时间和地点以及大致程序等)，就可以很好地驾驭整个反馈面谈过程。

2. 与员工建立融洽的关系

不要让员工觉得有压力，比如可以谈谈与反馈内容无关的话题，以拉近彼此的距离。

3. 以事实为依据

对事不对人非常关键，反馈尽量拿出事实依据来，就事论事，不要伤害员工的人格和尊严。

4. 肯定成绩

对员工表现好的地方一定要给予充分的肯定，这有利于增强员工的自信和消除员工的紧张心理。

5. 差别化对待

不同类型的员工的反馈重点应该不同。例如，对于工作业绩和态度都很好的员工，应该肯定其成绩，给予奖励，并提出更高的目标；对于工作业绩好但态度不好的员工，应该加强了解，找到其态度不好的原因，并给予辅导；对于工作业绩不好但态度很好的员工，应该帮助其分析绩效不好的原因，制订绩效改善计划；对于工作业绩和工作态度都不好的员工，则应该重申工作目标，把问题的严重性告知对方。

四、管理者的指导与支持

绩效目标制定以后，管理者要做的工作就是如何帮助员工实现目标。在员工实现目标的过程中，管理者应做好辅导员，与员工保持及时、真诚、具体、有针对性的绩效沟通，持续不断地辅导员工提升业绩水平。业绩辅导的过程就是管理者对员工进行绩效管理的过程，在此过程中，绩效沟通是至关重要的。

绩效目标往往略高于员工的实际能力，员工需要跳一跳才能够得着，所以难免在实现的过程中遇到困难，出现障碍和挫折。另外，由于市场环境的千变万化，企业的经营方针、经营策略也会出现不可预料的调整，随之变化的是员工绩效目标的调整。所有这些都需要管理者与员工共同完成，由管理者帮助员工改进业绩，提高知识能力水平。

这时候，管理者就要发挥自己的作用和影响力，与员工做好沟通，努力帮助员工排除障碍，不断地辅导员工改进和提高业绩，帮助员工获得完成工作所必需的知识、经验和技能，使绩效目标朝积极的方向发展。

1. 指导与支持

在绩效实施过程中，管理者要与员工经常进行沟通。在此过程中，当管理者发现员工在工作中存在问题时，要及时进行指导与支持。例如，通过沟通发现所存在的问题；与员工一起讨论问题的解决方案；共同选择问题的最佳解决方案；制订解决问题的行动计划。

2. 批评与帮助

在绩效实施过程中，当员工出现令人不满意的绩效或消极的工作行为(如旷工、迟到、磨洋工等)时，管理者必须让员工认识到自己的错误，应当批评时不能回避。管理者在提出批评时也要帮助员工提出改善建议和行动计划。例如，直截了当地提出问题；提出事实，不要谈感受；让下属认识到问题的存在；指出后果，找到解决的办法。

五、绩效目标

绩效目标是指为评估者和被评估者提供所需要的评价标准，以便客观地讨论、监督、衡量绩效。因此，员工的绩效目标是绩效管理的基础。

(一)绩效目标的重要性

(1) 为回顾和讨论绩效结果提供以前的、客观的、相互理解的、相互接受的基础。

(2) 减少存在于管理者和员工之间的被期望取得的绩效结果的误解。

(3) 明确每个员工在工作中的角色。

(4) 通过提供明确的绩效目标，帮助员工对工作进展进行自我监控。

正因为绩效目标在绩效管理中具有重要作用，所以当绩效目标偏离原先的计划时，要对绩效目标及时进行修正。企业的绩效目标不是制定出来就可以了，还应当保证目标的可操作性。那么，如何保证目标的合理可行呢？下面介绍使其合理化的方法。

(二)保证绩效目标合理的方法

1. 让员工亲自参与

传统的绩效目标是由上级领导一手包办制定，员工只能令行禁止。而绩效管理的最大特点就是让各个层级的员工自己做主，参与目标的制定，表达自己的真实愿望。员工对其参与制定的目标的完成度会比较高，因为在完成目标的同时也在实现个人职业生涯规划。

2. 目标要协调一致

员工个人目标应服从组织整体目标，并要和组织的战略规划，各层级、各阶段的目标保持协调一致。

3. 目标要明确具体

一方面，具体的绩效目标有更显著的激励效果。比如，将"一个月内使市场份额增加3%"和"使市场份额有所提高"两个目标相比，肯定是前者更能激励员工全力以赴。另一方面，由于绩效考核往往是将员工的目标作为考核的主要标准，所以如果目标不明确、不具体，考核就不容易把握。

目标的明确应体现在以下四个方面。

(1) 目标的执行者应明确：是独立完成，还是协作完成？

(2) 目标的标准明确：所期望达到的数量、质量、状态等界限必须清晰。

(3) 实现目标的时间限定要明确。

(4) 保证实现目标的措施要明确。

4. 目标要先进可行

建立的员工目标应当是既有先进性，又有可行性。先进性是指设定的目标水平高，富有挑战性，能对员工产生强大的激励作用。可行性是指以现有的实现目标的方式、手段、途径为基础设定的目标是可行的，通过努力，目标是可以实现的。

5. 目标要具有灵活性

因为目标是对未来的预期，在实现目标的过程中，通常会存在一些不确定性因素，如国家政策变化、自然灾害、经济波动等，所以合理的目标应随着环境的变化随时作出相应的修正。但是目标的灵活性并不意味着可以随意地、不受限制地更改。

6. 目标要易考核

绩效目标不仅要帮助管理者对员工进行绩效管理，还要使员工能够通过它衡量自身的努力程度、能力水平、潜能等，以便更准确地进行自我定位，随时改进工作方法，调整个人的职业生涯计划。

本 章 小 结

本章主要阐述了绩效计划实施的相关内容。绩效计划实施是处于绩效计划与绩效考核之间的环节。本章首先阐述了绩效计划实施的含义及其过程；其次介绍了绩效实施过程中常见的问题，例如，过于强调近期绩效，缺乏有效绩效沟通，混淆或误解绩效标准，缺乏清晰的绩效记录资料，缺乏具体的行动计划；最后分析了绩效实施过程中的有效控制——持续的绩效沟通和绩效信息的收集与分析是其主要内容。持续的绩效沟通就是管理者与员工共同工作，以分享有关信息的过程。而实现这一工作任务的方式是多种多样的，可以采取书面报告、定期报告、小组会议或团队会议、咨询等正式沟通方法，也可以采用一些非正式沟通方法。信息收集的方法包括观察法、工作记录法、他人反馈法等。

思 考 题

1. 绩效管理过程控制的内涵及程序是什么？
2. 绩效管理过程中存在的常见问题有哪些？
3. 绩效沟通的方法有哪些？

案 例 分 析

流程绩效管理

西金公司是国内一家著名的 IT 分销企业，主要是为国内外各 IT 厂商做产品分销，是厂商与代理商的中间环节。2023 年年底，又到了某国际著名 IT 厂商的渠道大会的时间，简单来说，渠道大会就是厂家根据各分销企业的表现划分来年渠道"蛋糕"的盛会，大会的结果决定了各 IT 分销企业来年该产品的分销份额。西金公司也不敢怠慢，和往年一样派出了一个由 CEO 与五位高管组成的豪华阵容参加渠道大会。西金公司的这次出战，可以说是信心十足，因为 2023 年公司分销此产品的业绩非常好，所以，即使根据业绩对等划分，保守估计，公司至少可以拿到该产品来年渠道份额的 35%左右。但结果却很不理想，西金公司仅仅拿到了 20%的份额。经了解，原来厂家划分渠道份额的规则已经由单纯业绩维度变为业绩加代理商评分两个维度，而且代理商评分占 60%比重。虽然经过几年的发展，西金公司在此产品的渠道方面的业绩已名列前茅，但代理商评分却很低。

这件事给西金公司带来了很大震撼。从渠道大会回来后，CEO 和几位高管在不同场合都拿此例强调各部门要注意提升客户服务质量，注重流程管理，不能仅仅以业绩作为单一的考核指标，因为这已经开始影响公司的整体业绩。

(资料来源：根据百度文库相关资料整理)

讨论题：

1. 什么叫流程绩效？为何很多组织不谈流程绩效？
2. 西金公司为何没有获得理想的渠道份额？

第六章

绩 效 考 核

【本章学习重点】

- 绩效考核的含义、内容、过程、意义和原则
- 绩效考核的方法
- 绩效考核存在的问题及其解决方案

本章案例来源

【案例导入】

爱立信的绩效考核

爱立信曾经是全球通信三巨头之一，无论是其全球战略，还是经营管理，都有拿得出手的办法。长期以来，该公司形成了一套卓有成效的人才管理体制，这个体制分三个具体步骤：一是通过对顾客与市场需求、竞争对手经营状况等定期调查来确定公司在今后全球竞争中所面临的新需求，也就是外部需求；二是通过总体质量管理评估、"个人发展"讨论、员工普查管理计划等方面的调查了解公司的内部现状；三是将外部需求与内部现状进行对比，找出差距与不足。

在爱立信，初来乍到的新员工经过考核之后都要进行培训。先是入门培训，了解公司简况、市场行情等；然后是技术培训，主要是加强专业技术知识，爱立信全球的 55 个培训中心都肩负着培训员工与服务顾客的重要任务；再就是在岗培训，它被证实是最有效的培训方法。所谓在岗培训，就是不断地给员工分配限期完成的新任务。这些新任务可能与员工原来所受的专业教育有关，但也有可能是一个全新的课题。没有现成的老师，没有现成的方法，要想完成任务，只有靠自己想方设法查资料，或找人咨询。待你使出浑身解数，完成了工作任务之后，你就成熟了，想要加薪、升迁，也就有了资本。据统计，许多员工80%的新知识都是在工作中学到的。

分析：在绩效考核过程中主要的参考点是未来。我们不是为了解释过去如何，而是要将考核结果作为一种资源去规划某项工作或某个职工未来的可能性，这就是对职工及工作的开发。在爱立信成功的绩效考核中，以下几点成功经验值得借鉴：①绩效考核是人员任用的前提；②绩效考核是确定劳动报酬的依据；③绩效考核是决定人员调配的基础；④绩效考核是激励员工的手段；⑤绩效考核是进行人员培训的依据。

(资料来源：根据网络资料整理)

第一节　绩效考核概述

一、绩效考核的含义

什么叫绩效考核？不同学者对其称呼也不一样，如称为员工评定、员工评价、绩效评估、绩效考评等。此外关于绩效考核的含义，国内外学者的认知也不尽相同，如表6-1所示。从考核内容上来讲，这些定义有的侧重于工作行为，有的侧重于工作结果；从考核目的来看，有的侧重于目前应用，有的侧重于长远发展。不管对绩效考核如何表述，其本质与内涵是不变的，都是管理者和员工为提高员工绩效，实现组织战略目标的一种绩效管理活动。

基于此，本书认为，绩效考核是指企业在既定的战略目标下，运用特定的标准和指标，对员工的工作行为及取得的工作业绩进行评估，并运用评估的结果对员工将来的工作行为和工作业绩产生正面引导的过程和方法。

表 6-1 绩效考核含义汇总

学者	绩效考核的含义
Philip R. Kelly(1958)	用来判断一个人工作贡献的价值、工作品质或数量及未来发展的潜能，并据此来提供个人达成目标所需要的帮助
Willian F. Glueck(1979)	企业由此项活动来决定从业人员所做工作的有效程度
Dales Beach(1980)	针对个人的工作绩效与发展潜力作出的系统性评估
Middlemist Etal(1981)	是衡量员工工作行为与决定员工在其工作上所达成效果的程度
Edwards(1983)	系统地评定组织与员工在工作绩效上的个别差异，或每一位员工在本身各个工作层面上表现的优劣，并据此作为各项人事管理决策的依据
Berk R. M.(1986)	通过观察活动进行员工工作资料的收集，以作为员工个人的决策依据
R Wayne Mondy & Robort M. (1990)	是在特定期间回顾与评价员工个人工作业绩的一套正式制度
Pride,Hughes&Kapoor(1991)	是对员工现行绩效与潜在绩效的评估，以使管理者能够进行客观的人事决策
Rue&Byars(1992)	是一个包括员工如何改善本身工作和作出改善计划和沟通的过程
Bovee,Thill,Wood&Doval(1993)	是评估与员工期望有关的绩效及提供回馈的过程

二、绩效考核的意义及原则

(一)绩效考核的意义

(1) 绩效考核是人员聘用的依据。在人员聘用时采用科学的评价体系，对员工的工作、学习、成长、效率、培训、发展等进行全方位的定量和定性的考核，按照岗位工作的要求，决定是否聘用或解聘。

(2) 绩效考核是人员职务升降的依据。考核的基本依据是岗位工作说明书，工作的绩效是否符合该职务的要求，是否具有升职条件，或不符合职务要求应该予以降免。

(3) 绩效考核是人员培训的依据。通过绩效考核，可以准确地把握工作的薄弱环节，并可具体掌握员工本人的培训需要，从而制订切实可行和行之有效的培训计划。

(4) 绩效考核是确定劳动报酬的依据。根据岗位工作说明书制定的薪酬制度要求按岗位取得薪酬，而岗位目标是依靠绩效考核来实现的。因此根据绩效确定薪酬，或者依据薪酬衡量绩效，使得薪酬设计不断完善，更加符合企业运营的需要。

(5) 绩效考核是人员激励的手段。通过绩效考核，将员工聘用、职务升降、培训发展、劳动薪酬相结合，使得企业激励机制得到充分运用，有利于企业的健康发展；同时对员工本人，也便于建立不断自我激励的心理模式。

(6) 把绩效考核与未来发展相联系。绩效考核可以对现实工作作出适时和全面的评价，便于查找工作中的薄弱环节，便于发现与现实要求的差距，便于把握未来发展的方向和趋势，符合时代前进的步伐。有利于保持企业的持续发展和个人的不断进步。

(二)绩效考核的原则

1. 公平原则

公平是确立和推行人员考绩制度的前提，不公平就不可能发挥绩效考核应有的作用。

2. 严格原则

绩效考核不严格，就会流于形式，形同虚设；不仅不能全面地反映工作人员的真实情况，还会产生消极的后果。绩效考核的严格性包括：要有明确的考核标准，要有严肃认真的考核态度，要有严格的考核制度与科学而严格的程序及方法等。

3. 单头考评的原则

对各级职工的考评，都必须由被考评者的"直接上级"进行。直接上级相对来说最了解被考评者的实际工作表现(成绩、能力、适应性)，也最有可能反映真实情况。间接上级(即上级的上级)对直接上级作出的考评评语，不应当擅自修改(这并不排除间接上级对考评结果的调整修正作用)。单头考评明确了考评责任所在，并且使考评系统与组织指挥系统取得一致，这更有利于加强经营组织的指挥机能。

4. 结果公开原则

绩效考核的结果应对本人公开，这是保证绩效考核民主的重要手段。这样做，一方面可以使被考核者了解自己的优点和缺点、长处和短处，从而使考核成绩好的人再接再厉，继续保持先进；也可以使考核成绩不好的人心悦诚服，奋起直追。另一方面，有助于防止绩效考核中可能出现的偏见以及种种误差，以保证考核的公平与合理。

5. 结合奖惩原则

依据绩效考核的结果，应根据工作成绩的大小、好坏，有赏有罚，有升有降，而且这种赏罚、升降不仅与精神激励相联系，还必须通过工资、奖金等方式同物质利益相联系，这样才能达到绩效考核的真正目的。

6. 客观考评的原则

人事考评应当根据明确规定的考评标准，针对客观考评资料进行评价，尽量避免掺杂主观性。

7. 反馈的原则

考评的结果(评语)一定要反馈给被考评者本人，否则就起不到考评的教育作用。在反馈考评结果的同时，应当向被考评者就评语进行解释说明，肯定成绩和进步，说明不足之处，提供今后努力的参考意见，等等。

8. 差别的原则

考核的等级之间应当有鲜明的差别界限，针对不同的考评评语在工资、晋升、使用等方面应体现明显差别，使考评带有激励性，鼓励职工的上进心。

9. 信息对称的原则

一般来说，凡是信息对称、容易被监督的工作，适合用绩效考核。凡是信息不对称、不容易被监督的工作，适合用股权激励。

三、绩效考核的内容

绩效考核包括行为、结果与潜能三大部分的考核。其中，行为部分又包含能力与态度；结果部分主要和工作业绩密切相关；潜能部分在实际考核中更多地表现为个性适应度。具体如表 6-2 所示。

表 6-2 绩效考核的主要内容

内 容	考核项目	重点考察内容
业绩考核	任务完成	是否以公司的战略方针为准则，依照计划目标将业务完成，使其成果的质与量均达到要求的标准
	工作质量	业务处理的过程或成果是否正确，是否都达到了要求的标准
	工作数量	规定期间内的业务处理量或数额是否达到标准或计划内要求的水平，工作的速度或时效的把握情况如何
能力考核	经验阅历	经验阅历如何，知识与经验的丰富程度如何，对外界事物分析、判断、理解的能力如何，目光是否远大
	知识	业务所需要的业务知识、相关知识和社会常识的掌握程度
	技能熟练程度	执行本岗位工作的技能熟练程度、感知力、识别力、耐力要求
	判断力	以正确的知识、技能、经验为依据，准确把握事物的现状，及时作出正确的结论，以及随机应变地采取相应对策的能力及程度
	理解力	以知识、经验为依据，把握工作中发生的事情的本质，能充分理解其内容，以至对将来可能发生的变化，有从容应对的能力及程度
	创新能力	经常保持不断探索的心态，灵活运用业务上的知识和经验并能改进业务，对业务的发展有自己独到的见解和创意
	改善力	直面目前的有关问题，研究改善、提升效率或创造新的业务处理方式，以及采用何种手段、方法等思维能力及程度
	企划力	能对企业发生的事件进行综合分析，并从理论上找到依据，使其系统化，对实现工作目标，提出具体的对策和计划的能力及程度
态度考核	积极性	是否经常主动地完成各种业务工作，不用指示或命令，也能自主地努力工作，并不断改善工作方法
	热忱	是否在执行任务之际，以高度的热忱面对挑战，认真且努力工作，表现出不达目的绝不罢休的态度

内　　容	考核项目	重点考察内容
态度考核	责任感	是否能自觉地尽职尽责工作，在执行任务时，无论遇到何种困难都能不屈不挠、永不停止；对自己或下属的工作或行为，能自始至终地表现出负责的态度
	纪律性	是否遵守有关规定、惯例、标准或上司的指示，忠于职守，表里一致，有序地进行工作
	独立性	是否在职权范围内，能进行自我管理，不依赖上司或同事，能在准确判断下，自主、自立、自信地处理业务
	协调性	是否能协调好上下级、同级以及与外界的关系，并能创造和谐的工作环境，圆满地完成指派的工作
个性适应度	人与工作	人的个性、能力和工作要求是否适应
	人与人	合作者的人际关系和合作关系是否协调

1. 工作业绩

工作业绩体现在三个方面。

(1) 任务绩效，与具体职务的工作内容或任务紧密相连，是对员工本职工作完成情况的体现，主要考核其任务绩效指标的完成情况。

(2) 管理绩效，主要是针对行政管理类人员，考核其对部门或下属人员管理的情况。

(3) 周边绩效，与组织特征相关联，是对相关部门服务结果的体现。

2. 工作能力

工作能力分为专业技术能力与综合能力。

3. 工作态度

工作态度主要考核员工对待工作的态度和工作作风，其考核指标一般可以从工作主动性、工作责任感、工作纪律性、协作性、考勤状况五个方面设定具体的考核标准。

4. 个性适应度

个性适应度与人的潜能有关，是指对员工就任某一职位是否与其人品、性格、能力相适应。个性适应度的考核主要涉及两个层面的内容：一个层面是人与工作，即人的个性、能力和工作要求是否适应；另一层面是人与人，即合作者的人际关系和合作关系是否协调。

四、绩效考核的过程

绩效考核的过程如图 6-1 所示。

(1) 人力资源部负责编制考评实施方案，设计考评工具，拟订考评计划，对各级考评者进行培训，并提出处理考评结果的应对措施，供考评委员会参考。

(2) 各级主管组织员工撰写述职报告并进行自评。

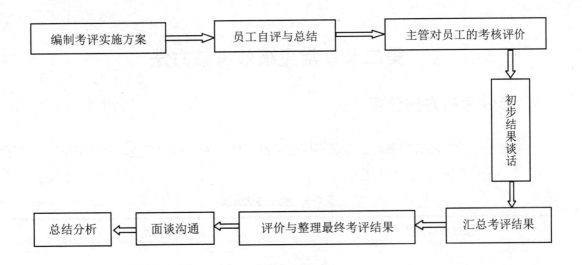

图 6-1　绩效考核过程

(3) 所有员工对本人在考评期间内的工作业绩及行为表现(工作态度、工作能力)进行总结，核心是对照企业对自己的职责和目标要求进行自我评价。

(4) 部门主管根据受评人日常工作目标完成程度、管理日志记录、考勤记录、统计资料、个人述职等，在对受评人各方面表现充分了解的基础上，负责进行客观、公正的考核评价，并指出对受评人的期望或工作建议，交部门上级主管审核。

如果一个员工有双重直接主管，由其主要业务直接主管负责协调另一业务直接主管对其进行考评。各级主管负责抽查间接下属的考评过程和结果。

(5) 主管负责与下属进行绩效面谈。当直接主管和员工就绩效考核初步结果谈话结束后，员工可以保留自己的意见，但必须在考评表上签字。员工若对自己的考评结果有疑问，有权向上级主管或考评委员会进行反映或申诉。

对于派到外地工作的员工，反馈面谈由该员工所在地的直接主管代为进行。

(6) 人力资源部负责收集、汇总所有的考评结果，编制考评结果一览表，报公司考评委员会审核。

(7) 考评委员会听取各部门的汇报，对重点结果进行讨论和平衡，纠正考评中的偏差，确定最后的评价结果。

(8) 人力资源部负责整理最终考评结果，进行结果兑现，分类建立员工绩效考评档案。

(9) 各部门主管就绩效考评的最终结果与下属面谈沟通，对受评人的工作表现达成一致意见，肯定受评人的优点所在，同时指出有待改进的问题和方向，双方共同制订可行的绩效改进计划和个人发展计划，提高个人绩效及组织绩效。

(10) 人力资源部对本次绩效考评成效进行总结分析，并对以后的绩效考评提出新的改进意见和方案，规划新的人力资源发展计划。

第二节　常见绩效考核方法

一、绩效考核方法分类

绩效考核的方法有很多种，按照不同的标准可以分为不同的类型，具体来说，有以下几种常见分类方法，如表 6-3 所示。

表 6-3　考核方法分类

绩效考核方法	分类方法
相对绩效考核法	简单排序法
	交错排序法
	配对比较法
	强制分布法
绝对绩效考核法	自我报告法
	业绩评定表法
	因素考核法
	360 度考核法
特征导向型绩效考核法	图尺度考核法
行为导向型绩效考核法	关键事件法
	行为锚定等级评价法
	行为观察比较法
结果导向型绩效考核法	目标管理法
	绩效标准法
	短文法
	直接指标法
	成绩记录法

(1) 按评估的相对性和绝对性，绩效考核方法可以分为相对绩效考核法和绝对绩效考核法。相对绩效考核法是指在对员工进行相互比较的基础上进行排序，提供一个员工工作的相对优劣的评价结果。

绝对绩效考核法是指对每一个员工自己的工作绩效进行评估，而不是在对员工进行相互比较的基础上评出员工的绩效结果。

(2) 按评估标准的类型，绩效考核方法可以分为特征导向型绩效考核法、行为导向型绩效考核法和结果导向型绩效考核法。

二、相对绩效考核法

(一)简单排序法

简单排序法也称序列评定法，是指管理者把本部门的所有员工从绩效最高者到绩效最低者(或从最好者到最差者)进行排序，即对一批考核对象按照一定标准排出"1、2、3、4……"的顺序，如图6-2所示。

图 6-2　简单排序法

该方法的优点是简便易行，具有一定的可信性，可以完全避免趋中倾向或宽严误差。

其缺点是考核的人数不能过多，以 5～15 人为宜，而且只适用于考核同类职务的人员，应用范围受限，不适合在跨部门人事调整方面应用。

(二)交错排序法

通常来说，根据某些工作绩效考核要素将员工从绩效最好的人到绩效最差的人进行排序，比绝对地对他们的绩效进行考核要容易得多，因此，交错排序法也是一种运用得非常普遍的工作绩效考核方法。

按照员工绩效先排最好，再排最差；接着排次好，再排次差，依次类推进行排序，如表 6-4 所示。

表 6-4　交错排序法示例

评价所依据的要素：＿＿＿＿＿＿＿

顺　序	等　级	下属姓名
1	最好	王＿＿＿
2	较好	钱＿＿＿
3	一般	赵＿＿＿
3	差	张＿＿＿
2	较差	李＿＿＿
1	最差	胡＿＿＿

(三)配对比较法

配对比较法是将每一位员工按照所有的考核要素(如工作数量、工作质量等)与其他员工进行比较，根据配对比较的结果，排列出他们的绩效名次，而不是将被考核者进行笼统地排队，如表 6-5 所示。

表 6-5　配对比较法示例

被比较者 \ 比较者得分	张三	李四	王五	赵六	刘七	被比较者得分
张三		1	1	0	1	3
李四	0		1	0	1	2
王五	0	0		0	1	1
赵六	1	1	1		1	4
刘七	0	0	0	0		0

考核结论：被考核的五名员工按绩效从优至劣的次序为赵六、张三、李四、王五、刘七。

配对比较法的缺点：

(1) 人数比较多时，工作量会很大。

(2) 不能反映被考核者之间的差距有多大。

(四)强制分布法

强制分布法也称强制正态分布法、硬性分配法，该方法的依据是正态分布原理，即俗称的"中间大、两头小"的分布规律。其具体步骤如下：第一，预先确定评价等级，如优秀、良好、一般、合格、不及格等。第二，确定每个等级在总数中所占的百分比，如优秀占比 5%、良好占比 20%、一般占比 50%、合格占比 20%、不及格占比 5%。第三，按照被考核者绩效的优劣程度将其列入其中某一等级，如图 6-3 所示。

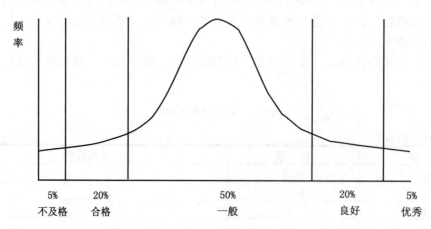

图 6-3　强制分布法

强制分布法的优点：①等级清晰、操作简便。等级划分清晰，不同的等级赋予不同的含义，区别显著，只需要确定各层级比例，简单计算即可得出结果。②刺激性强。强制分布法常常与员工的奖惩联系在一起。例如，对优秀绩效的重奖，对较差绩效的重罚，强烈的正负激励同时运用，给人以强烈刺激。③强制区分。由于必须在员工中按比例区分出等级，所以能够有效地避免评估中过严或过松等一边倒的现象。

强制分布法的缺点：①如果员工的业绩水平实际上不遵从所设定的分布样式，那么按照考评者的设想对员工进行硬性区别就容易引起员工不满；②只能把员工分为有限的几种类别，难以具体比较员工之间的差别，也不能在诊断工作问题时提供准确可靠的信息；③个别组织为了应对强制分布法，想出"轮流坐庄""老好人战略"等方法，这样不能体现强制分布法的真正用意。

从以上四种比较方法可以看出，相对绩效考核法的优点有：①成本低、实用，评定所花费的时间和精力非常少；②能有效地消除某些评定误差，如避免了宽厚性错误及评定者的趋中性错误。

相对绩效考核法的缺点有：①因为判定绩效的评分标准是模糊的，评分的准确性和公平性就可能受到质疑；②相对绩效考核法没有具体说明一个员工必须做什么才能得到好的评分，因而它们不能充分地指导或监控员工行为；③公司采用这样的方法不能公平地对来自不同部门的员工的绩效进行比较。

三、绝对绩效考核法

(一)自我报告法

自我报告法是利用书面形式对自己的工作进行总结及考核的一种方法。它主要适用于以下情形。

(1) 管理人员的自我考核。

(2) 测评的人数不宜太多。

(3) 让被考核者主动地对自己的表现加以反省和考核。

它采用的主要方法为填写自我鉴定表，如表 6-6 所示。

表 6-6　自我鉴定表

姓名		职称		工作部门	
出生年月		职位		学历	
入职日期		工资		任职时间	
项　目	内　容				理由及建议
目前工作	1. 你目前担任的工作对你是否合适？ 2. 工作中的"最"是否恰当？ 3. 工作时是否感到困惑？ 4. 你的工作目标是什么？达到什么程度？ 5. 部门中工作分配是否合理？哪些地方需要改进？ 6. 你最适合什么工作？较适合什么工作？不适合什么工作？ 7. 你对现在的工作有什么构想？ 8. 你想变动现在的工作吗？				

续表

项 目	内 容	理由及建议
工资及职位	1. 你认为给你的报酬是否合理？ 2. 你的职称是否合适？ 3. 你的职位是否合理？ 4. 你的希望是什么？	
教育培训	1. 你参加过公司的内部培训吗？参加过哪些培训？ 2. 你希望接受什么样的培训？ 3. 你对本企业的培训有什么意见或建议？	
特殊贡献	1. 你本年度对企业的最大贡献是什么？ 2. 你为企业做了哪些具体贡献？做到什么程度？	
建议构想	希望	

(二)业绩评定表法

业绩评定表法又称等级量度法，是最古老的也是采用最广泛的一种考核法。它根据所限定的因素来对员工进行考绩，考核者通常使用一种事先印制的表格从事考核，如表 6-7 所示。

表 6-7 员工业绩评定表

员工姓名＿＿＿＿＿＿ 工作职位＿＿＿＿＿＿ 部　　门＿＿＿＿＿＿ 考核日期＿＿＿＿＿＿	评估等级说明： A.卓越，工作绩效表现突出，能完全胜任岗位要求，受到公司内部一致的承认。 B.优秀，工作质量较高，大多数方面超出绩效标准要求。 C.良好，基本能完成岗位要求，较为称职。 D.需改进，在绩效标准的某一方面存在不足，需要进行改进。 E.不做考核，无可利用的标准或因时间太短而无法得出结论	
考核项目	**考核标准**	**评估等级**
计划统率力	*日常工作中有没有善于做计划的习惯。 *部门的管理是否能够事前管理，提前、有效。 好的绩效表现：能够主动积极地做计划，对自己的工作有提前的规划，对部门的管理提前、高效、正确	等级： 评语：
预见力	*管理人员是否善于思考，能否提前发现公司潜在的问题。 *能否充分利用管理者的职能。 好的绩效表现：能够善于思考，发现公司潜在的问题，并能够提出相应的解决措施，履行管理者的职能	等级： 评语：
协调配合力	*管理人员平级之间是否具备主动配合的能力。 *遇到问题，能否与平级之间相互协商。 *是否有分享精神。 好的绩效表现：能与平级之间主动配合；遇到事情，可以进行有效的协商，并及时解决问题；有群体意识、分享精神	等级： 评语：

续表

考核项目	考核标准	评估等级
培育部下的能力	*是否能够把权力下放。 *是否能做到责任的落实到位。	等级：
	好的绩效表现：管理人员能够把权力合理下放，共同促进部门员工能力的提高，同时，又能把事情的责任落实到每一个人	评语：
全局观和创新力	*工作是否从公司的大局出发，主要体现在工作的方向上。 *工作中能否体现创新，主要看工作方式、方法等的创新。	等级：
	好的绩效表现：管理工作始终从公司的大局出发，工作中又有创新，不循规蹈矩	评语：

最后评估等级：

员工签字：   考评者签字：

这种方法是通过一个等级表，对业绩进行判断并评出等级。等级常常被分成几类，用数字5～7表示，也可采用诸如"优秀、一般或较差"这些形容词来定义。业绩评定表受到欢迎的原因之一就是它简单、迅速。

业绩评定表法通常表现为在表格中列举许多特质作为评估的依据。就非管理阶层的员工而言，表格中的特质包括工作量、工作质量、对职务的了解程度、合作程度、可靠程度、进取心、勤勉程度，以及工作态度等项目；至于用以考核管理人员的项目则通常包括分析能力、决策能力、创造能力、领导能力、进取心、工作表现与情绪稳定力等。每一位受考核者的特质均用一张表格予以量度。

表中每一种特质可用连续计分法及不连续计分法予以权衡。使用连续计分法时，考核者须在一个连续尺度上给予一个最能代表被考核者实况的分数。若采用不连续计分法，则在既定的等级中选定一个最接近实况的等级。

业绩评定表法的优点有：①易于了解及采用；②可依据所得的分数做统计分析——诸如求取其集中趋势、差异量数及偏态量数等；③由于分数本身被假定足以衡量每一个被考核者的绩效，故可按分数之高低对各被考核者进行比较。

存在的不足有：①分数的高低未必能衡量出绩效的高低。例如，甲得80分，乙得77分，两者间工作绩效并不一定如分数所显示那样甲定然高于乙。②业绩评定表有一个基本假设，即某一性质所获的高分数可用以补偿另一性质所获的低分数。这一假设并不切实际。例如，某人在工作量方面获得低分数，但在出席率、合作程度、工作态度方面获得高分数，这样是否可相互抵消？这是值得怀疑的。③考核者所给予的分数通常会偏高，这可能是因为考核者希望被考核者能获得薪资的提高，或希望显示被考核者的绩效较前有所进步，或各个考核者之间因处于竞争状态而彼此倾向于提高考核成绩。

(三)因素考核法

因素考核法亦称因素计分法，是一种应用非常广泛的岗位价值评价定量方法，是设计薪酬系统时进行岗位价值高低判断最常用的方法，也是难度较大的一种评价方法。

因素考核法的实施步骤为：第一，确定考核要素；第二，将一定的分数按权重分配给各项绩效考核要素；第三，为每一项绩效考核要素划分不同的考核尺度；第四，根据被考核者的实际表现在各考核因素上评分；第五，汇总得出的总分，就是被考核者的考绩结果。此法简便易行，而且比排队法更科学。

例如：对某员工工作表现进行考核，总分为 100 分，设定四个绩效指标。

出勤(占总分 30%)，分上、中、下三个等级，出勤率 100%为满分 30 分，病假一天扣 10 分，旷工 1 天扣 20 分……

能力(占总分 20%)，分上、中、下三个等级，技术高，能独立完成工作，胜任本职工作为上……

成绩(占总分 30%)，分上、中、下三个等级，生产中出现一次质量安全事故扣 10 分，情节严重者不得分……

组织纪律(占总分 20%)，分上、中、下三个等级，违反公司规章制度一次扣 10 分……

(四)360 度考核法

360 度考核法又称交叉考核，即将原本由上到下、由上司评定下属绩效的旧方法，转变为全方位 360 度交叉形式的绩效考核，如图 6-4 所示。在考核时，通过同事评价、上级评价、下级评价、客户评价以及个人评价来评定绩效水平。交叉考核，不仅是绩效评定的依据，更能从中发现问题，找出问题根源所在，并着手拟定改善工作计划。

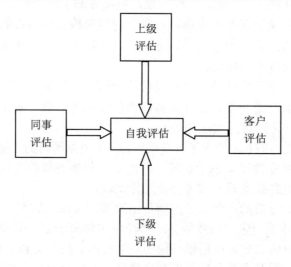

图 6-4　360 度考核

360 度考核法的优点有：①打破了由上级考核下属的传统考核制度，可以避免传统考核中考核者极容易发生的"光环效应""居中趋势""偏紧或偏松""个人偏见"和"考核盲点"等现象；②一个员工要想影响多个人是困难的，管理层获得的信息更准确；③可以反映出不同考核者对于同一被考核者不同的看法；④防止被考核者急功近利的行为(如仅仅致力于与薪金密切相关的业绩指标)；⑤较为全面地反馈信息有助于被考核者多方面能力的提升。360 度考核法实际上是员工参与管理的方式，可在一定程度上增加他们的自主性和对工作的控制，员工的积极性会更高，对组织会更忠诚，员工的工作会更满意。

其存在的不足有：①考核成本高。当一个人要对多个同伴进行考核时，时间耗费多，由多人来共同考核所导致的成本上升可能超过考核所带来的价值。②成为某些员工发泄私愤的途径。某些员工不正视上司及同事的批评与建议，将工作上的问题上升为个人情绪，利用考核机会"公报私仇"。③考核培训工作难度大。组织要对所有员工进行考核制度的培训，因为所有员工既是考核者又是被考核者。

采用360度考核来提取员工绩效信息时，由于参与考核的主体较为复杂，因此需要采取相应的措施来保证考核信息的质量。

(1) 确保匿名：确保员工不知道任何一位考核小组成员是如何进行考核的(但主管人员的考核除外)。

(2) 使信息反馈者富有责任感：主管人员必须检查每一个考核小组成员的考核工作，让他们明白自己对考核的运用是否恰当，结果是否可靠，以及其他小组成员又是如何进行考核的。

(3) 使用统计程序：运用加权平均或其他定量分析方法，综合处理所有的评价。

(4) 辨认和鉴别偏见：查出与年龄、性别、民族等有关的歧视或偏爱。

四、特征导向型绩效考核法

特征导向型绩效考核法关注的内容主要是那些抽象的概念化的个人基本品质，诸如决策能力、忠诚度、主动性、创造性、交流技巧、合作意愿等。特征导向型绩效考核法主要是指图尺度考核法。

(一)图尺度考核法

图尺度考核法又称图解式考核法，是最简单和运用最普遍的工作绩效评价技术之一。它列举出一些组织所期望的绩效构成要素(质量、数量，或个人特征等)，还列举出跨越范围很宽的工作绩效登记(从"不令人满意"到"非常优异")。在进行工作绩效评价时，首先针对每一位员工从每一项评价要素中找出最能符合其绩效状况的分数；然后将每一位员工所得到的所有分值进行汇总，即得到其最终的工作绩效评价结果。当然，许多组织并不仅仅停留在一般性的工作绩效因素上，他们还将这些作为评价标准的工作职责进行进一步的分解，形成更详细和有针对性的工作绩效评价表(见表6-8)。

图尺度考核法的优点如下。

(1) 使用起来较为方便。

(2) 能为每一位雇员提供一种定量化的绩效评价结果。

图尺度考核法的缺点如下。

(1) 不能有效地指导行为，它只能给出考评的结果而无法提供解决问题的方法。

(2) 不能提供一个良好的机制以提供具体的、非威胁性的反馈。

(3) 这种方法的准确性不高。由于评定量表上的分数未给出明确的评分标准，所以很可能得不到准确的评定，常常凭主观来考评。

表6-8　图尺度考核法

员工姓名_____部门_____职位_____考核人_____	
用下列评定量表按每一品质考核员工:	
考核要素: A.衣着和仪表 B.自信心 C.可靠程度 D.机智和圆满 E.态度 F.合作 G.热情 H.知识	考核尺度: 5=优秀:你所知道的最好的员工 4=良好:满足所有的工作标准,并超过其中一些标准 3=中等:满足所有的工作标准 2=需要改进:某些方面需要改进 1=不令人满意

图尺度考核法的作用如下。

(1) 可以对员工的工作内容、责任及行为特征进行考核。

(2) 向考核者展示一系列被认为是可达到成功工作绩效所必需的个人特征(例如,合作性、适应性、成熟性、动机),并对此进行考核。

(二)特征导向型绩效考核法的特点

特征导向型绩效考核法的特点如表6-9所示。

表6-9　特征导向型绩效考核法的特点

优　点	缺　点	适用范围
① 有利于引导员工注重潜能的开发。 ② 有利于对员工进行有计划的长期培养	这类考核指标无法量化,主观性太强,很难提供确切、具体的事实依据,这是该方法经常流于形式的重要原因	① 适用于能力等个性特征指标的考核。 ② 适用于以员工开发为目的的绩效考核和对高级人员特质的绩效考核

五、行为导向型绩效考核法

行为导向型绩效考核法重点在于甄别与评价员工在工作中的行为表现,即工作是如何完成的,关注其行为方式是否与预定要求相一致。行为导向型绩效考核法的指导思想是,通过对与工作目标相关的行为事件进行分析,提取关键绩效行为并评定绩效高低。

(一)常见方法

1. 关键事件法

关键事件法是由美国学者福莱·诺格(Flanagan)和伯恩斯(Baras)于 1954 年共同创立的,它要求每一位需要考核的员工都有一本"工作日记",上面记载的是日常工作中与员工工作绩效密切相关的事件，既可以是极好的事件，也可以是极差的事件(见表6-10)。关键事件的记录者一般是员工的主管，在记录时，主管应着重对事件或行为进行记载，而不是对员工进行评论。记录的事件必须是关键事件，所谓"关键事件"，即典型的、较为突出的、与工作绩效相关的事情，而不是一般的、琐碎的、与工作绩效无关的事件。应用该方法时，考核者应将注意力集中在那些能区分有效和无效的工作绩效的关键行为上。

表6-10　关键事件法

担负的职责	目　　标	关键事件
安排工厂的生产计划	充分利用工厂中的人员和机器，及时发布各种指令	为工厂建立了新的生产计划系统；上个月的指令延误率降低了10%；上个月机器利用率提高了20%
监督原材料采购和库存控制	在保证原材料充分供应的前提下，使原材料的库存成本降到最低	上个月使原材料库存成本上升了15%；A部件和B部件的订购富余了20%；C部件的订购短缺了30%
监督机器的维修保养	不出现因机器故障而造成的停产	为工厂建立了一套新的机器维护和保养系统；由于及时发现机器部件故障而阻止了机器的损坏

1) 关键事件法的原则及方法

关键事件法的主要原则是认定员工与职务有关的行为，并选择其中最重要、最关键的部分来评定其结果。它首先从领导、员工或其他熟悉职务的人那里收集该员工一系列职务行为的事件，然后描述"特别好"或"特别坏"的职务绩效。这种方法考虑了职务的动态特点和静态特点。对事件的记录内容，包括：①导致事件发生的原因和背景；②员工的特别有效或多余的行为；③关键行为的后果；④员工自己能否支配或控制上述后果。

在大量收集这些关键事件以后，可以对其作出分类，并总结出职务的关键特征和行为要求。关键事件法既能获得有关职务的静态信息，也可以了解职务的动态特点。

针对关键事件的记录，最常用的是STAR法，是由四个英文单词的第一个字母表示的一种方法；由于英文star是星星的意思，所以又叫"星星法"。它主要从四个方面记录关键事件。

S是situation——情境：这件事情发生时的情境是怎样的。

T是task——任务：要从事的工作任务是什么。

A是action——行动：当时采取什么行动。

R是result——结果：采取这个行动获得了什么结果。

2) 关键事件法的优缺点

关键事件法的优点：①可以帮助确认考核者的长处和不足，真实可信；②避免了考核中存在的近期效应，即依据员工在最近一段时间的表现来确定其绩效的好坏，因为关键事件是在很长一段时间内积累起来的；③在对员工提供反馈时，不但因为有具体的事实使被考核者更容易接受，而且也可以在绩效面谈时，有针对性地提出改进意见。

关键事件法的缺点：①需要花大量的时间去搜集那些关键事件，并加以概括和分类。

②关键事件法主要是针对特别有效或无效的事件，而遗漏了平均绩效水平，对中等绩效的员工就难以涉及，因而很难应用于全面绩效考核。

2. 行为锚定等级评价法

行为锚定等级评价法是由美国学者史密斯(P.C.Smith)和德尔(L.Kendall)于20世纪60年代提出的，是描述性关键事件评价法和量化等级评价法的结合，即用具体行为特征的描述来表示每种行为标准的差异程度。行为锚定等级评价法将同一职务工作可能发生的各种典型行为进行评分度量，建立一个锚定评分表，如表6-11所示，以此为依据，对员工工作中的实际行为进行测评级分的考评办法。表6-12中内训师授课行为尺度评估的例子就可以很好地说明这一点。

表6-11　"客户服务行为"锚定等级评分表

维度：客服服务行为

等级	描述性说明(锚定)
7级	把握长远盈利观点，与客户形成伙伴关系
6级	关注客户潜在需求，达到专业参谋作用
5级	为顾客而行动，提供超常服务
4级	个人承担责任，能够自我负责
3级	与客户保持密切而清晰的沟通
2级	能够跟进客户，有问必答
1级	被动地回应客户，拖延或含糊回答

表6-12　内训师授课行为尺度评估示例

维度：课堂培训教学技能

优秀：7	内训师能清晰授业、解惑，并能将理论联系实际
6	内训师能清楚、简明、正确地回答学员的问题
5	当试图强调某一点时，内训师使用例子
中等：4	内训师能用清晰、直白的方式授课
3	讲课时内训师表现出许多令人厌恶的习惯
2	内训师在班上给学员们不合理的批评
极差：1	不能用正确的方法传授课程

1) 行为锚定等级评价法的特点

行为锚定等级评价法的优点如下。

(1) 工作绩效的计量更精确。

(2) 工作绩效考核标准更明确。

(3) 具有良好的反馈功能。

(4) 各种工作绩效考核要素之间有着较强的相互独立性。

(5) 具有较高的信度。

行为锚定等级评价法的缺点如下。

(1) 考核成本高。设计和实施的费用高，比许多考评方法费时费力。

(2) 考核依据易出现偏差。考核某些复杂的工作时，特别是对于那些工作行为与效果的联系不太清楚的工作，管理者容易着眼于对结果的评定而非依据锚定事件进行考核。

2) 行为锚定等级评价法的步骤

运用行为锚定等级评定量表法来进行员工绩效评估，通常按照以下步骤进行。

步骤一，提取关键事件：通过岗位分析，获取关键事件，并对影响绩效的关键事件进行行为描述。

步骤二，开发绩效维度：依据工作维度或工作特征的不同，将"步骤一"中的行为进行特征归类，形成若干绩效指标，并对这些特征归类给出明确定义。

步骤三，重新分配关键事件：依据德尔菲法的原则，多次聘请相关专家对关键事件进行重新分配，将他们归入最合适的绩效要素及指标中。

步骤四，划分绩效评价等级：确定各绩效维度的评定等级，一般分为5~9个等级。

步骤五，建立最终行为锚定等级评价量表：对于每一个工作绩效维度来说，选择 6~7 个关键事件作为其行为锚。

步骤六，绩效评估：依据已经建立的行为锚定等级评定量表，对被评价员工的绩效行为进行评定，然后将不同绩效维度（绩效指标）的评价结果进行汇总，形成该员工的最终总体绩效评估的成绩。

3. 行为观察比较法

行为观察比较法，也叫行为观察量表法，是各项评估指标给出一系列有关的有效行为，将观察到的员工的每一项工作行为与评价标准比较并进行评分，看该行为出现的次数的评估方法。将每一项工作行为上的得分相加，得出总分进行比较。

行为观察比较法的优点如下。

(1) 行为观察比较法是基于系统的工作分析，是从员工对其所做的系统的工作分析中设计开发出来的，因此，有助于员工对考评工具的理解和使用。

(2) 由于它鼓励主管和下属之间就下属的优缺点进行有意义的讨论，因此，行为观察比较法有助于产生清晰明确的反馈。

(3) 行为观察比较法具有内容效度。考评者必须对员工作出全面的评价，而不只是强调考评他们所能回忆起来的内容。

(4) 由于行为观察比较法明确说明了对指定工作岗位上的员工的行为要求，因此其本身可以单独作为职位说明书或作为职位说明书的补充。

(5) 它允许员工参与工作职责的确定，从而加强员工的认同感和理解力。

(6) 行为观察比较法的信度和效度较高。

行为观察比较法的缺点如下。

(1) 有时不切实际。

(2) 行为观察比较法需要花费更多的时间和成本。因为每一项工作都需要一种单独的工具(不同的工作要求有不同的行为)，除非一项工作有许多任职者，否则为该工作开发一个行为观察量表将不会有成本效率。

(3) 行为观察比较法过分强调行为表现，这可能忽略了许多真正的工作考评要素，特别是对管理工作来说，应更注重实际的产出结果，而不是所采取的行为。

(4) 在组织日益趋向扁平化的今天，让管理者来观察在职人员的工作表现，这似乎不太可能，但却是行为观察比较法所要做的。

行为观察比较法的使用，首先确定衡量绩效水平的维度，如工作的质量、人际沟通技能、工作的可靠性等。每个维度都细分为若干个具体的标准，并设计一个评估表。评估者将员工的工作行为同评估标准进行对比，不同衡量角度的所有具体科目的得分构成员工在这一方面的得分，将员工在所有评估方面的得分加总，就可以得到员工的总分。

(二)行为导向型绩效考核法的特点

行为导向型绩效考核法的特点如表 6-13 所示。

表 6-13　行为导向型绩效考核法的特点

优　点	缺　点	适用范围
① 提供确切的事实证据。 ② 有利于绩效面谈。 ③ 有利于引导并规范被考评者行为	① 评价标准制定难度较大、操作成本较高。 ② 评价人员对员工的行为很难进行全面跟踪。 ③ 容易因人际关系问题而使得考评结果不够公平	① 适用于考核难以量化的、主观性的行为。 ② 适用于事务管理、行政管理等行为和态度直接影响绩效结果的人员考核

六、结果导向型绩效考核法

结果导向型绩效考核法也称控制导向型，它着眼于行为的结果，而不是行为的过程，考核的重点在于产出和贡献。它是一种将目标与结果进行比较的事后控制，对于已经发生的事情无法进行改进，因此无益于企业管理水平的提高。

(一)常见方法

1. 目标管理法

目标管理法是采用比较多的一种方法，管理者通常强调利润、销售额和成本这些能带来成果的结果指标(见表 6-14)。在目标管理法下，每个员工都确定有若干具体的指标，这些指标是其工作成功开展的关键目标，它们的完成情况可以作为评价员工的依据。

目标管理法用可观察、可测量的工作结果作为衡量员工工作绩效的标准，以制定的目标作为对员工考评的依据，从而使员工个人的努力目标与组织目标保持一致，减少管理者将精力放到与组织目标无关的工作上的可能性。

表 6-14　目标管理法

目　标	结果测量	绩效标准	目标日期
1			
2			
3			
4			
5			

2. 绩效标准法

绩效标准法与目标管理法基本接近，它采用更直接的工作绩效衡量指标，通常适用于非管理岗位的员工，采用的指标要具体、合理、明确，要有时间、空间、数量、质量的约束限制，要规定完成目标的先后顺序，保证个人目标与组织目标的一致性。

3. 短文法

短文法也称书面短文法或描述法。这种方法有两种解释：第一种说法认为，该方法是由被考评者在考评期末撰写一篇短文，对考评期内所取得的重要的突出业绩作出描述，以作为上级主管考评的重要依据；第二种说法认为，该方法是由考评者写一篇短文以描述员工绩效，并列举出突出的长处和短处。

4. 直接指标法

直接指标法在员工的衡量方式上，采用可监测、可核算的指标构成若干考评要素，作为对下属的工作表现进行评估的主要依据。例如，对于非管理人员，可以衡量其生产率、工作数量、工作质量等。工作数量的衡量指标有工时利用率、月度营业额、销售量等；工作质量的衡量指标有顾客不满意率、废品率、产品包装缺损率、顾客投诉率、不合格返修率等。对管理人员的考评，可以通过对其所管理的下属，如员工的缺勤率、流动率的统计得以实现。

5. 成绩记录法

成绩记录法是一种新开发出来的绩效考核方法。先由被考评者把与工作职责相关的成绩写在一张成绩记录表上，然后由其上级主管验证这些成绩是否真实准确，最后由外部专家就这些材料进行分析，从而对被考评人的绩效进行评价。

(二)考核方法比较

绩效考核并没有"最佳方法"或"万能钥匙"，每种方法都有自身的优缺点，如表 6-15所示。对于不同的岗位应当选择相应的考核方法和考核工具，将结果导向型绩效考核法与行为导向型绩效考核法相结合，在行为绩效评定工具中使主客观工具相结合，从而保证实现全面、真实、准确、科学的绩效考核目标。

表 6-15　结果导向型绩效考核法比较

名　称	优　点	缺　点	适用范围
目标管理法	结果易于观察、易于反馈，有利于调动积极性，增强责任心和事业心	难以在不同员工间、不同部门间进行横向比较，不能为晋升决策提供依据	适用范围较广
绩效标准法	能对员工进行全面评估，具有明确的导向和激励作用	费时费力，管理成本高	非管理岗位员工
短文法	减少考核者的偏见与晕轮效应	有较大的局限性，适用范围小	下属很少时
直接指标法	简单易行，节省成本	需企业建立健全的原始记录	生产、销售等非管理员工
成绩记录法	解决了无法用完全固化的衡量指标进行考量的岗位员工的考核问题	费时费力，成本高	适用于大学教师、律师等人员

第三节　绩效考核中存在的常见问题及对策

一、绩效考核中存在的问题

作为人力资源管理的核心内容，很多企业已经认识到绩效考核的重要性，并进行了大量的探索，但绩效考核依然是管理人员的棘手问题。根据某机构对国内 500 多家企业的高层管理人员的调查反馈，在"中国职业经理人的十大困扰"中，绩效考核位于第一位。美国一家管理咨询公司对美国企业的高层管理人员的一项调查显示：对本组织的绩效考核不满意的达到 60%。

在绩效考核中，目前许多企业仍然存在问题，主要表现在以下几个方面。

(一)考核依据的问题

首先，绩效考核标准不清晰，主观性太强。考核标准应该根据员工的工作职能设定；应该建立在工作分析的基础上，确保绩效评估标准是与工作密切相关的；应该设定合理且具有挑战性的目标。绩效评估标准不严谨，就无法得到客观的绩效评估结果，而只能得出一种主观的印象和感觉。比如，有的评价者非常严厉，而有的评价者则非常宽松；一些员工工作一般，却得到了很高的评价等级，这就很不公平。

其次，绩效指标不科学。使用什么指标来确定员工的绩效是一个重要而又较难解决的问题。对于科学确定绩效考核的指标体系以及如何使考核的指标具有可操作性，许多企业考虑得并不周到，缺乏定量判断，定性判断多。比如，就工作态度来说，什么样的工作态度可以称作"好的"，什么样的工作态度可以称作"一般"，不同的人会有不一样的看法。采用过多的定性指标无法避免考核组织者的主观判断，丧失了考核工作的有效性。

最后，考核的内容不够完整，不能全面地评价工作业绩，或以偏概全，如 KPI 不全等。因此，无法正确评价员工的真实工作绩效。另外，许多企业的考核内容千篇一律，不同类型的部门考核内容差别不大，针对性不强，这在很大程度上影响了考核结果的客观性、真实性和准确性。

(二)考核者主观因素的问题

在绩效考核中，考核者往往是评定结果可靠性的重要决定因素。但在考核过程中，考核者总是会存在一些心理干扰，影响考核结果。

1. 晕轮效应

晕轮效应是指考核者对某一方面绩效的评价影响了对其他方面绩效的评价。在考核中将被考核者的某一特点扩大化，以偏概全，通常表现为一好百好，或一无是处，要么全面肯定，要么全面否定，因而影响考核结果。例如，对于一个不太友好的考评对象，考核者通常会认为其"与其他人相处的能力"较差，而且极有可能认为该员工在其他方面的表现也较差。这种情况显然会影响考核的客观性。

2. 宽松或严厉倾向

绩效考核要求考核者具有某种程度的确定性和客观性，但考核者要做到完全"客观"是很难的。导致宽松或严厉考核倾向的原因主要是缺乏明确、严格、一致的判断标准，考核者往往根据自己的人生观和过去的经验进行判断，在评价标准上主观性很强。

3. 趋中效应

趋中效应是指给大多数员工的考核得分在"平均水平"的同一档次，并且往往是中等水平或良好水平，这也是考核结果具有统计意义上的集中倾向的体现。无论员工的实际表现如何，统统给中间水平或平均水平的评价。这样做的结果是使考核结果失去价值，因为这种绩效考核不能在人与人之间进行区别，既不能为管理决策的制定提供帮助，也不能为人员培训提供有针对性的建议。这样，绩效考核必定是含糊的，无法对员工形成正面、有效的引导机制。

4. 近因效应

近因效应是指考核者由于对被考核者的近期行为表现产生比较深刻的印象，从而对整个考核期间的工作表现缺乏长期了解和记忆，以"近"代"全"，只是对最后一阶段的考核。尤其当被考核者在近期内取得了令人瞩目的成绩或犯下过错时，近因效应会使考核者出现偏高或偏低的倾向。

5. 成见效应

成见效应是指考核者由于经验、教育、世界观、个人背景以及人际关系等因素而形成的固定思维对考核结果的刻板影响。例如，有研究表明，在工作绩效考评中存在这样一种稳定趋势，即老年员工(60 岁以上者)在"工作完成能力"和"工作潜力"等方面所得到的评价一般都低于年轻员工。

6. 对比效应

对比效应是由考核者对某一员工的评价受到之前的考核结果的影响而产生的。比如，假定考核者刚刚考核完一名绩效非常突出的员工，那么他就很可能将另外一名绩效本来属于中等水平的人评为"比较差"。对比效应也很可能发生在考核者无意中将被考核者现在的绩效与过去的绩效进行对比的时候，如一些以前绩效很差而近期有所改进的人可能被评为"较好"。

(三)沟通与反馈的问题

1. 忽视考核的结果

绩效考核具有非常强的目的性，首先是为绩效管理提供依据，如制定调迁、升降、委任、奖惩等人力资源管理决策；其次是为了依据考核结果来制订和实施培训计划和绩效改进计划，提高人力资源素质。但是许多企业并没有认识到绩效考核的重要性，没有意识到绩效考核的目的，仅仅是为了考核而进行考核，在花费了大量人力、物力和时间进行考核后，没有具体的措施，使考核结果没有起到实际作用。因此员工只是将绩效考核作为形式，不关心考核结果的好坏，绩效考核不再对员工起作用。员工在完成了工作任务以后，得不到应有的奖惩，那么那些工作积极的员工就会产生消极心理，而那些本来就工作懈怠的员工就会有机可乘，这对整个企业的长期发展是很不利的。

2. 反馈工作不及时

考核过程应该是上下级之间双向交流的互动过程。绩效考核的最终目的并不仅仅是为了制定各项人事决策，更重要的是要发现员工的优点，激励员工，帮助员工找到不足，以明确其今后自我改进的方向。但目前许多企业在绩效考核前上下级之间、部门间缺乏沟通，考核过程中被考核者既无申辩或补充说明的机会，也没有了解自身表现与组织期望差距大小的机会，致使员工对绩效考核结果认同度低，甚至产生抵触情绪。因此，如果考核结果不能以适当的方式反馈给考核者本人，那么绩效考核就失去了意义，更谈不上考核目的的实现。久而久之，员工对于考核也会失去兴趣，将其视为流于形式的一项活动。

(四)考核周期与考核方法的问题

工作绩效考核周期是指员工接受工作业绩考核的间隔时间长短。考核的频率也关系到考核是否合理，能否反映真实的情况。有的企业平时不做考核，等到年底才进行，而这时对被考核者平时的工作已不可能有清楚的记录和印象，只能凭借主观感觉进行考核。有的企业则考核太过频繁，考核周期短到每月甚至每周一次，加重了组织者的工作负担，造成了不必要的人力资源浪费。其实考核频率的设置与考核的内容有关。比如，对于任务的绩效指标，可能需要较短的考核周期。每个企业应根据自身的情况确定考核周期，并将其作为一项明文规定，避免绩效考核流于形式。

在绩效考核过程中，有多种考核工具，如交错排序法、强制排序法、关键事件法和目标管理法等。每一种方法都有一定的使用范围与优缺点。因此，企业在考核工作中如果对考核方法选择不当，会使考核结果出现偏差。此外，由于缺少经验、专业能力不够强等原因，企业自行设计的各种考核表有时会出现考核项目含混不清、互相覆盖、缺乏具体尺度等问题，这些问题同样会使考核失真。

二、提高绩效考核有效性的建议

如何使绩效考核真正发挥作用，成为企业发展的现代化管理工具已刻不容缓地摆在管理者面前。对工作绩效进行真实考核，并保持对员工的有效激励和反馈，企业就能激发起每位员工的工作积极性和创新精神，推动其能力发展与潜能开发，形成一支高效率的工作团队。为了减少绩效考核中的偏差，提高绩效考核过程和结果的正确性，需要采取以下措施。

(一)制定客观、明确的考核标准

古人云："没有规矩，不成方圆。"在绩效考核中，应保证向所有的考核对象提供明确的工作绩效标准，完善企业的工作绩效评价系统，把员工能力与成果的定性考察与定量考核结合起来，建立客观而明确的管理标准，定量考核，用数据说话，以理服人。

绩效考核的内容要素必须根据工作分析而设，即由岗位职责及岗位对员工的素质要求确定哪些是完成工作所必需的绩效要素。绩效考核标准要明确：一是考核指标尽量以可量化的、实际观察的为主，同时应尽量简洁，否则会加大考核组织者的工作负荷；二是在确定考核指标时，要充分考虑企业自身特点，建立有针对性的、切实符合企业实际管理要求的指标体系。但无论在何种类型的企业中，考核指标体系大体上应包括以下几个方面，即工作任务完成的数量与质量，以及成本和费用控制及其能够影响到工作业绩的动机与态度、工作技能及个性特征等。同时要在"素质"与"业绩"间安排好恰当的比例与权重，在突出业绩的前提下兼顾对素质的要求。另外，在描述绩效考核要素时，最好用描述性的语言加以界定。比如，"杰出——在所有各方面的绩效都十分突出"，并且比其他人的绩效优异；"很好——工作绩效的大多方面明显超出职位的要求"，工作绩效是高质量的，并且考核期间一贯如此；"好——称职的和可信赖的工作绩效水平"，达到了工作绩效的要求。

(二)选择考核人员，进行培训

选用客观、公正的考核者来进行工作绩效考核，是使评价客观化的一个重要组成部分。一般情况下，绩效考核工作应当主要由能够直接观察到员工工作的主管承担，甚至由最了解员工工作表现的人承担。但是，由于主管不可能对下属的所有工作全部了解，他在考核下属时可能会强调某一方面而忽视其他方面。在《财富》排出的全球 1000 家大公司中，超过 90%的公司在绩效考核过程中应用了全视角绩效考核系统，即 360 度绩效考评体系。该系统通过不同的考核者(上级主管、同事、下属、顾客和本人等)从不同的角度来考核，从而全方位、准确地考核员工的工作业绩。

要在考核方案实施过程中保证考核的公正性和客观性，必须对承担主要考核职责的考核者进行培训，否则就容易出现诸如晕轮效应、趋中倾向、成见效应等倾向。进行考核培训，首先，通过培训提高考核者对绩效考核重要程度的认知水平，从而加强其对考核工作的重视和投入；其次，要指导考核者认真学习绩效考核的内容和各项考核标准，使其深刻了解整个考核结果；最后，要通过对考核者认真讲解各项考核指标的含义，使其把握对被考核者进行日常观察的关键点，从而提高其观察力与判断力。此外，还要让考核者了解在绩效考核过程中容易出现的问题、可能带来的后果，以避免这些问题的发生。

(三)注重绩效考核反馈，建立绩效面谈制度

绩效反馈的主要目的是改进和提高绩效。通过反馈，使被考核者知道自己在过去的工作中取得了何种进步，尚在哪些方面存在不足，有待在今后的工作中加以改进和提高。为了有效地反馈考评结果，应建立面谈制度。绩效面谈为主管与下属讨论工作业绩，挖掘其潜能，拓展新的发展空间，提供了良好的机会。同时上下级之间进行面谈，能够全面了解员工的态度和感受，从而加深双方的沟通和了解。

(四)选择合理的考核方法和考核周期

考核周期受很多因素的影响。第一，根据奖金发放的周期长短来决定员工绩效考核的周期。例如，在公共部门，每半年或者每一年分配一次奖金，因此对员工的业绩考核也要间隔半年或一年，在奖金发放之前进行一次。第二，根据工作任务的完成周期来决定业绩考核的周期。第三，根据员工工作的性质来决定业绩考核的周期。对于基层员工，他们的工作绩效可以在比较短的时间内得到一个"好"或者"不好"的评价结果，因此考核周期就可以相对短一些；而对于管理人员和专业技术人员，只有在比较长的时间内才能看到他们的工作绩效，因此对于他们的业绩考核周期就应该相对长一些。第四，如果管理人员负责考核的员工数量比较多，那么在绩效考核时期对管理人员来说工作负担就比较重，甚至可能因此影响到业绩考核的质量。因此，也可以采取离散的形式进行员工绩效考核，即当每位员工在本部门工作满一个评价周期时对这位员工实施绩效考核。这样可以把员工业绩考核工作的负担分散到平时的工作中。因此，企业应该根据实际情况选择合理的考核周期。人力资源管理对绩效考核周期的一个重要的观点是在一个重要的项目或者任务结束之后，或在关键性的结果应该出现的时候进行绩效考核。

为了避免考核方法不当而造成负面影响，企业在进行绩效考核时，要根据考核目的、考核内容等合理地选择考核方法。由于各种方法都有各自的适应性，所以考核的关键是企业应该选择适合自己特点的评价方法。员工的工作可以从不同的角度划分出许多特征。从工作环境来看，可以由非常稳定的工作环境到变动性很强的工作环境；从工作内容的程序性方面来看，可以由非常程序化的事务性的工作内容到非常定性的工作内容；从员工工作的独立性程度来看，可以由非常低的独立性要求到非常高的独立性要求。实际上每个员工的工作都是这三种因素的某种组合，相应地，对员工工作绩效的评价就需要有不同的方法。

(五)建立申诉等审核制度

本着对员工、对企业负责的态度，建立正式的申诉渠道和上级人事部门对绩效考核结果审查的制度。如果发生裁员或辞退事件，应整理相关的工作绩效考核书面材料，对裁员或辞退的原因作出解释，并妥善处理相关事宜。

任何公司的绩效考核都不是十全十美的，没有最好的绩效考核方法，只有最适合的方

法、非正式的考核方式或系统性的考核方式，不同规模、不同文化、不同阶段的公司要选用不同的方式。

绩效考核是一把"双刃剑"，好的绩效考核制度可以激活整个组织，但如果做法不当，可能会产生许多意想不到的结果。总之，要真正把绩效考核落到实处，企业在体系设计与组织实施的过程中，就必须有系统的眼光和思维，同时又要敢于迈开步伐，在实施绩效考核的过程中适时地推动组织的变革、前进，把公司推进为一个具有现代意识观念、行为模式以及能力结构的成长型企业。

本 章 小 结

本章系统地介绍了有关绩效考核的知识点。绩效考核是指企业在既定的战略目标下，运用特定的标准和指标，对员工的工作行为及取得的工作业绩进行评估，并运用评估的结果对员工将来的工作行为和工作业绩产生正面引导的过程和方法。

本章重点介绍了绩效考核的常见方法。

按评估的相对性和绝对性，绩效考核可以分为相对绩效考核法和绝对绩效考核法。相对绩效考核法主要包括简单排序法、交错排序法、配对比较法、强制分布法。绝对绩效考核法主要包括自我报告法、业绩评定表法、因素考核法、360度考核法。

按评估标准的类型，绩效考核可以分为特征导向型绩效考核法、行为导向型绩效考核法和结果导向型绩效考核法。

另外，本章还指出了绩效考核中存在的常见问题：考核依据的问题，考核者主观因素的问题、沟通与反馈的问题、考核周期与考核方法的问题。提出相应的对策建议：制定客观、明确的考核标准；选择考核人员，进行培训；注重绩效考核反馈，建立绩效面谈制度；选择合理的考核方法和考核周期；建立申诉等审核制度。

思 考 题

1. 什么是绩效考核？绩效考核与绩效管理的联系与区别是什么？
2. 常见的绩效考核方法有哪些？每种方法的优缺点是什么？

案 例 分 析

AB公司员工的绩效管理

AB公司，拥有员工1000人左右。总公司本身没有业务部门，只设一些职能部门；总公司下有若干子公司，分别从事不同的业务。绩效考评工作是公司重点投入的一项工作，公司的高层领导非常重视。人事部具体负责绩效考评制度的制定和实施。人事部在原有的考评制度的基础上制定了《中层干部考评办法》。在每年年底正式进行考评之前，人事部又出台了当年的具体考评方案，以便使考评达到可操作化程度。

公司的高层领导与相关的职能部门人员组成考评小组。考评的方式和程序通常包括被考评者填写述职报告、在自己单位内召开全体员工大会进行述职、民意测评(范围涵盖全体员工)、向科级干部甚至全体员工征求意见(访谈)、考评小组进行汇总写出评价意见并征求主管副总经理的意见后报公司总经理。

考评的内容主要包含三个方面：被考评单位的经营管理情况，包括该单位的财务情况、经营情况、管理目标的实现等方面；被考评者的德、能、勤、绩及管理工作情况；下一步工作打算，重点努力的方向。具体的考评细目侧重于经营指标的完成、政治思想品德，对于能力的定义则比较抽象。各业务部门(子公司)都在年初与总公司就自己部门的任务指标进行了讨价还价的过程。

对中层干部的考评完成后，公司领导在年终总结会上进行说明，并将具体情况反馈给个人。尽管考评的方案中明确说考评与人事的升迁、工资的升降等方面挂钩，但最后的结果总是不了了之，没有任何下文。对于一般员工的考评则由各部门的领导掌握。子公司的领导对于下属业务人员的考评通常是从经营指标的完成情况来进行的；对于非业务人员的考评，无论是总公司还是子公司均由各部门的领导自由进行。至于被考评人，很难从主管处获得对自己业绩优劣评估的反馈，只是到了年度奖金分配时，部门领导才会对自己的下属做一次简单的排序。

（资料来源：根据百度文库资料整理）

讨论题：

1. 绩效管理在人力资源管理中有何作用？这些作用在 AB 公司是否有所体现？
2. AB 公司的绩效管理存在哪些问题？如何才能克服这些问题？

第七章

绩 效 反 馈

【本章学习重点】

- 绩效反馈的本质、作用、内容
- 绩效反馈的形式
- 绩效反馈面谈的目的、原则、内容、过程及一般技巧

本章案例来源

【案例导入】

某公司的绩效反馈案例

(星期五上午九点，公司小会议室宽敞明亮，吴总顺手关上房门，在会议桌前坐下，王明侧坐在吴总右侧)

吴总：小王，今天我们打算用一或一个半小时的时间对你过去半年中的工作情况做一个回顾，在开始之前，我还是想先请你谈一谈我们做绩效管理的目的是什么。

王明：我觉得绩效管理有利于对优秀的员工进行奖励，特别是可以作为年底发放奖金的依据。不知我说得对不对，吴总？

吴总：你的理解与我们做绩效管理的真正目的有些偏差，这可能是由于我们给大家解释得不够清楚。事实上，我们实行绩效管理，是希望在实施绩效考核之后，能通过绩效反馈面谈，将员工的绩效表现——优点和差距反馈给员工，使员工了解过去一年中在工作上的得与失，以明确下一步改进的方向，同时也提供了一个沟通的机会，使领导了解下属工作的实际情况与困难，以确定可以提供哪些帮助。

王明(神情不好意思)：吴总，看来我理解得有些狭义了。

吴总(宽容地笑笑)：我们现在不又取得一致意见了吗？我们现在逐项讨论一下，你先做一下自我评价，看看我们的看法是否一致。

王明：去年我的主要工作是领导客户服务团队为客户提供服务，但是效果不是很令人满意，我们制定了一系列标准(双手把文件递给吴总)，但客户满意度仅为55%，距我们80%的计划相去甚远。这一项我给自己"合格"。

吴总：事实上我觉得你们的这项举措是很值得鼓励的。虽然结果不是很理想，我想可能是由于你们没有征询客户意见的缘故，但想法和方法都没有问题，我们可以逐步完善，这项我给你"优良"。

王明：谢谢吴总鼓励，我们一定努力。

吴总：下一个。

王明：在为领导和相关人员提供数据方面，我觉得做得还是不错的。我们从未提供不正确的数据，别的部门想得到的数据我们都会送到。这一项我给自己"优秀"。

吴总：你们提供数据的准确性较高，这一点是值得肯定的。但我觉得还有一些值得改善的地方，比如，你们的信息有时不及时，我认为还达不到"优秀"的等级，可以给"优良"，你认为呢？我想给你的总评价应该是B，你觉得呢？

王明：谢谢，我一定会努力的。

吴总：下面我们来讨论你今后需要保持和改进的地方，对此你有什么看法？

王明：我觉得我最大的优点是比较有创造性，注重对下属的人性化管理，喜欢并用心培养新人。最大的缺点是不太注重向上级汇报工作，缺乏有效的沟通。

吴总：我觉得你还有一个长处，就是懂得如何有效授权，知人善任，但有待改进的是你在授权后缺乏有力和有效的控制。我相信，你是一个有领导力的年轻人，今后的发展方向是做一个优秀的客服经理，培养一个坚强有力的团队，为公司创造更好的业绩。

王明：好的，谢谢吴总。

分析：绩效反馈是使员工了解与其绩效有关信息的绩效管理手段，是绩效沟通的最主要形式，也是绩效管理过程中的重要环节。其目的是根据绩效考核的结果，通过考核者与被考核者之间的沟通，对被考核者积极的方面进行肯定、强化，对其不足之处提出改进方案与措施，从而实现员工绩效的提升。

(资料来源：根据网络资料整理)

第一节　绩效反馈概述

一、绩效反馈的内涵

绩效反馈是绩效管理过程中的一个重要环节。它主要通过考核者与被考核者之间的沟通，就被考核者在考核周期内的绩效情况进行面谈，在肯定成绩的同时，找出工作中的不足并加以改进。绩效反馈的目的是让员工了解自己在本绩效周期内的业绩是否达到预定的目标，行为态度是否合格，让管理者和员工对评估结果达成一致的看法；双方共同探讨绩效不合格的原因所在，并制订绩效改进计划，同时，管理者要向员工传达组织的期望，双方对下一个绩效周期的目标进行探讨，最终形成一个绩效合约。由于绩效反馈在绩效考核结束后实施，而且是考核者和被考核者之间的直接对话，因此，有效的绩效反馈对绩效管理起着至关重要的作用。

二、绩效反馈的作用

绩效反馈是绩效考核的最后一步，是由员工和管理人员一起，回顾和讨论考评的结果，如果不将考核结果反馈给被考评的员工，考核将失去极为重要的激励、奖惩和培训功能。因此，有效的绩效反馈对绩效管理起着至关重要的作用，如图7-1所示。

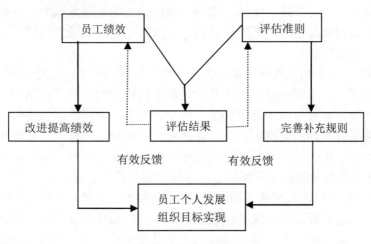

图 7-1　绩效反馈的作用

绩效反馈的具体作用有以下几点。

(1) 有效的反馈可以使员工真正认识到自己的潜能，从而知道如何发展自我。

(2) 有效的反馈可以使员工相信绩效考核是公平、公正和客观的，否则员工就有可能怀疑绩效考核的真实性。由于绩效考核与被考核者的切身利益息息相关，考核结果的公正性就成为员工关心的焦点。而考核过程是考核者履行职责的能动行为，考核者不可避免地会掺杂自己的主观意志，导致这种公正性不能完全依靠制度的改善来实现。绩效反馈较好地解决了这个问题，它不仅让被考核者成为主动因素，更赋予其一定权利，使被考核者不但拥有知情权，更拥有发言权；同时，通过程序化的绩效申诉，有效地降低了考核过程中的不公正因素所带来的负面效应，在被考核者与考核者之间找到结合点、平衡点，对整个绩效管理体系的完善起到积极作用。

(3) 通过反馈面谈，管理者与员工双方可以就工作中出现的某些问题探讨改进措施，并共同制订工作绩效提升计划，可以促使绩效考评者认真对待考核工作，而不是仅凭个人好恶进行考核。绩效考核结束后，当被考核者接到考核结果通知单时，在很大程度上并不了解考核结果的来由，这时就需要考核者就考核的全过程，特别是被考核者的绩效情况进行详细介绍，指出被考核者的优缺点，并对被考核者的绩效提出改进建议。

三、绩效反馈的内容

绩效反馈的内容包括以下几个方面。

(1) 通报员工当期绩效考核结果。通过对员工绩效结果的通报，使员工明确其绩效表现在整个组织中的大致位置，激发其改进现在绩效水平的意愿。在沟通这项内容时，主管要关注员工的长处，耐心倾听员工的声音，并在制定员工下一期绩效指标时进行调整。

(2) 分析员工绩效差距和确定改进措施。绩效管理的目的是通过提高每一名员工的绩效水平来促进企业整体绩效水平的提高。因此，每一名主管都负有协助员工提高其绩效水平的职责。改进措施的可操作性与指导性来源于对绩效差距分析的准确性。所以，每一位主管在对员工进行过程指导时都要记录员工的关键行为，按类别整理，分成高绩效行为记录与低绩效行为记录。通过表扬与激励，维持与强化员工的高绩效行为。此外，主管还要通过对低绩效行为的归纳与总结，准确地界定员工绩效差距。在绩效反馈时反馈给员工，以期员工绩效得到改进与提高。

(3) 沟通协商下一个绩效考评周期的工作任务与目标。绩效反馈既是上一个绩效考评周期的结束，也是下一个绩效考评周期的开始。在考核的初期明确绩效指标是绩效管理的基本思想之一，需要各主管与员工共同制定。各主管不参与会导致绩效指标方向性偏差，员工不参与会导致绩效目标不明确。另外，在确定绩效指标的时候一定要紧紧围绕关键指标内容，同时考虑员工所处的内外部环境的变化，而不是僵化地将季度目标设置为年度目标的四分之一，也不是简单地在上一期目标的基础上累加几个百分比。

(4) 确定任务与目标相匹配的资源配置。绩效反馈不是简单地总结上一个绩效周期员工的表现，更重要的是要着眼于未来的绩效周期。在明确绩效任务的同时确定相应的资源配置，对主管与员工来说是一个双赢的过程。对于员工来说，可以得到完成任务所需要的资源。对于主管来说，可以积累资源消耗的历史数据，分析资源消耗背后可控成本的节约途径，还可以综合有限的资源情况，使有限的资源发挥出最大的效用。

四、如何做好绩效反馈

众所周知，企业绩效考核的作用，不仅在于对员工一年的工作态度、能力和业绩作出科学、客观、公正的评估，更在于如何应用绩效考核的成果，使之为提升员工个人整体素质服务。要实现绩效考核的这一目标，就必须建立和完善绩效考核的反馈机制。而如何做好绩效反馈，至少要从以下四个方面入手。

(1) 制定反馈规范。员工绩效考核反馈是一项十分慎重、严肃的工作，为了使这项工作有条不紊地开展，提高反馈的效果，很有必要制定反馈规范，如态度规范、语言规范、时间和场合的规范等。

(2) 落实反馈人员。企业人力资源部要做好绩效考核反馈人员的落实工作，一般来说，员工的绩效考核反馈由其主管负责，部门经理的绩效考核反馈则由企业副总经理负责。

(3) 确定反馈方式。员工绩效考核反馈有多种方式，如互动交流式、指导建议式、批评帮助式、心理暗示式等。上级领导在同下属员工进行绩效考核反馈时，其选择反馈的形式应因员工绩效考核的具体状况而定。

(4) 整理反馈结果。员工绩效考核反馈的沟通意见，是绩效考核的重要成果，作为员工绩效考核的反馈者，要善于整理反馈意见。一方面，能为指导、帮助员工改进工作绩效服务；另一方面，所整理的反馈意见，可作为员工绩效考核的重要资料。

第二节　绩效反馈的形式

员工绩效反馈有多种方式，如互动交流式、指导建议式、批评帮助式、心理暗示式等。按照不同的标准划分出的结果也不尽相同。

一、绩效反馈的分类

(一)按照反馈方式分类

绩效反馈一般可分为语言沟通、暗示以及奖惩等方式。

(1) 语言沟通。语言沟通是指考核人将绩效考核通过口头或书面的形式反馈给被考核者，对良好绩效者加以肯定，对不良业绩者予以批评。

(2) 暗示方式。暗示方式是指考核者以间接的形式(如上级对下级的亲疏)对被考核者的绩效予以肯定或否定。

(3) 奖惩方式。奖惩方式是指通过货币(如加薪、奖金或罚款)或非货币(如提升、嘉奖或降级)形式对被考核者的绩效进行反馈。

(二)按照反馈中被考核者的参与程度分类

绩效反馈根据被考核者的参与程度不同，可分为三种：指令式、指导式、授权式。

(1) 指令式。其主要特点是管理者只告诉员工他们所做的哪些是对的，哪些是错的；他们应该做什么，下次应该做什么。员工的任务是听、学，然后按管理者的要求去做事情。

(2) 指导式。其主要以教与问相结合为特点。这种方式以管理者和员工为中心，同时管理者对所反馈的内容更感兴趣。

(3) 授权式。其主要特点是以问为主、以教为辅，完全以员工为中心。管理者主要对员工回答的内容感兴趣，而较少发表自己的观点，而且注重帮助员工独立地找到解决问题的办法。

(三)按照反馈的内容和形式分类

内容和形式是决定一个事物最重要的两个方面，采取何种反馈方式在很大程度上决定着反馈的有效与否。根据反馈的内容和形式，绩效反馈可以分为正式反馈和非正式反馈两类。

(1) 正式反馈，属于一种正规的、有程序化的反馈方式，通常会在正规场合或以正规形式将信息反馈给递交者。正式反馈虽然有一定的强制性，但同时也有很强的有效性。比如在办公室、会议室这样的正规场合给予正式反馈，有着很强的有效性和一定的强制性。正式反馈中，给予的是标准的答案和要求，员工需要根据答案和要求等进行改进或者努力。

(2) 非正式反馈，属于一种临时交流的反馈。通常以交谈、辅导等方式，通过面对面交流，告知对方所需要的答案，或者解决问题。它不具备合同性，但却能拉近双方距离，同时，一个好的非正式反馈更能激发员工的主观能动性。它可以在任何地方进行，餐桌上或办公室里，提前准备好建议或者材料，在一个时间段内进行交流探讨，从而了解员工所需要的答案和要求，并通过事后调整，促使员工改进。但非正式反馈不具备合同性，事后仍然需要一份正式反馈作为备份。

两种反馈方式有着截然不同的表现形式，所以，什么时候用什么样的反馈，什么时候同时使用，需要经理人作出正确的选择。不过，正常情况下，通常会先通过非正式反馈进行交流，随后通过正式反馈进行确认和备份。

实践中，具体采用什么方式，受到众多因素影响：①反馈信息传递的有效性；②反馈的质量；③反馈提供者的被信任度；④反馈的内容或性质；⑤是否可以找到反馈提供者；⑥是否鼓励主动寻求反馈的行为。所以，在适当的场合如何有效地使用这两种反馈，需要考虑众多因素。否则，再好的反馈，如果用错了地方，也就没有任何意义了。

二、绩效反馈面谈与绩效反馈

绩效反馈面谈是绩效反馈中的一种正式沟通方法，是绩效反馈的主要形式，正确的绩效反馈面谈是保证绩效反馈顺利进行的基础，是绩效反馈发挥作用的保障。为此，我们特别单列一节来介绍。

第三节　绩效反馈面谈

一、绩效反馈面谈的内涵及目的

(一)绩效反馈面谈的内涵

绩效反馈面谈是指管理者要对员工的绩效表现进行交流与评价，确定员工本周期绩效表现，然后根据结果，与员工进行一对一、面对面的绩效沟通，将员工的绩效表现通过正式的渠道反馈给他们，让员工对自己表现好的方面和表现不好的方面都有全面的认识，以便在下一个绩效周期做得更好，达到改善绩效的目的。

(二)绩效反馈面谈的目的

尽管许多管理者都知道绩效反馈面谈的重要性，但是，有的企业仍然在工作中忽视绩效反馈面谈这个环节，从而影响了改进绩效的效果，也无法实现绩效反馈面谈的目的。一般而言，绩效反馈面谈的主要目的有以下几点。

1. 对绩效评估结果达成共识

对同样的行为表现，不同的人往往有不同的看法。管理者对员工的评估代表的只是管理者的看法，而员工可能会对自己的绩效有另外的看法，因此，双方必须进行沟通以达成共识，这样才能制订下一步的绩效改进计划。

2. 使员工认识到自己的成就和优点

每个人都有被他人认可的需要。当一个人作出成就时，他需要得到其他人的承认或肯定。因此，绩效反馈面谈的一个很重要的目的就是使员工认识到自己的成就或优点，从而对员工起到积极的激励作用。

3. 指出员工有待改进的方面

人无完人，优秀员工的工作绩效中仍然存在能够进一步改进的方面，在绩效反馈面谈中有必要指出，这对于员工个人的成长与发展是非常重要的。

4. 制订绩效改进计划

在双方对绩效评定的结果达成一致意见之后，员工和管理者可以在绩效反馈面谈过程中共同制订绩效改进计划。通过绩效反馈面谈，双方可以就改进绩效的方法和具体的计划进行充分沟通。

5. 协商下一个绩效管理周期的目标和绩效标准

绩效管理是一个往复不断的循环。一个绩效管理周期的结束，同时也是下一个绩效管理周期的开始。因此，上一个绩效管理周期的绩效反馈面谈可以与下一个绩效管理周期的绩效计划面谈结合在一起进行。在制定绩效目标的时候就可以参照上一个绩效周期中的结果和存在的待改进的问题,这样既能使员工的绩效得到改进,又可以使绩效管理活动连贯起来。

二、绩效反馈面谈的原则

绩效反馈面谈的原则如下。

1. 经常性原则

绩效反馈应当是经常性的,而不应当是一年一次。这样做的原因有两点:首先,管理者一旦意识到员工在绩效管理中存在缺陷,就有责任立即帮助员工进行弥补。如果员工的绩效在 1 月份时就低于标准要求,而管理人员却非要等到 12 月份再去对绩效进行评价,这就意味着企业要蒙受 11 个月的生产率损失。其次,绩效反馈过程有效性的一个重要决定因素是员工对于评价结果基本认同。因此,考核者应当向员工提供经常性的绩效反馈,使他们在正式的评价过程结束之前就基本知道自己的绩效评价结果。

2. 对事不对人原则

在绩效反馈面谈中双方应该讨论和评估的是工作行为和工作绩效,也就是工作中的一些事实表现,而不是讨论员工的个性特点。员工的个性特点不能作为评估绩效的依据,比如个人性格的活泼或者沉静。但是,在谈到员工的主要优点和缺点时,可以谈论员工的某些个性特征,但要注意这些个性特征必须是与工作绩效有关的。例如,一个员工个性特征中有不太喜欢与人沟通的特点,这个特点使他的工作绩效受到影响,这种关键性的影响绩效的个性特征还是应该被指出来的。

3. 多问少讲原则

发号施令的经理很难实现从上司到"帮助者""伙伴"的角色转换。我们建议管理者在与员工进行绩效沟通时遵循 80/20 法则:80%的时间留给员工,20%的时间留给自己。而自己在这 20%的时间内,可以将 80%的时间用来发问,20%的时间用来"指导""建议""发号施令",因为员工往往比经理更清楚自己在本职工作中存在的问题。换言之,要多提好问题,引导员工自己思考和解决问题,自己评价自己的工作进展,而不是发号施令,居高临下地告诉员工应该如何做。

4. 着眼未来的原则

绩效反馈面谈中很大一部分内容是对过去的工作绩效进行回顾和评估,但这并不等于说绩效反馈面谈集中于过去。谈论过去的目的并不是停留在过去,而是从过去的事实中总结出一些对未来发展有用的东西。因此,任何对过去绩效的讨论都应着眼于未来,核心目的是制订未来发展计划。

5. 正面引导原则

不管员工的绩效考核结果是好还是坏,一定要多给员工鼓励,至少让员工感觉到:虽然我的绩效考核成绩不理想,但我得到了一个客观认识自己的机会,我找到了应该努力的方向，并且在我前进的过程中会得到主管人员的帮助。总之，要让员工把积极向上的态度带到工作中去。

6. 制度化原则

企业必须为绩效反馈建立一套制度，只有将其制度化，才能保证其能够持久地发挥作用。

三、绩效反馈面谈的内容

与绩效反馈一样，绩效反馈面谈通常也是围绕员工上一个绩效周期的工作开展的，一般包括以下四个方面内容。

1. 工作业绩

工作业绩的综合完成情况是考核者进行绩效反馈面谈时最重要的内容，在面谈时应将评估结果及时反馈给被考核者，如果被考核者对绩效评估的结果有异议，则需要和其一起回顾上一绩效周期的绩效计划与绩效标准，并详细地向其介绍绩效评估的理由。通过对绩效结果的反馈，总结绩效达成的经验，找出绩效未能有效达成的原因，为以后更好地完成工作打下基础。

2. 行为表现

除了绩效结果外，主管还应该关注被考核者的行为表现，比如工作态度、工作能力等，对工作态度和工作能力的关注可以帮助被考核者更好地完善自己，并提高员工的技能，也有助于帮助员工进行职业生涯规划。

3. 改进措施

绩效管理的最终目的是改善绩效。在面谈过程中，针对被考核者未能有效完成的绩效计划，考核者应该和被考核者一起分析绩效不佳的原因，并设法帮助下属提出具体的绩效改进措施。

4. 新的目标

绩效反馈面谈作为绩效管理流程中的最后环节，考核者应在这个环节中结合上一个绩效周期的绩效计划完成情况，并结合被考核者新的工作任务，和被考核者一起提出下一个绩效周期中的新的工作目标和工作标准，这实际上是帮助被考核者一起制订新的绩效计划。

表7-1所示为绩效反馈面谈的一个工作表格，我们可以通过该表格加深对绩效反馈面谈内容的了解。

表 7-1　面谈工作表格

面谈内容		
具体内容		

	内　容	原　因
主要强项		
主要弱项		

下一步行动方案

差距	下阶段目标	行动方案	负责人	改进所需时间	所需支持

备注：事业机会、职务安排、培训建议

四、绩效反馈面谈的过程

(一)绩效反馈面谈前的准备

为了实现绩效反馈面谈的目的，必须做好充分的准备，由于绩效反馈面谈是考核者与被考核者双方的责任，各自均应做好绩效反馈面谈准备。

1. 主管人员(考核者)应做的准备

(1) 选择适宜的时间：双方空闲时间，时间段安排要适当(每人最好控制在 40 分钟以内)，尽量避开整点时间。

(2) 选择适宜的地点：不受干扰、封闭式，最好不要面对面坐。

(3) 准备面谈的资料：收集各种与绩效相关的信息资料(如原始记录、员工业绩报告、计划总结等)，这些资料要有规范的、正式的形式，沟通之前必须对这些资料非常熟悉。

(4) 计划好面谈的程序和进度。

2. 员工应做的准备

(1) 收集与先前绩效有关的资料，进行自我总结，自我评估。

(2) 准备好个人的发展计划。

(3) 准备好提出的问题。

(二)绩效反馈面谈的过程

绩效反馈面谈的过程并没有严格的规定，但基本上是由经理来主导，具体如下。

1. 开场白

在绩效反馈面谈的开始阶段，管理者应该向面谈对象简要说明面谈的目的和基本程序。管理者可以从一个轻松的话题入手，帮助下属放松心情，使下属能够在面谈中更好地阐明自己的看法。当然，如果下属能够很好地了解面谈的目的，并为面谈做好了充分的准备，那么开门见山是最好的选择。

2. 面谈的实施

在绩效反馈面谈的实施阶段，管理者和面谈对象要就绩效评价结果、绩效改进计划深入交换意见，达成共识。一般来讲，管理者要先就下属的上一周期绩效表现做一个总体的回顾，并告知其绩效评价结果。对于下属表现好的方面，管理者要适时地鼓励；对于绩效不佳的方面，要采取建设性沟通的方式，注意沟通的方式方法。如果下属对绩效评价结果有异议，管理者要耐心倾听，并就存在争议的问题给出合理满意的答复。然后，管理者和面谈对象要就导致绩效不良的原因进行分析，找出问题所在并共同制订绩效改进计划和符合员工自身实际情况的个人发展计划。最后，管理者要与下属就下一个绩效管理周期的工作任务、工作目标及其衡量指标等进行商定，并签订绩效计划协议书。

3. 面谈的结束

当面谈的目的已经达到或由于某些原因无法取得预期进展时，应当适时地结束面谈。在绩效反馈面谈的结束阶段，管理者要对面谈对象进行正面激励，让面谈对象鼓足干劲，以满怀斗志的状态开始下一个绩效周期的工作。

(三)效果评估

效果评估也叫面谈反省，在绩效反馈面谈结束后，主管可以根据对以下问题的回答来检测面谈的效果。

(1) 面谈过程中是否有人打扰？

(2) 面谈过程中，我的下属是否比较紧张？

(3) 面谈过程中，我是否经常打断下属的谈话？

(4) 我是否真正在倾听下属阐述自己的意见？

(5) 在评价下属的绩效表现时，我是否使用了"非常糟糕""差劲"等极端化的字眼？

(6) 如果进行下一次绩效反馈面谈，我的方式是否有需要改变的地方？

(7) 当我对下属的观点不满时，我是否理智地克服了自己的情绪？

(8) 此次面谈，我是否达到了自己的目的？

(9) 当下属对某些绩效结果有异议时，我是否有充分的理由或者证据说服他？

(10) 此次面谈，我是否为下属改善绩效提供了指导性建议？

(11) 此次面谈，我的下属是否充分发表了自己的建议？

(12) 面谈结束时，我的下属是否对未来充满信心？

(13) 我对此次面谈过程是否感到满意？

(14) 通过此次面谈，我是否和下属增加了彼此间的了解和认识？

五、绩效反馈面谈的技巧

绩效反馈面谈的技巧一般有九种。

1. 选择一个安静的环境

绩效反馈面谈的环境非常重要，因为环境会影响一个人的心情，所以在面谈中让下属保持轻松的心情非常重要。选择面谈的环境一般要注意以下几点：①噪声一定要小，尽量不要受外界环境的干扰，面谈双方一定要将手机关闭；②最好不要在办公室里面谈，以免受到其他人员干扰，打断正常的面谈；③面谈时最好不要有第三者在场。

2. 营造彼此信任的氛围

信任是沟通的基础，绩效反馈面谈实际上是上下级之间就绩效达成情况的一次沟通，所以，同样需要在面谈双方之间营造信任的氛围。信任的氛围可以让下属感觉到温暖和友善，这样下属就可以更加自由地发表自己的看法。信任首先来自平等，所以，在面谈中双方尽量不要隔着桌子对坐，利用一个圆形的会议桌更容易拉近与下属的距离。信任还来自尊重，当下属发表意见时，主管要耐心地倾听，不要随便打断，更不要武断地指责。

3. 明确绩效反馈面谈的目的

在开始进行绩效反馈面谈时，主管就应该向下属表明面谈的目的，以便下属能够清楚面谈的意义以及面谈的内容。在阐述面谈的目的时，主管应尽可能使用比较积极的语言，比如，"我们今天面谈的主要目的是讨论如何更好地改善绩效，并且在以后的工作中需要我提供什么指导，以便我们能够共同完成目标。"

4. 鼓励下属充分参与

一次成功的绩效反馈面谈是互动式的面谈，在面谈过程中双方应进行有效的互动沟通。主管应避免填鸭式的说服，即使对下属工作有不满意的地方，仍需要耐心倾听下属的真正想法。如果下属是一个非常善于表达的人，就尽量允许他把问题充分暴露出来。如果下属不爱说话，就给他勇气，多一些鼓励，同时尽量用一些具体的问题来引导下属多发表看法。

5. 关注绩效和行为而非个性

在面谈中要坚持"对事不对人"的原则，下属可能在某些个性方面有欠缺，但在绩效反馈面谈中主管应重点关注下属的绩效表现，如果下属个性方面的欠缺和工作无关，则尽量不要发表意见。

6. 以事实为依据

如果主管发现下属在某些方面的绩效表现不好时，尽量收集相关信息资料，并结合具体的事实指出下属的不足之处，这样不仅可以让下属心服口服，更能让下属明白业绩不佳的原因，有利于下属更好地改进工作。以事实为依据要求主管平时要注意观察下属的行为表现，并能够养成随时记录的习惯，从而为绩效反馈面谈提供充足的信息。

7. 避免使用极端化字眼

如果下属的业绩表现欠佳，一些主管在和下属面谈时容易情绪化，甚至使用一些非常极端化的字眼。极端化的字眼包括"总是、从来、从不、完全、极差、太差、绝不、从未、绝对"等语气强烈的词语。比如，"你对工作总是不尽心，总是马马虎虎。""你这个季度的业绩太差了，简直是一塌糊涂。""你从未让我满意过，照这样下去，在公司绝对没有任何发展前途。"极端化字眼用于对否定结果的描述时，一方面，下属认为主管对自己的工作评价缺乏公平性与合理性，从而增加不满情绪；另一方面，下属受到打击，会感到心灰意冷，并怀疑自己的能力，对制订未来计划缺乏信心。因此，主管在面谈时必须杜绝使用极端化字眼，多使用中性字眼，而且注意用相对缓和的语气。

8. 灵活运用肢体语言

肢体语言在沟通中也发挥着重要作用，主管可以灵活运用肢体语言为双方的沟通营造信任的氛围。一是身体姿势的选择。如果主管坐在沙发上，不要陷得太深或身体过于后倾，否则会使员工产生被轻视的感觉，也不要正襟危坐，以免使员工过分紧张。二是注视方法的选择。面谈时，主管不应长时间凝视员工的眼睛，也不应目光游移不定，这些都会给员工造成心理上的负担。比较好的方式是将员工下巴与眼睛之间的区域作为注视范围，进行散点柔视，这样不仅使员工对主管增加亲切感，也能促使员工认真聆听评价结果。

9. 以积极的方式结束面谈

面谈结束时，主管应该让下属树立起进一步把工作做好的信心。同时，要让下属感觉到这是一次非常难得的沟通，使他从主管那里得到了很多指导性的建议。这就要求主管在面谈结束时使用一些技巧，用积极的方式结束面谈。比如，可以充满热情地和员工握手，并真诚地说："我感觉今天的沟通效果非常好，也谢谢你以前所做出的成绩，希望将来你能够更加努力地工作，如果需要我提供指导，我将全力帮助你。"

本 章 小 结

本章系统地介绍了绩效反馈的本质、目的、内容、方法及具体流程等内容。绩效反馈是绩效管理过程中的一个重要环节。它主要通过考核者与被考核者之间的沟通，就被考核者在考核周期内的绩效情况进行面谈，在肯定成绩的同时，找出工作中的不足之处并加以改进。绩效反馈的目的是让员工了解自己在本绩效周期内的业绩是否达到所定目标，行为态度是否合格，让管理者和员工双方达成对评估结果的一致看法；双方共同探讨绩效不合格的原因所在并制订绩效改进计划；同时，管理者要向员工传达组织的期望，双方对下一个绩效周期的目标进行探讨，最终形成一个绩效合约。

绩效反馈的形式有很多种，其中最主要的方法是绩效反馈面谈。所谓绩效反馈面谈，是指管理者要对员工的绩效表现进行交流与评价，确定员工本周期绩效表现，然后根据结果，与员工进行一对一、面对面的绩效沟通，将员工的绩效表现通过正式的渠道反馈给他们，让员工对自己表现好的方面和表现不好的方面有全面的认识，以便在下一个绩效周期做得更好，达到改善绩效的目的。

绩效反馈面谈既是一项技术，也是一项艺术，没有固定模式，需要管理者与员工相互配合，共同去学习。

思 考 题

1. 什么是绩效反馈？绩效反馈有什么作用？
2. 绩效反馈的具体形式有哪些？
3. 绩效反馈的原则和内容是什么？
4. 什么是绩效反馈面谈？如何进行有效的绩效反馈面谈？

案 例 分 析

一次不成功的绩效反馈面谈

在一个周三下午，安徽合肥高新区某 IT 公司销售部员工张三被其主管赵经理请到了二楼会议室。张三进门时，看见赵经理正站在窗户边打电话，脸色不太好看。大约五分钟后，赵经理匆匆挂了电话说："刚接到公司一个客户的电话……前天人力资源部部长找我谈了谈，希望我们销售部能带头实施绩效反馈面谈。我本打算提前通知你，好让你有个思想准备。不过我这几天事情比较多，而且我们平时也常沟通，所以就临时决定今天下午和你聊聊。"

等张三坐下后，赵经理接着说："其实刚才是蚌埠的李总打来电话，说我们的设备出问题了。他给你打过电话，是吧？"张三一听，顿时紧张起来："经理，我接到电话后认为他们自己能够解决这个问题，就没放在心上。"张三心想：这李总肯定向赵经理说我的坏话了！于是张三神情愈加紧张，脸色也变得很难看。

"不解决客户的问题怎么行呢？现在市场竞争这么激烈，你可不能犯这种低级错误呀！这件事等明天你把它处理好，现在先不谈了。"说着赵经理拿出一张纸，上面有几行手写的字，张三坐在对面没看清楚。赵经理接着说："这次的绩效考评结果我想你也早就猜到了，根据你的销售业绩，你今年业绩最差。小张呀，做市场是需要头脑的，不是每天出去跑就能跑到业务的。你看和你一起进公司的小李，多能干，你要向他多学着点儿！"张三从赵经理的目光中先是看到了批评与冷漠，接着又看到了他对小李的欣赏，张三心里感到了刺痛。

"经理，我今年的业绩不佳，那是有客观原因的。蚌埠、淮南等城市经济落后，产品市场还不成熟，跟江浙地区不能比。为了开拓市场，我可费了很多心血才有这些成绩的。再说了，小李业绩好那是因为……"张三似乎有满肚子委屈，他还想往下讲却被赵经理打断了。"小张，你说的客观原因我也能理解，可是我也无能为力，帮不了你啊！再说，你来得比他们晚，他们在江浙那边已经打下了一片市场，有了良好的基础，我总不能把别人做的市场平白无故地交给你啊。你说呢？"赵经理无奈地看着张三说。"经理，这么说我今年的奖金倒数了？"张三变得沮丧起来。

正在这时销售部的小吴匆匆跑来，让赵经理去办公室接一个电话。赵经理匆匆离去，让张三稍等片刻。于是，张三坐在会议室里，心情忐忑地回味着经理刚才讲过的话。大约过了三分钟，赵经理匆匆回到了会议室并坐下来。"我们刚才谈到哪儿了？"赵经理显然把话头丢了。张三只得提醒他说到自己今年的奖金了。

"小张，眼光要放长远，不能只盯着一时的利益得失。今年业绩不好，以后会好起来的。你还年轻，很有潜力，好好干会干出成绩来的。"赵经理试图鼓励张三。"我该怎么才能把销售业绩做得更好呢？希望经理你能多帮帮我呀！"张三流露出恳切的眼神。"做销售要对自己有信心，还要有耐心，慢慢来。想当年我开辟南京市场时，也是花了近一年的时间才有了些成效。那个时候公司规模小，总经理整天带着我们跑市场。现在我们已经有了一定的市场占有率了，公司知名度也有所提高，现在比我们那时候打市场要容易多了。"

张三本正打算就几个具体的问题请教赵经理时，赵经理的手机突然响了，他看了一眼号码，匆忙对张三说："我要下班接儿子去了，今天的面谈就到这里吧，以后好好干！"说罢匆匆地离开了会议室，身后留下了一脸困惑的张三……

（资料来源：根据网络资料整理）

讨论题：

1. 上述案例是一个不成功的绩效反馈面谈，你认为主要存在哪些问题？
2. 结合上述案例谈谈绩效反馈面谈有什么意义。如何才能做好绩效反馈面谈？

第八章

绩效考核结果的调整与应用

【本章学习重点】

- 绩效考核结果应用的原则
- 绩效考核结果应用的具体领域

本章案例来源

【案例导入】

绩效考核指标的设置

国内一家著名的钢铁公司，在三峡工程招标时，由于某项指标过低没有中标，回来之后集团公司给炼钢分厂下达了一道命令，要求他们在一个月之内必须将指标提上来，但是半年后这项指标仍然没有变化。对此，集团公司没有采取简单的行政办法，如将炼钢分厂的厂长解职，而是派了小组进行实地考察，看看为什么时隔半年，这项指标还没有提高。小组成员在考察中发现，集团公司对分厂的考核是70%的数量指标，30%的质量指标，这样炼钢分厂就宁愿放弃30%的质量指标，来追求70%的数量指标。因此调研小组给集团公司写了一个报告，将分厂的考核指标调一下位置，结果只用了一个月的时间，这项指标就提上来了。

分析： 上面是通过绩效考评结果发现问题、解决问题、改进绩效的案例，也可以从中看出绩效考评体系的建立可以有效地引导员工的行为。考核就像一个指挥棒，有什么样的考核项目，就会导致什么样的员工行为。反过来讲，如果一家企业想要改变员工的行为，就要改变考核的项目与形式，并公开考核结果，及时地对员工进行反馈。考核是引导员工行为符合组织目标的一种行之有效的方法，一定要充分地利用好绩效考评结果。

(资料来源：根据网络资料整理)

第一节 绩效考核结果的调整及应用原则

每到一年一度的绩效考核工作开始的时候，H公司除了忙着做本年度的会计决算和来年的财政预算外，经理和员工又开始了一年一度的被他们称之为表演的绩效考评了。人力资源部将表格发给各个部门，让员工和各级管理者自己在上面打分，然后派人收齐，在上面签名，再交给人力资源部。人力资源部根据考核结果计算员工的奖金，纸面上的工作都按人力资源部的要求完成了，人力资源部也很满意，于是每个人又都结束表演回到"现实的工作"中去。忙碌一时的绩效考评工作就这样"完成"了。实际上，在绩效考评结束后，绩效考核结果除了体现在薪酬设计上，还可以有很多其他的用途。

一、绩效考核结果的调整

不同岗位的工作性质和难易程度不同，会造成考评时得分难易程度的差异，导致考评结果的不尽合理与公平，所以在考核时对某些特殊岗位的实际考评结果，应设定不同的系数，对考评结果进行适当的修正与调整。调节系数设定等级如表8-1所示。

不同岗位的工作性质、难易程度不同，因此，取得相同的分数时，不同岗位的员工所付出的努力是不同的，所以对不同岗位员工的绩效考评结果进行系数调整有其合理之处。

表 8-1　M 公司不同岗位绩效考评结果系数调整表(示例)

职位状况	调整系数
1.同时兼顾多部门工作或从事多项不同性质的工作,复杂程度高,需要创新,工作关系范围很广,工作频率高	5
2.兼顾管理与具体工作,工作琐碎、复杂,接触面广,工作量较大	0
3.常常同时从事多项工作,有一定的复杂程度,工作量超过正常的岗位	1.05
4.长期从事程式化操作工作,不需要创新,复杂程度不高,工作量一般	0.95

二、绩效考核结果的应用原则

(一)以人为本,促进员工的职业发展

员工绩效评价的根本目的在于调动员工的工作积极性,进而实现企业整体的组织目标。因此,评价者必须向员工个人反馈评价的结果,提出他们已达到或未达到预定目标的反馈信息。反馈要坚持"以人为本"的原则,采取诚恳、坦诚、能让员工接受的方式,使员工了解到自己的成绩与不足,清楚自己的努力方向和改进工作的具体做法,从而促进员工的发展。

(二)将员工个体与组织紧密联系起来,促进员工与企业共同成长和发展

企业的发展离不开个体的成长,企业不能单方面要求员工修正自己的行为和价值观等来适应组织的需要,企业要参与到员工的职业生涯规划的指导与管理中,将员工发展纳入组织管理的范围,从而实现组织与个人共同成长。据此,企业在评价员工工作绩效时要注意评价员工所在的各级组织的绩效,避免个人英雄主义,增强全局观念和集体观念,使员工意识到个体的高绩效与企业的高绩效紧密相关、个人的成长与企业的成长联系在一起,进而明白个人的目标和企业的目标是紧密联系的,个人应为企业实现目标做出贡献,在企业的成长中使自己得到成长和发展。

(三)统筹兼顾,综合运用,为人事决策提供科学依据

员工绩效评价结果可以为企业对员工的合理使用、培养、调整、优选、薪酬发放、职务晋升和奖励惩罚等提供客观依据,从而规范和强化员工的职责和行为,提升企业人事工作的效率,不断强化员工的选聘、留用或解聘、培训、考核、晋升、奖罚的政策导向,建立完善的竞争、激励和淘汰机制。

第二节　绩效考核结果的具体应用

绩效考核是一个正式的工作反馈渠道,对于上级而言,它是一种责任;而对于员工而言,它则是获得评价的一项权利。为了把这个责任和权利发挥得更充分,也就是发挥出绩

效考核最大的功效，对考核结果予以合理的运用是非常必要的。总体来说，绩效考核的结果大致有两种用途：一是用于绩效改进工作；二是用于人力资源管理相关的工作。

一、绩效考核结果与绩效改进

(一)绩效改进的指导思想

绩效改进的过程：首先，必须明确绩效改进工作的指导思想；其次，要分析员工的绩效考核结果，找出员工绩效中存在的问题；最后，要针对存在的问题制定合理的绩效改进方案，并确保其能够有效地实施。而绩效改进的指导思想主要体现在以下几个方面。

(1) 绩效改进是绩效考核的后续工作。绩效改进是在绩效结果与标准比较的基础上根据职位需求确定的。所以，绩效改进的出发点是对员工现实工作的考核，不能将这两个环节的工作割裂开来考虑。绩效标准的确定应该是客观的，而不是主观任意的，只有找到标准绩效与实际绩效之间的差距(而非员工与员工之间绩效的差距)，才能明确绩效改进的需求。进行员工之间比较的考核，只能恶化员工之间的关系，增加员工对绩效考核的抵触情绪；而进行人与标准比较的考核，由于有了客观评判的标准，员工从心理上更能接受绩效管理，因为他们明白绩效管理的目的确实是为了改进他们的绩效。

(2) 绩效改进必须自然地融入到部门日常管理工作之中，才有其存在价值。绩效改进不是管理者的附加工作，不是企业在特殊情况下追加给管理者的特殊任务，它是管理者日常工作的一部分。在实践中，一些企业管理者把绩效面谈、绩效改进当成一种负担，不愿意花时间认真对待，或按照程序走形式。当然，绩效改进要自然地融入到日常管理工作中，一方面有赖于优秀的企业文化对管理者和员工进行理念灌输，使他们真正认可绩效改进的意义和价值；另一方面有赖于部门内双向沟通的制度化、规范化，这是做好绩效改进工作的制度基础。

(3) 帮助被考评人改进绩效、提升能力，与完成管理任务一样都是管理者义不容辞的责任。管理者不应该以"没有时间和精力""绩效改进效果不明显"等理由对其加以推脱。对绩效管理的一个普遍的误解是，管理者常常认为它是"事后"讨论，其目的仅仅是抓住那些犯过的错误和绩效低下的问题，这实际上并不是绩效管理的核心。绩效管理并不是以放大镜的形式来找员工的不足之处，它是为了防止问题发生，找出并清除通向成功的障碍，从而提高被考评人的业绩和能力，以免日后付出更大的代价。所以，管理者应该勇于承担绩效改进的责任。

(二)绩效改进的原则

绩效改进的原则如下。
(1) 及时性原则：时机是很重要的，要及早指出，及时处理。
(2) 客观性原则：应彻底及客观地调查。
(3) 改进性原则：给予员工改善的劝告和机会。
(4) 正式性原则：以正式的文件明确下来。
(5) 协商性原则：采取行动前，应与高层管理者和人力资源顾问进行协商。

(三)绩效改进主要过程

1. 绩效诊断与分析

绩效诊断与分析是绩效改进过程的第一步，它源于绩效考核反馈、绩效面谈，事关绩效改进提高的关键。绩效诊断表如表 8-2 所示。

表 8-2　绩效诊断表

影响绩效的维度		绩效不良的原因	备　注
员工	知识		
	技能		
	态度		
主管	辅导		
	其他		
环境	内部		
	外部		

绩效诊断的过程如下。

(1) 通过分析考核结果，找出关键绩效问题和不良绩效员工。关键绩效问题是通过对比实际的绩效状态与期望(标准)的绩效状态之间的差距而得出来的。期望的绩效状态是组织为保持其竞争优势，保证长期生存和发展所确定的，它是与顾客需求以及任务要求相适应的，并有可能实现的绩效水平。期望的绩效可以参照同等条件下同行业内具有一流水准的企业所达到的绩效加以确定。实际的绩效状态则是目前已达到的绩效水平，它由组织成员的现有知识、技能、态度和组织环境等因素决定，一般可以通过"四因素法"来分析，如图 8-1 所示。绩效考核结果不及格的员工可定义为不良绩效员工，不良绩效员工大致包括以下几类：①无法做到合理品质(数量标准)的员工；②对其他员工的态度起负面影响的员工；③违反企业伦理或工作规则的员工；④基本上不认同公司价值体系的员工；⑤其他行为不当的员工。对不同类型的不良绩效员工，采取的改进措施也是不同的。

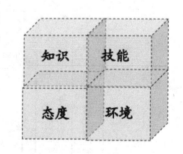

图 8-1　四因素分析法

(2) 针对关键的绩效问题，考虑企业的现有资源和绩效责任主体(不良绩效员工)，大致确定绩效改进的方向和重点，为绩效改进方案的制定做好准备。需要注意的是，这里并不能确定具体的绩效改进方案，因为要制定绩效改进方案，必须综合考虑各种因素，如预算的限制、是否有固定的绩效改进部门以及选择哪些绩效改进工具等。

2. 考虑可能解决的办法

所有可能改进绩效的方法应列于一张表上，并加以分类为：下属能做的、主管能做的，以及应改善的环境等。其中主管能做的包括：①参加主管会议；②工作轮换；③与公司里的专家研讨；④研读手册和程序说明；⑤参加技术部门的研修活动；⑥暂时调派至其他部门。

经相关研究，上述主管人员成长与发展活动的效果是逐渐减弱的。当准备绩效改进计划时，这些都是可考虑的方法。除此之外，工作之外的活动，也是绩效改进计划的重要内容，其中最普遍的是参加活动、读书、积极参与专业组织。

3. 确立绩效改进计划

不管绩效计划形态如何，当主管与下属一起制订出来时，主管必须义不容辞地担负起最后完成的责任。这一责任包括下列五项内容。

(1) 确定下属了解这项计划。

(2) 如果环境发生变动，此计划需改变，则应与下属协商，并将改变部分写于原计划书上。

(3) 到期前应定期提醒下属，以使其能按照计划进行。

(4) 不断地协助下属完成计划。

(5) 如果某部分计划未按进度完成，给予纠正。

至于要如何担负起上述五项责任而又不至于遭到下属抱怨，就要看主管和下属之间的互信程度了。对于下属来说，同意实施绩效改进计划，是在职辅导的前提或第一步。主管既然已经负起完成计划的重担，同样，下属也应视之为己任，或是在有事情发生妨碍到计划完成时，下属应立即反映给主管。当计划不切实际时，就要加以修正。

当然，绩效考核结果除了用于绩效改进以外，还可以用于人力资源管理其他职能模块。具体来说，绩效管理与人力资源管理其他职能模块之间的关系可以参考图 8-2。

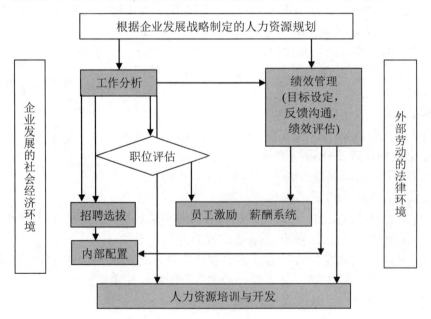

图 8-2　绩效管理与人力资源管理其他职能模块之间的关系

二、绩效考核结果与人力资源规划

(一)人力资源规划的含义

人力资源规划是指使企业稳定地拥有一定质量和必要数量的人力，以实现包括个人利益在内的组织目标而拟定的一套措施，从而求得人员需求量和人员拥有量之间在企业未来发展过程中的相互匹配。它包括三个方面的含义，具体如下。

(1) 从组织的目标与任务出发，要求企业人力资源的质量、数量和结构符合其特定的生产资料和生产技术条件的要求。

(2) 在实现组织目标的同时，也要满足个人的利益。

(3) 保证人力资源与未来组织发展各阶段的动态适应。

(二)人力资源规划的内容

人力资源规划的内容，也就是它的最终结果，主要包括两个方面。

(1) 人力资源总体规划，是指在计划期内人力资源管理的总目标、总政策、实施步骤及总预算的安排。

(2) 人力资源业务计划，包括人员补充计划、人员分配计划、人员接替和提升计划、教育培训计划、工资激励计划等。人力资源规划内容涉及人员补充、培训、分配使用、晋升、工资等具体方面及其内在联系，因此在制订各项业务计划时应注意它们之间的平衡与协调。

(三)绩效考核在人力资源规划中的运用

人力资源规划中，绩效评估是进行人员需求和供给预测的一个重要基础，通过对员工工作业绩以及态度能力的评价，企业可以对员工的状况作出判断，如果员工不符合职位要求，就要进行相应的调整，这样造成的职位空缺就形成了需求预测的一个来源；同时，对于具体的职位来说，通过绩效评估可以发现企业内部有哪些人能够从事这一职位，这也是内部供给预测的一个重要方面。

其具体表现在以下几个方面。

(1) 提供高效度的人力资源信息。人力资源信息包括的内容有员工调整情况，员工的经验、能力、知识、技能的要求，以及员工的培训、教育等情况。这些信息可以从员工绩效评估的记录中调出，员工绩效评估结果的有效运用必将极大地提高信息的准确性和有效性。

(2) 清查内部人力资源情况。清查内部人力资源情况后可以明了组织内部是否有大材小用和小材大用的情况发生，还可以明确哪些员工可以从组织内部填充，哪些员工需要从外部招聘。这些都有助于人力资源规划的进行。

(3) 预测人员需要。通常认为商业因素是影响人员需要类型、数量的重要变量，进行人力资源规划要学会在分析这些因素的基础上，对未来人力资源的需求作出正确预测。此时可以运用绩效评估的结果来协助人员的预测工作。

三、绩效考核结果与员工的招聘

企业因扩大业务范围或原有职位的员工离职而产生职位空缺时，往往需要从企业内部进行选拔或从社会上招聘新员工，在企业的选拔与招聘过程中，绩效考核的结果发挥着重要作用。

(一)对招聘有效性的检测

对企业来说，招聘是有成本的，而且，招聘的成本还可能不低，比如广告费、宣传费、招聘工作人员的人工成本等，还包括招聘到的人员并不适合企业而给企业带来的损失。因此，很多企业都很重视对应聘人员的素质测评和招聘的其他筛选手段。这些手段的有效性如何，可以根据他们进入实际工作岗位后的绩效考核结果进行检测。把这些人员的绩效考核结果和他们申请工作时的测验结果相比较，通过分析，就可以作出判断。通过检测，可以对招聘筛选的方法与检测手段进行改进，从而提高招聘的有效性。

(二)对招聘筛选的参考

通过绩效考核的结果和其他反馈，人力资源管理人员就对企业内各个岗位优秀人员所应具有的优秀品质与绩效特征有了一定的理解，这些理解将给招聘工作的筛选提供有益的参考。例如，通过对企业中优秀销售员的绩效特征进行分析，发现主要是能吃苦、有耐心等，那么，在招聘销售员时应挑选什么样的人，就不言而喻了。

四、绩效考核结果与薪酬管理

(一)薪酬管理概述

1. 薪酬及薪酬管理的含义

薪酬是指员工向其所在单位提供所需要的劳动而获得的各种形式补偿，是单位支付给员工的劳动报酬。薪酬包括经济性薪酬和非经济性薪酬两大类，经济性薪酬分为直接经济性薪酬和间接经济性薪酬。

薪酬管理，是指在组织发展战略指导下，对员工薪酬支付原则、薪酬策略、薪酬水平、薪酬结构、薪酬构成进行确定、分配和调整的动态管理过程。薪酬管理要为实现薪酬管理目标服务，薪酬管理目标是基于人力资源战略设立的，而人力资源战略服从于企业发展战略。

2. 薪酬管理的作用

薪酬不但关系到企业的成本控制，还与企业的产出或效益密切相关。虽然薪酬本身不能直接带来效益，但可以通过有效的薪酬战略及其实践，用薪酬交换劳动者的活劳动，劳动力和生产资料结合创造出企业财富和经济效益。这样，薪酬就与企业的经济效益密不可分，对企业具有增值功能。

薪酬是企业人力资源管理的工具。管理者可以通过有效的薪酬战略及其实践，反映和评估员工的工作绩效，即将员工表现出来的不同工作绩效，报以不同的薪酬，从而促进员工工作数量和质量的提高，保护和激励员工的工作积极性，以提高企业的生产效率。

薪酬的激励作用已受到越来越多的重视，成为现代公司治理中的研究重心，薪酬激励机制的合理与否关系到员工的积极性，关系到公司的业绩，甚至公司的未来发展。薪酬激励的方式大体分为两种模式，即年薪、奖金、津贴等短期激励模式和包括股权激励、限制性股票、股票增值权、管理层持股、激励基金等在内的中长期激励模式。

表 8-3 所示为薪酬管理作用的调查表。

表 8-3　薪酬管理作用调查表

排　序	管理者	专业人员	事务人员	钟点工
1	薪酬	晋升	薪酬	薪酬
2	晋升	薪酬	晋升	稳定
3	权威	挑战性	管理	尊重
4	成就	新技能	尊重	管理
5	挑战性	管理	稳定	晋升

(二)绩效考核结果在薪酬管理中的作用

薪酬管理中最重要的工作就是评定员工薪酬等级和业绩加薪。为了确定某个员工的固定工资(年薪)，必须对员工进行定薪考评。由于固定工资(年薪)是关系到员工长期绩效的重要部分，因此应该对员工的能力和绩效等方面进行综合考评。定薪考评主要考察员工以下四方面的绩效和表现情况：①工作业绩；②工作态度；③核心能力；④专业技能。

这些考评项目和指标在组织的绩效考评系统中都已经涉及了，因此，人力资源部门只要将以往的考评结果按照以上各项目进行统计分析就可以得到员工薪酬等级评定所需的数据，然后根据定薪考评结果划分薪资等级，各员工按照自己的考评结果对号入座。固定工资(年薪)一旦确定下来，通常不会轻易改变，如果某位员工的工作绩效特别优异或特别差，人力资源部门将会相应地进行岗位和薪资级别的调整。对员工固定工资(年薪)定级后，每年要再次对员工进行绩效考评，根据考评结果和当年企业经营业绩，对不同绩效的员工除了给予奖金外，还可以实行基于绩效的加薪，作为今后年薪升级的依据。

五、绩效考核结果与员工职业发展

员工职业发展的前提是有一个员工自身的职业生涯规划。职业生涯规划是一个关注员工长远发展的计划，它是根据员工目前绩效水平与长期以来的绩效提高过程和员工协商制定的一个长远的有关工作绩效和工作能力改进提高的系统计划，明确员工在企业中的未来发展途径。其不仅对员工目前绩效进行反馈，还可以增加员工对企业的归属感和满意度，是促进员工绩效提升的强大的动力。

从个人发展角度看，绩效考核结果为评价个人优缺点和提高工作绩效提供了一个反馈的渠道，无论处在哪个工作层次的员工，绩效考核结果都有助于其消除潜在的问题，并为员工制定新的目标以达到更高的绩效水平；有助于为员工制订发展和成长计划，有助于改善员工的工作方式，为提高员工工作绩效建立了一个合理的基础，使管理者在绩效考核中的角色由法官转变为教练，承担着督导与培训责任，建立主管与员工之间的绩效伙伴关系。

六、绩效考核结果与人事政策调整

(一)职位(级)晋升

企业在发展过程中，因业务扩展或原有职位的员工离职而产生职位空缺时，内部选拔和招聘往往是企业补充人才空缺的重要途径，选拔往往表现为职位的晋升或薪资的增加，相应地，被选拔者所承担的责任也增大，所需的知识、经验、技能也更多。在内部选拔和招聘过程中，绩效考评结果发挥着举足轻重的作用。在绩效考评结果中，业绩又是最重要的，在考评分数中占有很高的比重，很多企业的绩效中，业绩占 70%。好的业绩意味着较高的工作质量、较高的工作效率以及较低的工作误差，因此，企业将业绩考评结果作为人才选拔的先决条件，以鼓励员工创造出更高的业绩。但是如果仅凭业绩高低选拔人才，则可能导致企业的员工被选拔到不称职或不胜任的职位上。因为业绩是过去行为的结果，业绩优秀表明该员工胜任现在的工作职位，但并不一定能证明他有能力胜任将要被选拔到的工作职位。因此，在人才选拔过程中，绩效结果中的能力指标和道德素质指标的考评分数也是选拔的制约条件。

传统上，晋升意味着管理职位的提升或向管理职位的提升，如员工升为科长、科长升为处长或经理、经理升为副总经理等，但是，管理职位在企业中是稀缺资源，是相当有限的，如果企业把管理职位的提升作为晋升的唯一通道，对广大员工和专业人员是不公平的，而且，企业中的管理人员会越来越多，而优秀的普通员工和专业人才会越来越少，不利于企业的长远发展。因此，对于绩效优秀的员工，职位晋升不宜频繁地使用，而应设立不同的职位等级族，在不改变现在工作职位或岗位的基础上，可以提升他们的职位等级，如1～8 级技工、1～5 级主管、1～5 级经理。这样，企业就形成了以职位族为基础的晋升通道，借助于绩效考评的结果，来实现科学的职位优化和绩效激励。

(二)职位(级)降低

在一个企业里，绩效优秀的员工可以升职，绩效低劣的员工也可以降职。降职(级)是把某位绩效低劣的员工调到低一级职位或保留原来职位而降低等级，由此工资也会相应低一级。一个人被降职(级)时，通常会情绪激动，在同事中失去自尊，感到被出卖、尴尬、愤怒和失望，其工作绩效可能会进一步降低，所以，企业在使用降职时应谨慎。一般来说，这种人事调动是以绩效考评结果为依据的，也是公正、合理、理所当然的。但是，人力资源部门在对某人作出降职决定时，也应该注意方式方法，事先征求当事人的意见，应该充分肯定当事人为公司所做的贡献，努力维护当事人的自尊，并说明晋升通道是永远畅通的，只要他在今后的工作中表现优秀，符合晋升条件，还有机会被提拔上来。这样就可以在企业里营造一种员工能上能下、能升能降的良好工作氛围，真正达到通过绩效来激励员工努力工作的理想效果。

(三)职位调动

职位调动是指企业内员工的横向移动，调动可以由人力资源部门提出，也可以由员工提出申请。调动可以满足以下几种目的。

第一，可以满足企业调整组织结构的需要，通过绩效考评，可以反映出组织机构设置的效率，当组织机构不合理，影响整体运营效率时，就可以考虑对组织机构进行调整，相应地进行人员调动；第二，有利于优化人力资源配置，将合适的人调配到合适的岗位上，对于工作绩效总是表现一般的员工，也许换个岗位更有利于发挥他的潜能，在另一个岗位上，他的工作绩效可能会很出色；第三，有利于缓解紧张的人际关系给员工绩效带来的压力，有的企业在实施绩效考评制度时，片面重视个人绩效和能力，员工们为了个人绩效而互相排挤，尤其是在实行"末位淘汰"制的企业，人人自危，团队合作精神十分淡薄，员工关系十分紧张，有的人换个环境后可能绩效表现得更好。

(四)解雇

解雇就是淘汰企业中无法完成预期绩效目标或者表现出拙劣绩效水平的员工，因此，绩效考评结果往往成为员工优胜劣汰的晴雨表。

常用的解聘员工办法是"末位淘汰"制，这是企业纯粹为了追求高绩效所采用的一种极端手段。随着市场竞争的加剧，"末位淘汰"制在全球企业界被普遍采用，有资料显示，美国已有20%的企业采用了类似的制度，其中包括著名的高盛、微软、美国运通和惠普等公司。越来越多的国内企业也开始采用"末位淘汰"这一法宝，深圳华为公司鲜明地指出：一切员工在公司长期工作的基础是诚实劳动和胜任本职工作，通过坚定不移地铲除沉淀层，保持市场压力在公司内部的无依赖传递。但是，"末位淘汰"在实际运用中也有许多负面效应。

第一，由于员工对"末位淘汰"目的的误解，可能导致内部过度竞争，部门之间、个人之间不合作，例如，为避免"教会徒弟，淘汰师傅"，老员工不愿意"传帮带"新员工。

第二，由于经验不足，导致操作过程的不公平。例如，有的企业通过员工互评来产生"末位员工"，留下了平庸的老好人，淘汰了有潜力的但不注意人际关系的"棱角分子"。

第三，强制性的"末位淘汰"容易使员工产生不稳定情绪，员工难以产生归属感和主人翁责任感，更不可能产生献身精神，因此员工忠诚度很低。

第四，企业实施"末位淘汰"制以后，对绩效差的员工往往一脚踹开，容易忽略员工的在职培训，从市场上招聘来的新员工可能又难以满足企业的需要，这样企业可能会陷入"淘汰—招聘—再淘汰"的恶性循环，人力资源开发不足最终可能导致人力资源的长期匮乏。

第五，新员工被招聘进来之后，往往并不能马上适应工作，工作绩效与老员工相比可能差距很大，新员工的绩效损失加上原来被淘汰员工的补偿，实际管理成本会有所上升。

本 章 小 结

绩效考核结果的运用在"以人为本、把员工与企业联系在一起、统筹兼顾"的原则上，有着更具体的应用，比如在绩效改进、人力资源规划、员工的招聘、薪酬管理、员工职业的发展、人事政策调整等方面的应用尤为突出。绩效管理是现代人力资源管理的重要组成部分，而绩效考核又是绩效管理中最重要的一环，这一点已经形成共识。

思 考 题

1. 绩效考评结果应用应该遵循什么样的基本原则？
2. 绩效考评结果主要可运用于哪些具体领域？

案 例 分 析

绩效考核在办公室中的应用

山东省某烟草专卖局主要负责专卖执法、卷烟经营等工作，公司现有资产2.9亿元，占地8万平方米，建筑面积3.6万平方米，现有职工近2000人。近年来，公司发展迅速，营业额逐年上升，逐渐由增长型企业转变为成长型企业。企业的快速发展给企业的管理带来了新的要求，而绩效管理作为构建企业核心竞争力、促进企业由增长型向成长型转变的有力管理工具，也得到公司决策层的高度重视。在实际管理过程中，该公司对绩效管理体系的搭建进行了积极的探索，经过数十年的努力，该公司的绩效管理体系取得了一定的成效，已经建立了较为完善的基层业务单位绩效管理体系。但是，对公司下属十几个职能部门尤其是办公室部门的绩效考核仍存在一定的问题，部门的考核成绩基本无差异，"大锅饭"现象严重，也有部分员工抱怨考核不公平。究竟现行的绩效管理体系出了哪些问题，又该如何对办公室的职能人员进行公平、公正的考核成了该公司管理者和人力资源管理部门的难题。经过相关专家仔细研究发现：公司领导层对绩效管理体系的搭建非常重视，且为保障绩效考核的公平性，该公司成立了考核小组，考核小组成员主要由各部门员工兼职。办公室虽然不是企业的核心部门，但是却发挥着极其重要的作用，该公司现行的办公室绩效考核指标体系是由部门基于自身工作职责进行梳理的，但其考核标准不明确，更多的是定性描述，其中，对于办公室职能人员的绩效考核以考核人员打分为主。近年来，在领导的大力支持下，该公司的绩效考核开展得如火如荼，但是，公司领导发现虽然办公室的职能人员的工作量、工作质量有明显差异，但职能人员的绩效考核得分却一直以来相差无几。这也难怪，由于是国有企业，考核者与被考核者常年在一起工作，碍于面子或人际关系，当然不会轻易给被考核者扣分。面对每次提交上来的几乎没有任何差异的绩效考核成绩单，公司领导大为恼火，于是明确要求严格执行绩效考核标准，职能人员的考核成绩必须有所差异，结果"上有政策，下有对策"，办公室的考核出现"轮流坐庄"的现象，即考核小组与被考核部门商定每个考核期内各部门考核得分的排名情况，各部门轮流得分最高或最低。几个月过去了，办公室正暗自得意的时候，领导又发现了绩效考核得分的"马脚"。在领导的再次严格要求下，考核小组不得不严格按照绩效考核指标对办公室职能人员进行打分，工作任务繁重、经常加班的员工，往往是扣分最多的员工，而工作清闲的员工，反而得分最高，真可谓"洗的碗越多，打的碗越多"，引起员工们的强烈不满。

(资料来源：根据百度文库资料整理)

讨论题：

1. 烟草公司办公室的绩效考核究竟出了什么问题？原因何在？
2. 请为烟草公司办公室的绩效考核设计一套改进方案。

第九章

目标管理法

【本章学习重点】

- 目标管理法的内涵
- 目标管理法的特点
- 绩效考核中的目标管理法
- 目标管理法的问题和改进

本章案例来源

【案例导入】

爱丽丝的故事

"请你告诉我，我该走哪条路？"爱丽丝说。

"那要看你想去哪里？"猫说。

"去哪儿无所谓。"爱丽丝说。

"那么走哪条路也就无所谓了。"猫说。

——摘自刘易斯·卡罗尔的《爱丽丝漫游奇境记》

分析：这个故事讲的是人要有明确的目标，当一个人没有明确目标的时候，自己不知道该怎么做，别人也无法帮到你！天助先要自助，当自己没有清晰的目标的时候，别人说得再好也是别人的观点，不能转化为自己的有效行动。

(资料来源：根据网络资料整理)

第一节　目标管理概述

一、目标管理的概念与内涵

(一)目标管理的概念

美国管理大师彼得·德鲁克(Peter F. Drucker)于 1954 年在《管理的实践》中最先提出了"目标管理"的概念，其后他又提出"目标管理和自我控制"的主张。德鲁克认为，并不是有了工作才有目标，而是相反，有了目标才能确定每个人的工作。所以"企业的使命和任务，必须转化为目标"，如果一个领域没有目标，这个领域的工作必然被忽视。因此管理者应该通过目标对下级进行管理，当组织最高层管理者确定了组织目标后，必须对其进行有效分解，转变成各个部门以及各个人的分目标，管理者根据分目标的完成情况对下级进行考核、评价和奖惩。

目标管理提出以后，便在美国迅速流传。时值第二次世界大战后西方经济由恢复转向迅速发展的时期，企业急需采用新的方法调动员工积极性以提高竞争力，目标管理的出现可谓应运而生，遂被广泛应用，并很快为日本、英国、法国等国家的企业所仿效，在世界管理界大行其道。

什么叫目标管理？经典管理理论对目标管理的定义为：目标管理是以目标为导向，以人为中心，以成果为标准，而使组织和个人取得最佳业绩的现代管理方法。因此，目标管理亦称"成果管理"，是指在企业个体职工的积极参与下，自上而下地确定工作目标，并在工作中实行"自我控制"，自下而上地保证目标实现的一种管理办法。具体来说，它有以下几层含义：①目标管理是组织中的上级和下级一起协商，根据组织的使命确定一定时期内组织的总目标；②目标管理将组织总目标层层分解，落实到每个部门及个人；③目标管理最后以分解后目标的完成情况作为考核组织、部门及个人业绩的依据；④目标管理是通过员工的自我管理来实现企业经营目标的一种管理方法。

(二)目标管理的内涵

1. 目标的含义

研究目标管理，首先要明白什么是目标，然而从不同层面、不同角度对目标的理解也不完全一样。

目标，就是"努力的方向"。

目标，是在一定时间内，所要达到的、具有一定规模的期望标准。

目标，就是计划，给自己的人生确定一个你希望达到的场景，就是人生目标。

目标，就是个人、部门或整个组织所期望的成果。

成功等于目标，其他一切都是这句话的注解。

2. 目标的特征

从管理学角度来看，目标具有以下特征。

(1) 层次性：指目标是由多个层次构成的，对企业来说可分为高层、中层和基层，分别对应企业的各级管理岗位；从职能管理上又分为一级、二级和三级，即企业级、部门级、班组级。通过要素、任务的结合把目标分为相互交织又相互作用的层次，从而使目标更加清晰。

(2) 阶段性：指目标的实现过程可以分为几个阶段，通过阶段性目标的完成，为总目标的实现打下基础。阶段性目标可能是递进的，也可能是分片的，不管哪一种，都是为了保证最终目标的实现。

(3) 功效性：任何目标都是为了达成未来的一种状态和结果，因此具有显著的功效性。对企业而言，就是通过生产能满足社会需要的产品而创造经济效益，在此基础上不断地提高员工的物质文化生活水平。目标的功效性可以起到激励人奋进、促进组织发展的作用。

(4) 可分解性：指目标不但要指示方向，还要可分解为多方面的具体目标和任务。对企业来说，首先要有基本目标，如实现利润、完成产值和销售收入、提高员工收入和市场占有率、明确技术改造和发展方向等。在基本目标的指导下，企业内各部门要把基本目标按职责分解落实为部门的具体目标和工作任务。在各部门分解的基础上，由企业内的目标管理部门进行汇总和平衡，最终以目标任务书的形式下发给部门。

3. 目标管理的本质

正确理解目标管理的本质，可以从以下三个方面入手。

(1) 目标管理不是对目标的管理，而是通过目标实现管理。

(2) 目标管理注重对实现目标的过程的管理，它不直接考核员工的工作行为，而是考核员工完成既定目标的情况。

(3) 目标管理通过目标的设置来激发人的动机，指导人的行为，使人的需要、欲望与企业目标挂钩，从而调动人们的积极性。

二、目标管理的特点

(一)目标管理的基本特点

目标管理在指导思想上是以道格拉斯·麦格雷戈(Douglas McGregor)的 Y 理论为基础的，即认为在目标明确的条件下，人们能够对自己负责。其具体方法上是泰勒科学管理的进一步发展，它与传统管理方式相比有鲜明的特点，可概括为以下几个方面。

1. 目标管理是一种"自我管理"

目标管理是一种参与的、民主的、自我控制的管理制度，也是一种把个人需求与组织目标结合起来的管理制度。在这一制度下，目标管理强调"人性化"，始终以目标来激励人们，追求自我管理、自我约束；上级与下级的关系是平等、尊重、依赖、支持的，下级在承诺目标和被授权之后是自觉、自主和自治的。

2. 目标管理是一种参与式管理

目标管理主张全员参与，让全体员工自行设定目标；员工既是目标的实现者，同时也是目标的制定者。

3. 目标管理是一种成果管理

目标管理以制定目标为起点，以目标完成情况的考核为终结。工作成果是评定目标完成程度的标准，也是人事考核和奖评的依据，成为评价管理工作绩效的唯一标志。至于完成目标的具体过程、途径和方法，上级并不过多干预。所以，在目标管理制度下，监督的成分很少，而控制目标实现的能力却很强。

4. 目标管理是一种环环相扣的系统管理

目标管理通过专门设计的过程，将组织的整体目标逐级分解，转换为各单位、各员工的分目标。从组织目标到经营单位目标，再到部门目标，最后到个人目标。在目标分解过程中，权、责、利三者已经明确，而且相互对称。这些目标方向一致，环环相扣，相互配合，形成协调统一的目标体系。只有每个员工都完成了自己的分目标，整个企业的总目标才有完成的希望。

(二)目标管理与目标设定的区别

目标管理作为一种方法有着广泛的使用价值，但它不是万能的，不能取代企业的专项管理。以下将目标管理与传统的企业目标设定进行比较。

(1) 从内容上看，传统的目标设定法的目标分解是单方向的、直线型的，目标分解主要由企业中负责计划的人员来完成，缺少反馈过程和横向协调；而目标管理法则是要求建立一种以企业总目标为中心、上下左右协调一致的目标体系，强调的是员工自主管理和自我控制。

(2) 从特点上看，传统的目标设定由于是一个单向的过程，员工在执行中缺乏主动性，容易造成制定目标与执行目标上的差异，不利于企业目标的实现；而目标管理则贯彻了全员参与的思想，目标的制定要靠一定的企业文化支持，因此实现了对员工行为的引导、激励和控制的有机统一。

三、影响目标管理的因素

(一)影响目标管理的结构性因素

影响目标管理的结构性因素主要表现在领导制度、组织结构和人员素质三个方面。

1. 领导制度方面的影响

领导制度的一个根本原则是责权对称，只有这样才有利于推行目标管理。但从企业的实际情况看，往往有两种偏向，一是权力大而责任小，导致权力滥用；二是权力小而责任大，会造成削弱权力或放弃领导。这两种偏向都会对推行目标管理造成不利影响，使目标的制定、展开、实施、成果评价和奖惩兑现难以进行。

2. 组织结构方面的影响

目标管理的各项分工，目标的制定、分解和执行，以及必要的决策权的行使，总要依靠相应的组织机构。在同样的条件下，企业组织机构的不同设置和人员配备，对目标管理产生着不同的影响。企业组织机构的设置能否适应目标管理的要求，如是否有领导分工负责，是否有健全的监督和控制机构，以保证目标管理的顺利推行，将影响目标管理的实施及其功能的发挥。因此，要推行目标管理，一个关键问题是不能在职能分工上产生组织空白、人浮于事和滥竽充数。

3. 人员素质方面的影响

一个企业的目标管理方案再好，如果没有一大批掌握各种专门知识和技能、思想素质好、工作作风过硬的人员去实施，仍然不能达到预期的效果。

(二)影响目标管理的过程性因素

1. 目标管理程序

目标管理是一种有组织的活动，它在客观上要求建立起必要的程序。程序是"事情进行的先后次序"。在目标管理过程中，这种"先后次序"可以在两个方面体现出来。一是等级程序。企业总目标要被逐级地分解和贯彻，从而构成目标的等级链。在绝大多数情况下，这个等级链是与企业内部组织结构的等级关系相对应的。因此，企业最高层所确定的管理目标，是其下属各部门制定有关目标的前提；反之，下属部门要为高层决策提供信息和事实依据。二是过程程序。目标管理不是简单的"拍板定案"，而是在各级人员参与下分工进行的系统工程，因而要求目标管理过程本身的计划性，以及能把这些分工进行的工作组织起来的制度，即"办事程序"。这些办事程序既有成文的，也有口头和惯例的。当前企业目标管理的计划性不强，有关制度即"办事程序"不完备，职工参与意识减弱，影响着目标管理的效果。

2. 目标制定方法

目标制定既需要规范的程序，又需要科学的方法。目标制定的方法是作为一种投入因素加入目标制定过程中的。因此，它本身质量的高低及其与相关因素的结合，直接影响企业目标管理方案的产出质量和速度。

3. 目标管理成果评价

成果评价是目标管理全过程中不可缺少的、十分重要的一环。对目标达到的程度、复杂困难程度和主观努力程度自下而上地进行恰如其分的评价，赖以实施合理奖惩，才能使目标管理善始善终。但在进行这一工作时，往往会失之偏颇，忽视其中某一方面而不能合理地作出评价，以致造成奖罚不当，挫伤职工的积极性。

四、目标管理的优缺点

(一)目标管理法的优点

目标管理法经过实践检验，其优点是显而易见的。与其他管理方法相比较而言，目标管理法的优点主要体现在以下几个方面。

(1) 促进沟通，改善企业内部的人际关系。通过实施目标管理法，增强了员工之间、企业领导之间的相互沟通，培育了员工的团队意识，因此减少了相互猜疑和相互间的不信任。

(2) 确定企业的努力目标，提高工作效率。目标一旦确定，就会成为部门和员工的努力方向。为了实现目标，大家必然会努力工作，想方设法地促成目标，一改以往的依照领导安排开展工作的被动局面，因此工作效率会有很大的提高。

(3) 消除部门的本位主义，扫除集权控制。目标管理法的实施，要求企业内各部门必须紧紧地围绕企业目标的实现来开展工作，而不是各自为政、追求部门利益的最大化。当部门目标与企业目标发生冲突时，部门必须无条件地服从企业目标的要求，有时甚至要牺牲部门的利益，因此目标管理加强了部门之间的合作，对本位主义是一个冲击。

(4) 激发员工的潜能，提高员工士气。目标往往具有前瞻性，如何实现目标也是对员工工作能力的考验。如果激励措施得力，完成目标对员工也具有诱惑力，因此在目标实现的过程中可以将员工的潜力激发出来，从而鼓舞了员工的士气。

(5) 使管理评估具体可行。传统的管理方式对于单位及人员的考核采用主观的看法和考核，多是按照员工的个性或其工作习惯来考核员工。在这种考核方式下，员工的个人努力程度很难表现出来，也容易造成员工的不满和随意性。而目标管理法要求员工参与目标的制定和成果的设定，因此可以客观地对人员的工作能力用其预期达成目标和实际完成情况进行比较，以此评价员工的绩效，从而为管理评估提供了客观的评价依据。

(6) 有助于管理者检查、评估自己和下属的工作绩效。通过实施目标管理法，使得管理者本身不论衡量自己还是考核别人均有了客观依据，消除了管理者喜欢戴着有色眼镜看人的现象，员工的不满也可以得到化解，也更能促使员工为达到更高的目标而努力。

(二)目标管理法的缺点

尽管如此，目标管理法的缺点也很明显，它不是解决企业所有问题的灵丹妙药。如果处理得不好，也会产生一些新的问题。从目标管理法的过程来看，其缺点主要表现在以下几个方面。

(1) 目标难以确定。从目标的形成过程来看，既需要企业领导的高瞻远瞩，也离不开上下级之间、部门之间、员工之间的充分沟通，因此该过程花费的时间较长。从工作质量来看，如果哪个环节有所激进或保留，都会使目标管理的绩效大打折扣。同时，本位主义不可能彻底根除，影响着目标的制定，时间一长，很容易流于形式，使得目标缺乏激励。

(2) 目标自身无法权变。从目标体系来看，企业的基本目标、部门目标和个人目标都是相互关联的，任何环节发生变化都会影响企业整体目标的实现。而目标体系本身无法根据变化了的情况进行权变，仍然需要按目标管理法的步骤重新计划、执行、考核，因此看上去缺乏灵活性。

(3) 它是建立在企业员工自主管理意识比较强的基础上，因此对那些独裁式的企业领导难以接受。推行目标管理法以后，习惯了发号施令的领导会感到很不适应。一方面，员工的自主管理意识增强了，对领导的依赖减少了；另一方面，工作中出了问题，大家会依照目标管理法的程序和方法去处理，而不是完全听领导的。这些缺陷的存在，会或多或少地影响目标管理法的实施。

第二节　基于目标管理法的绩效考核

一、导入目标管理的必要条件

实行目标管理，必须具备以下几个基本条件。

(1) 推行目标管理要有一定的思想基础和科学管理基础。要教育员工树立全局观念、长远利益观念，正确理解国家、公司和个人之间的关系。因为推行目标管理容易滋长急功近利、本位主义倾向，如果没有一定的思想基础，设定目标时就可能出现不顾整体利益和长远利益的现象。科学管理基础是指各项规章制度比较完善，信息比较畅通，能够比较准确地度量和评估工作成果。这是推行目标管理的基础。而这个基础工作是需要长期的培训和教育才可以逐步建立起来的。

(2) 推行目标管理关键在于领导。领导对各项指标都要做到心中有数，工作不深入、没有专业的知识、不了解下情、不熟悉生产、不会经营管理是不行的，因此对领导的要求更高。领导与下属之间不是命令和服从的关系，而是平等、尊重、信赖和相互支持的关系。领导要改进作风、提高水平、发扬民主、善于沟通，在目标设立过程和执行过程中，都要善于沟通，使大家的方向一致，目标之间相互支持，同时领导还要和下级就实现各项目标所需要的条件以及实现目标的奖惩事宜达成协议，并授予下级相应的支配人、财、物和对外交涉等权利，充分发挥下属的个人能动性以使目标得以实现。

(3) 目标管理要逐步推行、长期坚持。推行目标管理有许多相关的配套工作，如提高员工的素质，健全各种责任制，做好其他管理的基础工作，制定一系列的相关政策。这些都是企业的长期任务，因此目标管理只能逐步推行，而且要长期坚持、不断完善，才能收到良好的效果。

(4) 推行目标管理要确定好目标。一个好的目标是切合实际的，是通过努力可以实现的(不通过努力可以实现的目标，不能算好目标)。而且一个好的目标，必须具有关联性、阶段性，并兼顾结果和过程，还需要数据采集系统、差距检查与分析、及时激励制度的支撑。这些量化管理方法与目标管理相辅相成，可以帮助经理人在激发员工的主动性和创造性的同时，还能及时了解整个团队的工作进度，不折不扣地完成任务，从而在更大程度上提高员工的主动性，为在日常工作中提高员工领导力，提供了良性循环的基础。

(5) 推行目标管理要注重信息管理。在目标管理体系中，信息的管理扮演着举足轻重的角色，确定目标需要以获取大量的信息为依据；展开目标需要加工、处理信息；实施目标的过程就是信息传递与转换的过程。做好信息工作是目标管理得以正常运转的基础。

二、目标管理的实施原则

目标管理是现代企业管理模式中比较流行、比较实用的管理方式之一。它的最大特征就是方向明确，有利于把整个团队的思想、行动统一到同一个目标、同一个理想上来，是企业提高工作效率、实现快速发展的有效手段之一。搞好目标管理并非一般人想象得那么简单，必须遵循以下四个原则。

1. 目标制定必须科学合理

目标管理能不能产生理想的效果、取得预期的成效，首先取决于目标的制定，科学合理的目标是目标管理的前提和基础，脱离了实际的工作目标，轻则影响工作进程和成效，重则使目标管理失去实际意义，影响企业发展的大局。

2. 督促检查必须贯穿始终

目标管理，关键在管理。在目标管理的过程中，丝毫的懈怠和放任自流都可能贻害巨大。作为管理者，必须随时跟踪每一个目标的进展，发现问题及时协商、及时处理、及时采取正确的补救措施，确保目标运行方向正确、进展顺利。

3. 成本控制必须严肃认真

目标管理以目标的达成为最终目的，考核评估也是重结果轻过程。这很容易让目标责任人重视目标的实现，轻视成本的核算，特别是当目标运行遇到困难可能影响目标的按时实现时，责任人往往会采取一些应急的手段或方法，这必然导致实现目标的成本不断上升。作为管理者，在督促检查的过程中，必须对运行成本进行严格控制，既要保证目标的顺利实现，又要把成本控制在合理的范围内，因为任何目标的实现都不是不计成本的。

4. 考核评估必须执行到位

任何一个目标的达成、项目的完成，都必须有严格的考核评估。考核、评估、验收工作必须选择执行力很强的人员进行，必须严格按照目标管理方案或项目管理目标，逐项地进行考核并得出结论，对目标完成度高、成效显著、成绩突出的团队或个人按规章奖励，对失误多、成本高、影响整体工作的团队或个人按规章处罚,真正达到表彰先进、鞭策落后的目的。

三、目标管理考核法的实施步骤

由于各个组织活动的性质不同,目标管理的步骤可以不完全一样,但一般来说,可以分为以下五步。

(一)建立一套完整的目标体系

实行目标管理,首先要建立一套完整的目标体系。这项工作是从企业的最高主管部门开始的,然后由上而下地逐级确定目标。上下级的目标之间通常是一种"目的—手段"的关系。某一级的目标,需要用一定的手段来实现,这些手段就成为下一级的次目标,按级顺推下去,直到作业层的作业目标,从而构成一种锁链式的目标体系。

但是,制定一套好的目标体系也不是一件容易的事情。首先,每个层次的目标要明确。研究人员和实际工作者早已认识到制定个人目标的重要性。美国马里兰大学的早期研究发现,明确的目标要比只要求人们尽力去做有更高的业绩,而且高水平的业绩是和高的目标相联系的。其次,目标是由全体员工共同制定的。目标管理中的目标不是像传统的目标设定那样,单向由上级给下级规定目标,然后分解成子目标落实到组织的各个层次上,而是用参与的方式决定目标,上级与下级共同参与选择设定各对应层次的目标,即通过上下协商,逐级制定出整体组织目标、经营单位目标、部门目标直至个人目标。因此,目标管理的目标转化过程既是"自上而下"的,又是"自下而上"的。最后,目标是有时限性的。目标管理强调时间性,制定的每一个目标都有明确的时间期限要求,如一个季度、一年、五年,或在已知环境下的任何适当的期限。在典型的情况下,组织层次的位置越低,为完成目标而设置的时间往往越短;反之,则越长。

具体制定目标与分解目标体系的方法有很多:①系统图法,如图9-1所示;②剥洋葱法,即将总体目标通过层层分解的方法,最终变成短期目标或个人目标,如图9-2所示。

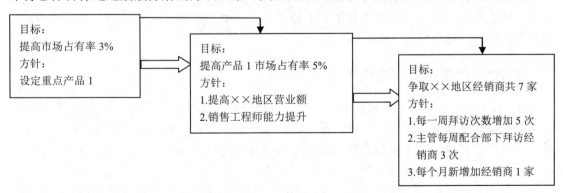

图9-1 系统图法——目标分解示例

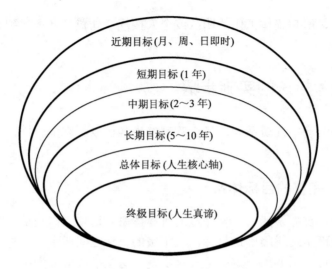

图 9-2   剥洋葱法——目标生涯规划系统分解示例

(二)明确责任

目标体系应与组织结构相吻合，从而使每个部门都有明确的目标，每个目标都有人明确负责。然而，组织结构往往不是按组织在一定时期的目标而建立的，因此，在按逻辑展开目标和按组织结构展开目标之间，时常会存在差异。其表现是，有时从逻辑上看，一个重要的分目标却找不到对此负全面责任的管理部门，而组织中的有些部门却很难为其确定重要的目标。这种情况的反复出现，最终可能会导致对组织结构的调整。从这个意义上说，目标管理有助于搞清组织机构的作用。

(三)组织实施

目标既定，主管人员就应该把权力放手交给下级成员，而自己去抓重点的综合性管理。完成目标主要靠执行者的自我控制。如果在明确了目标之后，作为上级主管人员还像从前那样事必躬亲，便违背了目标管理的宗旨，不能获得目标管理的效果。当然，这并不是说上级在确定目标后就可以撒手不管了。上级的管理主要应表现在指导、协助，提出问题，提供情报以及创造良好的工作环境方面。

(四)目标完成检查和业绩考评

(1) 目标管理这一方式的核心思想就是把目标分解下达后成为组织每个层次、每个部门和每个单位的工作业绩的衡量标准。因此，目标管理全过程中最后一个重要工作就是根据期初下达的目标对各方工作和业绩进行检查和考评。然而，目标完成检查与业绩考评不是同一项工作。因为目标完成检查在整个目标工作期间可以进行多次，也就是说，当目标下达后，并不是上级放任不管，但上级也不是时不时地下命令，而是经常检查指导，采取帮助的态度，甚至给予必要的资源支持来使得下级部门、组织成员达成他们的目标。

(2) 业绩考评是目标管理全过程中的重要一环。一个组织如果能够正确公正地判断每个组织成员的业绩和工作努力程度，那么这个组织一定是无往不胜的，因为仅公正的评价就已经成为对组织成员的激励了。事实上，大多数组织很难做到这一点，组织很容易偏听那些说得多做得少的人，导致那些真正埋头苦干的人被忽视，最终影响组织的士气。然而，这种情况往往出现在没有目标分解或目标分解不全的组织中，正因为没有目标或目标不全，那些光说不干的人就有了偷懒的可能。反之，在目标管理的条件下，考评并不看你说得如何，而是看你做的与目标的差异程度，看你的真正业绩。

(3) 目标管理过程中的业绩考评可以有两种方式：一种是组织各层次、各部门、各个成员的自我考评，即自己对照目标和自己所取得的工作业绩来判断自己做得如何，好或差，或尚有差距。另一种是组织的上级部门对下级部门及组织成员进行考评，考评过程也是对照工作业绩与下达的目标进行分析评判。实际上这两种方式各有利弊，在组织成员自觉性高、自我管理能力强时可采取第一种方式，否则可采取第二种方式。有时可以两种方式同时采用，即先由组织成员自我评价，然后由上级部门复评，务必公正客观、实事求是。

(五)提供反馈

部分负责人与下属员工一起讨论和评价在目标实现方面所取得的成就，并制定新的绩效目标，以及为达到新的绩效目标而可能采取的新战略。凡是已成功实现其绩效目标的被考核者都可以参与下一考核周期新绩效目标的设置过程。而那些没有达到既定绩效目标的被考核者，在与其直接上司进行沟通、判明困难的出现是否为偶然现象、找出妨碍目标达成的原因并制定相应的解决办法和行动矫治方案后，才可以参与新一轮考核周期绩效目标的设置。

第三节 目标管理考核法在实践中存在的问题及对策

一、目标管理考核法在实践中存在的问题

(1) 强调短期目标。目标设定的时限一般很短，是以季度和月度目标为主，很少会超过一年。短期目标易于分解，而长期目标比较抽象，难以分解。另外，短期目标容易迅速见效，长期目标则不然。所以在目标管理方式的实践中，组织似乎常常强调短期目标的实现而对长期目标漠不关心。而实际上每一个组织的发展都是以长期稳定为前提的，盲目追求短期效应，不仅会浪费资源，使资源得不到最优配置，还会在整个组织中营造错误的成长氛围，使员工养成目光短浅、追求蝇头小利的短期行为方式，损害组织的长远利益，这样就根本不能促进企业的良好发展。

(2) 目标设置困难。首先，真正可用于考核的目标很难设定，尤其是组织实际上是一个产出联合体，它的产出是一种联合的，不容易分解出谁的贡献大小，即目标的实现是大家共同合作的成果。其次，如何确定目标的实现程度也是不容易把握的。不仅要根据组织的差异性确定适合于组织环境的目标，还要起到真正能够促进员工拼搏的作用，如果目标太高，员工会缺乏动力，而目标太低，又失去了激励的作用。再次，目标设置要选定正确的方向，符合组织的长远利益。最后，目标必须在数量和质量方面都具备可考核性、可行性，即可以量化，否则难以达到考核效果。

（3）目标商定可能会带来管理成本的增加。作为组织和个人目标，要想有效就必须得到全体人员认可，所以需要上下沟通，达成一致意见。而每个部门、个人都会倾向于有利于自身的目标设定和完成，这种矛盾会使目标商定麻烦重重，容易滋长本位主义、临时观点和急功近利倾向。要解决这个矛盾，形成两者之间的平衡，必然会带来管理成本的增加。

（4）目标管理倾向于Y理论，对于员工的动机做了过分乐观的假设。而在实际中，往往是机会主义本性的，尤其在监督体系不完善或监督力度不强的情况下，这种矛盾更突出。

（5）缺乏具体的目标指导。目标管理只是给组织的员工提供了目标，并没有更具体的行为指导，即如何去达到目标。这样会使目标变为空谈，很多员工没有完成目标的路径和能力。

（6）目标结果的考核与奖惩难以完全一致。由于组织管理的复杂性，目标结果考核不作为员工奖惩的唯一依据。当考核结果与奖惩不能达到完全一致的时候，难免会产生很多问题，例如员工的不公平感和投机主义的产生。

（7）目标修正不灵活。由于组织的内外环境在不断地产生变化，这就要求组织及时地改变计划以适应环境的变化，而这时目标管理的目标修正需要多方协商和各种考量，从而使得目标缺乏灵活性，滞后于组织的变化和发展。

（8）目标管理容易流于形式，缺乏实际操作性。目标管理考核法只有在满足了特定要求后才能有效，当无法成功实施时，很容易被管理者忽视，干脆成为摆设。

（9）重结果，轻过程。由于目标管理考核法是以结果为导向的，将结果作为绩效考核的依据，缺少对执行过程的监督，不重视员工达成目标的方式和过程。这就导致很多员工在工作中过于追求结果的现象出现，更有一些员工采用不正当的方式来达到目标。而对于过程的轻视，很容易滋生出腐败与不道德行为。

（10）同级的目标可能具有相对独立性，导致各部门的工作配合度下降。由于各部门的业务不尽相同，目标设定上也可能存在相对独立的状况，甚至南辕北辙，这样不利于各部门间的合作和资源的充分利用。

（11）同级的目标可能具有相似性，导致资源浪费。由于各部门的业务，尤其是相关部门的业务具有交叉性，在目标设定上可能存在重复的情况，这样就是在重复消耗资源，降低了资源的利用率。

二、目标管理考核法的改进

（1）在制定目标时将组织的长期目标与短期目标结合起来，始终秉持短期目标是为长期目标服务的观念，使管理层和员工都形成走长远发展路线的思想。

（2）在实行目标管理考核法的过程中，应注意员工实现绩效的具体过程，加强监督力度，完善监督体系。

（3）建立专门部门或专门体系，为员工实现目标提供具体的指导。

（4）绩效考核过程和结果公开化、透明化，设立匿名建议处，杜绝腐败现象和以权谋私现象。

（5）可以将目标管理与其他绩效考核方式相结合，相互补充。

(6) 目标设定时应充分考虑各部门间的目标相关性和差异性，合理地设置目标，并根据目标的相关性，组织相关部门进行合作和资源共享等。

本 章 小 结

本章系统地介绍了目标管理产生的背景，目标管理的内涵与本质，目标管理的特征、优缺点、影响因素、具体流程与不足之处。

目标管理是以目标为导向，以人为中心，以成果为标准，而使组织和个人取得最佳业绩的现代管理方法。因此，目标管理亦称"成果管理"，是指在企业个体职工的积极参与下，自上而下地确定工作目标，并在工作中实行"自我控制"，自下而上地保证目标实现的一种管理办法。具体来说，它有以下几层含义：①目标管理是组织中的上级和下级一起协商，根据组织的使命确定一定时期内组织的总目标；②目标管理将组织总目标层层分解，落实到每个部门及个人；③目标管理最后以分解后目标的完成情况作为考核组织、部门及个人业绩的依据；④目标管理是通过员工的自我管理来实现企业的经营目标的一种管理方法。

目标管理的特点可概括为：①目标管理是一种"自我管理"；②目标管理是一种参与式管理；③目标管理是一种成果管理；④目标管理是一种环环相扣的系统管理。

目标管理实施的流程大致可分为五个阶段：①建立一套完整的目标体系；②明确责任；③组织实施；④目标完成检查和业绩考评；⑤提供反馈。

目标管理无论是作为一种管理思想，还是作为一种管理手段，其在实践应用中依然存在一些问题，具体表现为：①强调短期目标；②目标设置困难；③目标商定可能会带来管理成本的增加；④目标管理倾向于 Y 理论，对于员工的动机做了过分乐观的假设；⑤缺乏具体的目标指导；⑥目标结果的考核与奖惩难以完全一致；⑦目标修正不灵活；⑧目标管理容易流于形式，缺乏实际操作性；⑨重结果，轻过程；⑩同级的目标可能具有相对独立性，导致各部门的工作配合度下降；⑪同级的目标可能具有相似性，导致资源浪费。

思 考 题

1. 什么是目标管理？目标管理的本质与内涵是什么？
2. 目标管理的具体流程是什么？
3. 目标管理有哪些优缺点？如何改进目标管理的不足之处？

案 例 分 析

机床厂的目标管理法

某机床厂从 1981 年开始推行目标管理，为了充分发挥各职能部门的作用，充分调动一千多名职能部门人员的积极性，该厂首先对厂部和科室实施了目标管理。经过一段时间的试点后，逐步推广到全厂各车间、工段和班组。多年的实践表明，目标管理改善了企业经营管理，挖掘了企业内部的潜力，增强了企业的应变能力，提高了企业员工的素质，取得了较好的经济效益。按照目标管理的原则，该厂把目标管理分为三个阶段进行。

第一阶段：目标制定阶段

1. 总目标的制定

该厂通过对国内外市场机床需求的调查，结合长远规划的要求，并根据企业的具体生产能力，提出了20××年"三提高""三突破"的总方针。所谓"三提高"，就是提高经济效益、提高管理水平和提高竞争能力；"三突破"是指在新产品数目、创汇和增收节支方面要有较大的突破。在此基础上，该厂把总方针具体化、数量化，初步制订出总目标方案，并发动全厂员工反复讨论、不断补充，送职工代表大会研究通过，正式制定出全厂20××年的总目标。

2. 部门目标的制定

企业总目标由厂长向全厂宣布后，全厂就对总目标进行层层分解、层层落实。各部门的分目标由各部门和厂企业管理委员会共同商定，先确定项目，再制定各项目的指标标准。其制定依据是厂总目标和有关部门负责拟定、经厂部批准下达的各项计划任务，原则是各部门的工作目标值只能高于总目标中的定量目标值，同时，为了集中精力抓好目标的完成，目标的数量不宜太多。为此，各部门的目标分为必考目标和参考目标两种。必考目标包括厂部明确下达目标和部门主要的经济技术指标；参考目标包括部门的日常工作目标或主要协作项目。其中必考目标一般控制在2~4项，参考目标项目可以多一些。目标完成标准由各部门以目标卡片的形式填报厂部，通过协调和讨论最后由厂部批准。

3. 目标的进一步分解和落实

部门的目标确定了以后，接下来的工作就是目标的进一步分解和层层落实到个人。

(1) 部门内部小组(个人)目标管理，其形式和要求与部门目标制定相类似，拟定目标也采用目标卡片，由部门自行负责实施和考核。要求各个小组(个人)努力完成各自目标值，保证部门目标的如期完成。

(2) 该厂部门目标的分解是采用流程图方式进行的，具体方法是：先把部门目标分解落实到职能组，再分解落实到工段，工段再下达给个人。通过层层分解，全厂的总目标就落实到了每一个人身上。

第二阶段：目标实施阶段

该厂在目标实施过程中，主要抓了以下三项工作。

1. 自我检查、自我控制和自我管理

目标卡片经主管副厂长批准后，一份存企业管理委员会，一份由制定单位自存。由于每一个部门、每一个人都有了具体的、定量的明确目标，所以在目标实施过程中，人们会自觉地、努力地实现这些目标，并对照目标进行自我检查、自我控制和自我管理。这种"自我管理"，能充分调动各部门及每一个人的主观能动性和工作热情，充分挖掘自己的潜力，完全改变了过去那种上级只管下达任务、下级只管汇报完成情况，并由上级不断检查、监督的传统管理办法。

2. 加强经济考核

虽然该厂目标管理的循环周期为一年。但为了进一步落实经济责任制，及时纠正目标实施过程中与原目标之间的偏差，该厂打破了目标管理的一个循环周期只能考核一次、评定一次的束缚，坚持每一季度考核一次和年终总评定。这种加强经济考核的做法，进一步调动了广大职工的积极性，有力地促进了经济责任制的落实。

3. 重视信息反馈工作

为了随时了解目标实施过程中的动态情况，以便采取措施、及时协调，使目标能顺利实现，该厂十分重视目标实施过程中的信息反馈工作，并采用了两种信息反馈方法。

(1) 建立"工作质量联系单"来及时反映工作质量和服务协作方面的情况。尤其当两个部门发生工作纠纷时，厂管理部门就能从"工作质量联系单"中及时了解情况，经过深入调查，尽快加以解决，这样就大大提高了工作效率，减少了部门之间的不协调现象。

(2) 通过"修正目标方案"来调整目标：内容包括目标项目、原定目标、修正目标以及修正原因等，并规定在工作条件发生重大变化需修改目标时，责任部门必须填写"修正目标方案"提交企业管理委员会，由该委员会提出意见交主管副厂长批准后方能修改目标。

该厂在实施过程中由于狠抓了以上三项工作，因此，不仅大大加强了对目标实施动态的了解，更重要的是加强了各部门的责任心和主动性，从而使全厂各部门从过去等待问题找上门的被动局面，转变为积极寻找和解决问题的主动局面。

第三阶段：目标成果评定阶段

目标管理实际上就是根据成果来进行管理的，故成果评定阶段显得十分重要，该厂采用了"自我评价"和上级主管部门评价相结合的做法，即在下一个季度第一个月的10日之前，每个部门必须把一份季度工作目标完成情况表报送企业管理委员会(在这份报表上，要求每个部门自己对上一阶段的工作做恰如其分的评价)。企业管理委员会核实后，也给予了恰当的评分，如必考目标为30分，一般目标为15分。每一项目标超过指标3%加1分，以后每增加3%再加1分。一般目标有一项未完成而不影响其他部门目标完成的，扣一般项目中的3分，影响其他部门目标完成的则扣分增加到5分。加1分相当于增加该部门基本奖金的1%，减1分则扣该部门基本奖金的1%，如果有一项必考目标未完成则扣至少10%的基本奖金。

该厂在目标成果评定工作中深深体会到：目标管理的基础是经济责任制，目标管理只有同明确的责任划分结合起来，才能深入持久，才能具有生命力，才能实现最终的成功。

(资料来源：根据网络资料整理)

讨论题：

1. 在目标管理过程中，应注意哪些问题？
2. 目标管理有什么优缺点？

第十章

关键绩效指标法

【本章学习重点】

- 关键绩效指标考核法的内涵
- 关键绩效指标考核法的特点
- 关键绩效指标考核体系的构建
- 关键绩效指标考核法的设计流程

本章案例来源

【案例导入】

如何提炼关键绩效指标，做好量化式考核？

年底，公司中层管理人员进行述职。在述职过程中，中层管理人员集中于工作事项的汇报，都在强调自己做得好的方面，而且都没有什么具体数据。本次考核流于形式，没有达到任何效果。总经理非常恼火，要求人力资源部在1月份完成关键绩效指标考核的准备工作，考核对象是部门经理，每个部门必须采取量化式考核，要有10～15个指标，每个月都要考核，严格按照考核的数据进行奖金的分配。明知道这个工作很难做，人力资源部经理还是按照总经理的要求，进行工作沟通，开始准备工作。马上就到1月底了，工作的阻力仍然很大，工作进展缓慢。

请结合本案例分析，如何提炼关键绩效指标，做好量化式考核。

分析：本案例中，由于年底公司中层管理人员述职，采取工作报告的形式进行汇报，导致考核流于形式，达不到绩效考核的目的。KPI考核方式是量化式考核，避免了定性考核，保证了考核的有效性、客观性。KPI考核基于目标管理，需要明确考核对象的主要工作职责、工作任务、工作目标。在提取关键绩效指标时，要做好目标的分解、部门职能工作的梳理。关键绩效指标提取应考虑：①基于被考核部门的工作职能与员工的工作职责，进行关键指标的提取；②基于关键工作进行关键指标提取；③基于工作的流程进行关键指标的提取。为保证考核指标是量化型数据，可以从质量、成本、进度等多个维度进行提炼。

(资料来源：根据网络资料整理)

第一节　关键绩效指标考核法概述

一、关键绩效指标考核法的内涵

在企业管理实践中，经常要问到这些问题：企业为什么会取得成功？其成功的关键是什么？在过去成功的关键要素中，哪些能持续地使企业获得成功？哪些又会成为成功的障碍？面对未来，企业面临的挑战和机遇是什么？持续发展的关键因素又是什么？回答这些问题，都离不开我们接下来要讨论的关键绩效指标。

(一)什么是关键绩效指标法

关键绩效指标(Key Performance Indicator，KPI)是用于衡量工作人员工作绩效表现的、核心的、量化的绩效指标，是绩效计划的重要组成部分。而"关键绩效指标法"就是把对绩效的评估简化为对几个关键绩效指标的考核，将关键绩效指标当作评估标准，把员工的绩效与关键指标作出比较的评估方法，在一定程度上可以说是目标管理法与帕累托定律(即80/20定律)的有效结合。

(二)关键绩效指标的意义

KPI所具备的特点，决定了KPI在组织中具有举足轻重的作用。

第一，有利于战略目标的实现。作为公司战略目标的分解，KPI 的制定有力地推动公司战略在各单位、各部门得以执行。

第二，有利于绩效考核。KPI 为绩效管理提供了透明、客观、可衡量的基础。

第三，有利于绩效改进。通过定期计算和回顾 KPI 执行结果，管理人员能清晰地了解经营领域中的关键绩效参数，并及时诊断存在的问题，采取行动予以改进。

第四，有利于把有限资源集中用于关键领域。作为关键经营活动的绩效的反映，KPI 帮助员工集中精力处理对公司战略有重大影响的事项。

第五，有利于统一员工的行为。KPI 使上下级对岗位工作职责和关键绩效要求有了清晰的共识，确保各层各类人员努力方向的一致性。

(三)关键绩效指标法的理论基础

学界普遍认为，帕累托定律(即 80/20 定律)是关键绩效指标法的理论基础。帕累托曾提出，在意大利 80%的财富为 20%的人所拥有，并且这种经济趋势存在普遍性。帕累托定律最初只限定于经济学领域，后来人们发现，在社会中有许多事情的发展，都迈向这一轨道。由此，该定律被推广到社会生活的各个领域，且为人们所认同。帕累托定律是指在任何大系统中，约 80%的结果是由该系统中约 20%的变量产生的。例如，在企业中，通常 80%的利润来自 20%的项目或重要客户；经济学家认为，20%的人掌握着 80%的财富；心理学家认为，20%的人身上集中了 80%的智慧等。具体到时间管理领域，是指大约 20%的重要项目能完成整个工作成果的 80%，并且在很多情况下，工作的头 20%时间会完成所有效益的 80%。帕累托定律对我们的启示是：大智有所不虑，大巧有所不为。工作中应避免将时间花在琐碎的多数事项上，因为就算你花了 80%的时间，你也只能取得 20%的成效，出色地完成无关紧要的工作是最浪费时间的。你应该将时间花在重要的少数事项上，因为掌握了这些重要的少数事项，你只要花 20%的时间，即可取得 80%的成效。所以，在工作中要学会抓住关键的少数，要用 20%的精力付出，获取 80%的回报，因此，这种定律又叫省力法则。

80/20 定律应用到绩效管理中，具体就体现在 KPI 上，所谓关键绩效指标，就是指对组织的总体战略目标的实现起决定作用的指标。抓住了这些指标就抓住了绩效考核的核心。

(四)关键绩效指标考核法的特点

1. 对公司战略目标的分解

关键绩效指标所体现的内容最终取决于公司的战略目标。当关键绩效指标构成公司战略目标的有效组成部分或支持体系时，这种绩效考核体系就能够为企业战略发展提供服务；反之，就会流于形式。KPI 来自对公司战略目标的分解，是对公司战略目标的进一步细化和发展。公司战略目标是长期的、指导性的、概括性的，而各级考核的关键绩效指标内容丰富、针对性强，着眼于考核当年的工作绩效，具有可衡量性。因此，关键绩效指标是对真正驱动公司战略目标实现的具体因素的发掘，是公司战略对每个职位工作绩效要求的具体体现。关键绩效指标随公司战略目标的发展演变而调整。当公司战略侧重点转移时，关键绩效指标必须予以修正以反映公司战略新的内容。

2. 对绩效构成中可控部分的衡量

企业经营活动的效果是内因和外因综合作用的结果，而内因则是员工可控制和影响的部分，也是关键绩效指标所衡量的部分。关键绩效指标应尽量反映员工工作的直接可控效果，剔除他人或环境造成的其他方面的影响。例如，销售量与市场份额都是衡量销售部门市场开发能力的标准，而销售量是市场总规模与市场份额相乘的结果，其中市场总规模则是不可控变量。在这种情况下，两者相比，市场份额就成为绩效考核的核心内容，更适于作为关键绩效指标。

3. KPI 是对重点经营活动的衡量，而不是对所有操作过程的反映

每个职位的工作内容都涉及不同的方面，高层管理人员的工作任务更复杂，但 KPI 只对公司整体战略目标影响较大，对战略目标实现起到不可或缺作用的工作进行衡量。

4. KPI 是组织上下认同的

KPI 不是由上级强行确定下发的，也不是由本职职位自行制定的，它的制定过程由上级与员工共同参与完成，是双方所达成的一致意见的体现。它不是以上压下的工具，而是组织中相关人员对职位工作绩效要求的共同认识。

(五)关键绩效指标考核法的作用

KPI 考核法解决了绩效考核中考核标准清晰化、标准化的问题。它的重要性与作用由以下几点可窥见一斑。

(1) 使绩效评估客观、公正、有效。KPI 为企业的绩效评估提供了更客观、公正的基础性数据，最大限度地避免了各级主管因各种人为因素而造成的评估偏差，使绩效评估客观、公正，保证了员工对立足于 KPI 而建立的绩效评估系统的认同。

(2) 提高员工的工作效率。有了 KPI 这个评估标准，员工一方面对企业的战略目标、远景规划有了实实在在的认识和了解；另一方面，根据或对照 KPI，员工更清楚自己该做什么，哪些行为是最重要的行为、是对企业发展有利的行为，工作的目标是什么，该怎么做来达到目标等，从而有利于提高员工的工作效率，使得整个企业像上足发条的机器一样有序、平稳、高效地向着目标前进。

(3) 增进员工与管理人员的沟通。在很多企业中都存在这样的情况：员工与主管之间由于工作职责、工作权限、工作内容等的不同，双方在目标和行为等方面难免会出现偏差。在绩效评估中也会因标准模糊或不明确而引起歧义，从而使部门乃至企业内部摩擦不断，严重阻碍了部门工作的充分开展，削弱了企业发展、运作的效率。而 KPI 的出现，为员工与管理人员明确了一致的目标，为其间的信息沟通构建了一个平台。通过在 KPI 指标上达成的承诺与共识，员工与管理人员可以就工作目标、工作期望、工作表现和未来发展等问题进行沟通。

(4) 增强企业的核心竞争力。关键绩效指标是一个体系，其中包括个人指标、部门指标与组织指标，不同层级指标相互作用可以确保企业内每个岗位都按照企业要求的方向努力，使众多分散的个人力量通过这种指标体系汇聚到一起，最终在企业内部形成一股强大的合力，从而使企业的核心竞争力明显提高。

(六)关键绩效指标考核的优缺点

1. 关键绩效指标考核的优点

关键绩效指标考核具有以下几个优点。

(1) 目标明确，有利于公司战略目标的实现。KPI 是企业战略目标的层层分解，通过 KPI 指标的整合和控制，使员工绩效行为与企业目标要求的行为相吻合，不至于出现偏差，有力地保证了公司战略目标的实现。

(2) 提出了客户价值理念。KPI 提倡的是为企业内外部客户实现价值的思想，即对企业组织来说，除了外部市场客户以外，在企业内部，包括员工、协同部门等也都是自己的客户，只有这样才能彻底地贯彻以客户为导向的经营思想。因此，KPI 在一定程度上进一步提升了以市场为导向的经营思想。

(3) 有利于组织利益与个人利益达成一致。通过对企业组织战略目标的层层分解，使公司战略目标成为个人绩效目标，员工个人在实现个人绩效目标的同时，也是在实现公司总体的战略目标，形成两者和谐、公司与员工共赢的局面。

2. 关键绩效指标考核的缺点

然而，KPI 并不是十全十美的，也有不足之处，主要表现在以下三个方面。

(1) KPI 指标比较难界定。KPI 更多倾向于定量化的指标，这些定量化的指标是否真正对企业绩效产生关键性影响，如果没有运用专业化的工具和手段，则很难界定。

(2) KPI 会使考核者误入机械的考核方式。过分地依赖考核指标，而没有考虑人为因素和弹性因素，会产生一些考核上的争端和异议。

(3) KPI 并不是所有的岗位都适用。

二、关键绩效指标考核法的核心思想

(一)关键绩效指标考核法的本质

我们可以从以下几个方面来理解关键绩效指标考核法的本质。

(1) 从管理目的来看，KPI 考核旨在引导员工的注意力方向，将员工的精力从无关紧要的琐事中解脱出来，从而更加关注公司整体业绩指标、部门重要工作领域及个人关键工作任务。

(2) 从管理成本来看，KPI 考核可以有效地节省考核成本，减少主观考核的盲目性，缩减模糊考核的推敲时间，将企业有限的财力、物力、人力用于研发新的产品和开辟新的市场。

(3) 从管理效用来看，KPI 考核主要用来检测管理中存在的关键问题，并能够快速找到问题的症结所在，不至于被过多的旁枝末节所缠绕。

(二)关键绩效指标考核法的核心

关键绩效指标考核法的核心是从众多的绩效考评指标体系中提取重要性和关键性指标，它既是衡量企业战略实施效果的关键性指标，也是试图确立起一种新型激励约束机制，力求将企业战略目标转化为组织内部全员、全面和全过程的动态活动，不断增强企业的核心竞争力，持续提高企业的经济效益和社会效益。

第二节　关键绩效指标体系的构建

一、构建 KPI 考核体系的价值

构建 KPI 考核体系具有以下几个方面的价值。

(1) 有利于企业创建以责任成果为导向的管理体系。企业 KPI 指标体系的建立有利于创建以责任成果为导向的企业管理体系，落实企业战略目标与管理重点，不断强化与提升企业整体核心竞争力，使高层领导清晰地了解对公司价值最关键的经营操作的情况。

(2) 目标牵引。使个人目标、部门目标与企业目标之间保持一致，从而保证企业的长足发展。

(3) 明确责任，聚焦问题。通过 KPI 体系可以传递市场压力，使工作聚焦、责任到位、成果明确，能及时诊断经营中的问题并采取行动。

(4) 有利于不同部门、不同员工之间的合作。通过 KPI 体系使不同功能领域的员工相互合作，集中在共同成果上。使各职能部门、业务单元主管明确各部门的主要责任，并以此为基础，明确各部门人员的任务，为业绩管理和上下级沟通提供了客观基础。

(5) 建立激励与约束员工行为的管理系统。通过 KPI 体系，建立激励与约束员工行为的管理系统，并为企业价值评价与价值分配体系的建立提供系统框架，使经营管理者集中精力关注对业绩有最大驱动力的事项。

二、KPI 体系的特征

关键绩效指标体系具有系统性、可控与可管理性及价值牵引和导向性。

(1) 系统性。关键绩效指标是一个系统。公司、部门、班组有各自独立的 KPI，但是必须由公司远景、战略、整体效益展开，而且层层分解、层层关联、层层支持。

(2) 可控与可管理性。绩效考核指标的设计是基于公司的发展战略与流程，而非岗位的功能。整个指标体系分为不同层级指标，各层指标之间相互联系、相互作用，每一具体指标又是可量化或可行为化的。

(3) 价值牵引和导向性。关键指标体系是一个完备的系统，下一道工序是上一道工序的客户，上一道工序是为下一道工序服务的，内部客户的绩效链最终体现在为外部客户的价值服务上。

三、KPI 体系构建过程

(一)关键绩效指标的设计原则

根据 KPI 体系的特点及其在企业战略中的作用，在设计 KPI 时应遵循以下几个原则。

1. 目标导向

目标导向即 KPI 必须依据企业目标、部门目标、职务目标等进行确定。

2. 注重工作质量

因为工作质量是企业竞争力的核心，但又难以衡量，所以对工作质量建立指标进行控制特别重要。

3. 可操作性

关键绩效指标必须从技术上保证指标的可操作性，对每一指标都必须给予明确的定义，建立完善的信息收集渠道。

4. 强调输入和输出过程的控制

设立 KPI 指标，要优先考虑流程的输入和输出状况，将输入和输出的过程视为一个整体，进行端点控制。

5. SMART 原则

确定关键绩效指标有一个重要的 SMART 原则。SMART 是五个英文单词首字母的缩写。

S 代表具体的(specific)，指绩效考核要切中特定的工作指标，不能笼统。

M 代表可衡量的(measurable)，指绩效指标是数量化或者行为化的(不能量化的指标可采用可行为化的)，验证这些绩效指标的数据或者信息是可以获得的。

A 代表可实现的(attainable)，指绩效指标在付出努力的情况下可以实现，避免设立过高或过低的目标。

R 代表相关的(relevant)，指绩效指标与上级目标具有明确的关联性，最终与公司目标相结合。

T 代表有时限的(time-bound)，注重完成绩效指标的特定期限。

为确保员工的工作行为以及工作产出能够与组织战略目标保持一致，在此过程中，还应结合使用四个维度，即从财务、客户、学习与成长、内部流程，来衡量所提取的 KPI 是否全面。学习与成长维度可以有效支持公司内部流程维度的良性运行，确保提供顾客期待的产品及服务，最终反映在财务维度的结果上，这也强化了以结果为导向的指导思想。

(二)关键绩效指标的设计过程

企业建立绩效评估的指标体系，无论是应用于组织、团队还是个人的绩效考核，都应基于以下目的。

(1) 能清晰地描述绩效考核对象的组织工作产出。

(2) 针对每一项工作产出提取绩效指标和标准。

(3) 划分了各项增值产出的相对重要性等级。

(4) 能追踪绩效评估对象的实际绩效水平，以便将评估对象的实际表现与要求的绩效标准对照。

按照以上指标体系标准，我们可以按图 10-1 所示的步骤设计 KPI 体系。

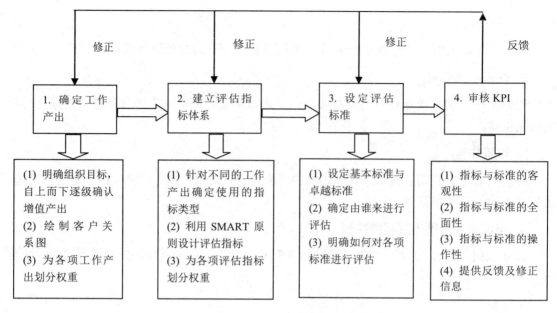

图 10-1 关键绩效考核法的设计步骤

(资料来源：付亚和，许玉林. 绩效管理[M]. 2 版. 上海：复旦大学出版社，2008.)

1. 确定工作产出

所有不同层次的任务目标都是由组织总体的目标层层分解而形成的，因此在设定不同层次的关键绩效指标时首先要回顾一下组织整体的目标和各个业务单元的工作目标。由于关键绩效指标体现了绩效对组织目标的增值部分，关键绩效指标是根据对组织绩效目标起到增值作用的工作产出来设定的。因此，要想设定关键绩效指标，首先要确定组织内各个层次的工作产出。

为了使工作产出的确定更加符合组织的战略目标，促进组织工作绩效的改进，在确定工作产出时，应该遵循以下几个基本原则。

(1) 增值产出的原则。工作产出必须与组织目标相一致，即在组织的价值链上能够产出直接或间接的工作产出，这也符合效益性原则。

(2) 客户导向的原则。凡是被评估者的工作产出输出的对象，无论组织内部的还是外部的都构成客户，确定工作产出都须从客户的需求出发。

(3) 结果导向的原则。一般来说，定义工作产出首先要考虑最终的工作结果，对于有些工作，如果最终结果难以确定，则应采用此过程中的关键行为。

(4) 确定权重的原则。对以上说到的各项工作产出必须设定有相应的权重，在设置权重时要根据各项工作产出在组织目标中的相对重要性，区分关键的少数指标和无关紧要的多数指标。

2. 建立评估指标体系

可按照从宏观到微观的顺序，依次建立各级的指标体系。首先明确企业的战略目标，找出企业的业务重点，并确定这些关键业务领域的关键业绩指标，从而建立企业级 KPI。接下来，各部门的主管需要依据企业级 KPI 建立部门级 KPI。然后，各部门的主管和部门的

KPI 人员一起再将 KPI 进一步分解为更细的个人业绩衡量指标。这些业绩衡量指标就是员工考核的要素和依据，具体分解过程如图 10-2 所示。

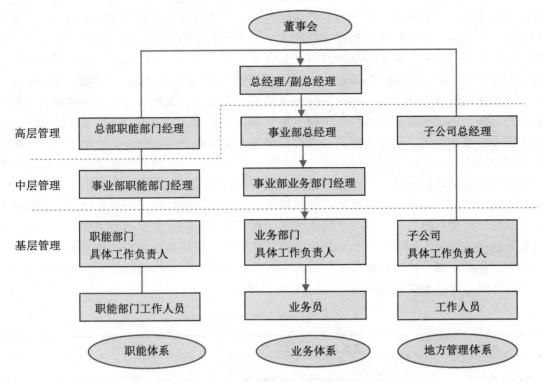

图 10-2 关键绩效指标体系分解

企业的指标体系最终分解为各部门与各员工的业绩衡量指标，而这些业绩指标的具体确定需要结合上一环节的工作产出，我们需要确定应分别从什么角度去衡量各项工作产出，从哪些方面评估各项工作产出。一般来说，指标主要分为数量、质量、成本和时限四种类型。数量一般表现为产量、销售额、利润等；质量一般表现为准确性、独特性、返修性、破损率等；成本一般表现为单位产品的成本和投资回报率；时间则通过供货周期、及时性来体现。

在制定具体的绩效评估指标(业绩衡量指标)时，一般从两个方面进行考虑：对结果的关注和对过程行为的关注。但是对处于不同层次的人员，由于他们各自承担的责任范围不同，结果指标和行为指标所占的权重也是不同的。处于企业高层的管理者，多数是对结果承担责任，工作内容多数是作出决策和管理，需要的是灵活性和艺术性，对其在达成结果的过程中的行为很难进行严格规范，因此绩效指标也应该是以结果指标为主。而基层员工往往不能直接对结果承担责任，或者说基层员工对结果的影响主要是通过其完成任务过程中表现出来的行为规范性来决定的，因此对基层员工来说，过程控制就显得非常重要。我们在设计绩效指标时，基层员工的行为指标往往占较大权重，而结果指标占的权重则较小。并且，越是高层管理的 KPI 数目越少，结果性越强，量化性越高。越是基层管理的 KPI 数目越多，过程性越强，数量与质量性皆有，指标一般应当比较稳定，即如果业务流程基本未变，则关键指标的项目也不应有较大的变动。

3. 确定评估标准

指标体系确定后，还需要设定评估标准，绩效考核标准是对员工绩效的数量和质量进行监测的准则。一般来说，指标指的是从哪些方面对工作产出进行衡量或评估，而标准指的是在各个指标上分别应该达到什么样的水平。指标解决的是我们需要评估"什么"的问题，标准解决的则是要求被评估者做得"怎样"、完成"多少"的问题，是数量方面和质量方面的问题。KPI的指标值在确定的时候要分为定性和定量两类指标分别进行标准设定。对于数量化的绩效指标，设定的评估标准通常是一个范围，如果被评估者的绩效表现超出标准的上限，则说明被评估者作出了超出期望水平的卓越绩效表现。如果被评估者的绩效表现低于标准的下限，则表明被评估者存在绩效不足的问题需要改进。定量的指标一般有两种评价标准的办法：加减分法和规定范围法。采用加减分法的方式确定指标标准，一般适用于目标任务比较明确，技术比较稳定，同时鼓励员工在一定范围内作出更多贡献的情况。而对于任务目标不是非常明确，技术进步速度比较快的情况，一般采用规定范围法来制定标准，此类标准只需设立一个评价范围即可，而不必确立准确的数字来衡量。对于非数量化的绩效指标，即定性的指标来说，设定绩效标准时往往从客户的角度出发，需要回答类似这样的问题："客户期望被评估者做到什么程度？"行为指标的标准则可以直接从任职资格的行为标准中抽取或转换得出(见表10-1)。

表 10-1　绩效指标与绩效标准实例

指标类型	具体指标	绩效指标
量化指标	年销售额	年销售额为20万～30万元
	税前利润百分比	税前利润为18%～20%
非量化指标	体现公司形象	使用高质量的材料、恰当的颜色和式样
	性价比	产品的价值超过价格
	独特性	客户反映与他们见到的同类产品不同
	耐用性	产品使用的时间足够长

4. 审核 KPI

当我们确定了工作产出并且设定了评估指标之后，还需要对这些指标进行审核。其目的是确认这些KPI是否能够全面客观地反映被评估对象的工作绩效，以及是否适合于评估操作，从而为适时地调整工作产出、调整绩效评估指标和具体标准提供所需信息。

一般来说，审核KPI可以从以下几个方面进行：①产品是否为最终产品？由于通过KPI进行评估主要是对工作结果的评估，因此在设定KPI的时候主要关注的是与工作目标相关的最终结果。②多个评估者对同一个绩效指标进行评估，结果是否能取得一致？③是否从客户的角度来设定KPI？在界定KPI的时候，充分体现组织内外客户的意识。④另外，KPI必须从技术上保证指标的可操作性，对每一个指标都必须给予明确的定义，建立完善的信息收集渠道。要优先考虑流程的输入和输出状况，将输入和输出的过程视为一个整体，进行端点控制。

四、关键绩效考核法实施过程中的注意事项

(一)推行指标考核的目的是促进员工为公司整体绩效提高作出贡献

(1) 绩效考核的根本目的在于改善员工的绩效。对公司来说，企业整体绩效的改善与提高才是最重要的，而要想做到这一点，首先必须关注从事具体工作的员工的绩效改善与提高；否则，改善企业绩效的最终目标就无法达成。因此，我们可以这样理解，企业绩效的改善是绩效管理的最终目的，而员工绩效的改善则是达成这一目的的必需途径。

(2) 考核员工必须关注其对企业绩效的贡献。鉴于上述分析，我们在设计员工绩效指标的时候，就必须深刻思考：员工的绩效如何为企业的绩效作贡献？实际上，所谓绩效，就是员工通过履行自己的职责，对企业绩效的改善作出贡献。贡献是我们衡量员工绩效的关键词，考核员工就必须关注其对企业绩效的贡献，脱离贡献谈绩效只能是为考核而考核，没有实际意义。我们知道，员工在日常工作中会表现出很多行为，但并不是所有的行为都代表绩效。只有那些对公司的发展作出贡献的行为，才可以称为绩效。例如，某员工没有按照部门经理的要求起草方案，花费了两天时间做出了一个没有任何用处的文稿。表面看来，该员工是做了事，表现出了一定的行为，很辛苦，但这些行为与公司的要求相背离，不能为公司的生产和发展作出贡献，那么，该员工的这个行为就不能称为绩效。

鉴于以上分析，我们在设计 KPI 的时候，首先要考虑的一个问题就是员工的绩效如何为企业的绩效作出贡献。

(3) KPI 必须服务公司的年度总体目标。很显然，如果要做到使员工的 KPI 为企业的绩效作出改善，KPI 的设计就必须关注企业的战略目标和年度计划，KPI 必须服务企业的总体目标。

因此，KPI 分解的来源是公司的战略目标或年度计划。我们在设计 KPI 的时候，就要从公司的年度目标开始分解，先分解到部门形成部门目标，再分解到具体从事工作的员工形成岗位目标，从而构建起公司、部门、员工三级 KPI 指标体系，实现"人人肩上有指标"。

(二)制定 KPI 的基础是明确的工作职责界定

职位说明书是对企业岗位的目的、管理关系、沟通关系、职责范围、负责程度和考核评价内容给予的定义性说明，是在企业内部说明各岗位职责的主要文件。

指标的落实实际上就是岗位责任的落实，因此明确岗位工作职责是制定 KPI、进行指标分解的基础，制定部门 KPI、向下分解指标之前应该检查各岗位的职责是否明确、是否有职责分工含糊不清、是否有职责漏项等。如果存在这些问题，就需要修改与重新明确。有条件的部门，应该按人力资源管理规范为每个岗位制定明确职位说明书。

当然，员工的职位并不是独立存在的。实际上，部门与部门之间、职位与职位之间存在着千丝万缕的联系，如工作流程衔接上的联系、共同承担某项工作的联系等。对涉及流程衔接方面的责任分解，应从改善与提高整个流程效率的角度选取 KPI(或进行指标分解)。比如，采选结合部，就应该从保持均衡、协调、稳定生产角度选取 KPI。对部门之间分工协作共同承担某项工作的，设定指标时，部门之间应相互沟通，协调与明确彼此的责任。

(三)指标要注意尽可能量化和可验证

在制定考核标准的时候，我们通常都会遇到这样一个难题，就是指标量化的问题，因为我们知道，只有量化的指标，才是便于考核的指标，才是具备操作性的指标。但在实际工作中会发现，要想对员工的 KPI 进行量化并不容易，如职能部门的指标就是很难量化的。

但我们也应该知道，量化并不是唯一的标准，而且越是不容易量化的指标，往往越是重要的指标。比如，"电话在响第三声之前就要接听"，这是容易量化的、便于考核的，只要考核者注意观察就可以得到准确的考核数据；但接听电话的质量如何，这个指标就不是很容易量化的，考核数据无法准确获得，但这个指标比"电话在响第三声之前就要接听"重要得多。而要做到指标量化，通常有以下几种方法。

(1) 通过"细化"而量化。对于难以量化的工作，可以按"数量、质量、时间和成本"这四个维度进行细化。质量管理工作就是一个不容易量化的工作，我们可以从"数量、质量、时间和成本"四个方面把它细化，如以下示例。

"质量管理工作"的数量方面：①每月召开一次质量管理协调会议；②每周对重点工艺进行两次质量巡检；③每季度对各厂质量工作记录进行一次检查等。

"质量管理工作"的质量方面：①某产品质量一次送检合格率在 96%以上；②质量管理体系通过外部审核等。

"质量管理工作"的时间方面：①出现的任何工艺质量问题，都必须在两天内解决；②每月 8 日前必须上交上月的质量分析报告。

"质量管理工作"的成本方面：每月因质量事故造成的损失必须控制在 2000 元之内等。

(2) 通过"工作流程化"而量化。对于既不容易量化，内容又比较单一的工作，可以进行流程化设计。例如，人力资源部负责"职工培训"工作的某位员工的关键绩效指标设定，由于工作内容比较单一，就是负责培训，如果以此设定绩效指标，容易造成考核指标过于单薄，无法全面反映其工作。这时，我们可以将培训工作按照工作流程分解成几个部分："培训需求调查→制订培训计划→组织实施→评估培训效果"，然后针对每个工作流程制定相应的标准，进行管理和考核。

(3) 通过"行为化转化"而量化。即将对员工的考核变成对其行为的考核。比如员工的"劳动态度"无法直接考核，可以转化为"每月迟到早退的次数"进行考核；比如员工的"工作责任心"，可以转化为"工作失误次数"进行考核；又如"执行力"这个指标，我们可以用"不能执行上级领导的工作指令或者不能按照上级指令的标准如期完成工作任务的次数"来考核。

需要强调的是，量化不是最终目的，可验证才是目的。指标只有可验证，才能被考核。"可验证"是指能通过获取一定数据或信息来进行指标的定量或定性判断。如果设定的指标在考核时不能取得具体数字或明确信息来作出判断，考核是无法进行的。我们不要把量化作为考核的唯一标准，眼光不要老是盯住量化不放，而应该转移到"可验证"这个标准上。只要我们可以找到衡量 KPI 的事实，对 KPI 的考核要求进行验证，就可以使 KPI 发挥作用。

本 章 小 结

关键绩效指标是通过对组织内部流程的输入端、输出端的关键参数进行设置、取样、计算、分析，从而衡量流程绩效的一种目标式量化管理指标，是把企业的战略目标分解为可操作的工作目标的工具，是企业绩效管理的基础。KPI 可以使部门主管明确部门的主要责任，并以此为基础，明确部门人员的业绩衡量指标。建立明确的切实可行的 KPI 体系，是做好绩效管理的关键。关键绩效指标是用于衡量工作人员工作绩效表现的量化指标，是绩效计划的重要组成部分。

利用关键绩效指标进行绩效考核是基于 80/20 法则的原理，即可用于考核组织绩效的指标有很多，但是对组织战略目标起决定作用的指标只有少数几个，抓住这些少数关键指标就抓住了绩效考核的核心。

本章详细阐述了什么是 KPI，KPI 的本质与内涵是什么，关键绩效考核法的理论基础是什么，关键绩效指标考核法的作用及优缺点是什么，如何构建关键绩效指标体系以及构建关键指标体系的过程及注意事项。

思 考 题

1. 什么是 KPI？它的含义是什么？你是如何理解的？
2. KPI 体系有什么特点？
3. 如何设计 KPI 体系？需要遵循什么原则？

案 例 分 析

从传统的人事考核到现代人力资源管理考核

G 公司是一家由日本三家世界 500 强企业和国内两家大型国有企业合作创办的中日合资企业，成立于 20 世纪 90 年代中期，生产销售勘探和开采石油用的石油钻杆。企业依靠自身的技术优势和创业者们的不懈努力，经过短短 8 年时间就获得了快速发展，目前在国内石油钻杆市场上与另外三家国内企业基本形成了四分天下的局面。

在企业创立之初，公司导入日本先进的生产管理系统，建立健全了质量管理体系。从 2003 年开始公司又着手建立了一系列人力资源管理制度，依靠自身的力量制定了一套员工绩效考核制度，对员工进行半年一度的绩效考核，考核结果被作为分配奖金的依据。但是，在实际绩效考核过程中，管理者们发现由于公司给员工制定的考核指标和评分标准模糊，给下属打分时十分困难；而员工则认为管理者打分不公正，纷纷质问上级和人力资源部为何给自己较低的分数，加之考核需要填写大量表格，员工满腹牢骚。几个考核期下来，管理者和下属都十分苦恼。管理者们为了不给自己制造太多麻烦，就倾向于给下属打相同的分数，这样一来，绩效考核便成为了一种形式，失去了应有的作用。

案例分析：

(一)绩效管理环节中存在的问题

现代绩效管理理论认为，绩效管理活动是一个连续的过程，是指管理者用来确保自己的下属员工的工作行为和工作产出与组织目标保持一致的手段及过程。人们通常用一个循环过程来描述绩效管理的整个过程。我们认为，一个组织的员工绩效管理活动由四个环节组成，即计划绩效、监控绩效、评价绩效和反馈绩效。首先，在计划绩效阶段，各级管理者要与自己的下属员工进行绩效计划面谈，通过协商来共同制定评价期内的工作目标、评价标准和行动方案，这是整个绩效管理过程的起点，也是最重要的一个环节，在这个环节中要重点解决"评价什么"的问题，即员工的绩效评价指标有哪些，绩效目标值是多少，各项指标的权重有多大，评价期有多长。其次，在监控绩效阶段，管理者和员工要进行持续的绩效沟通(在整个绩效期内)，管理者要采用有效的管理方式对员工的工作行为进行监控并及时提供必要的工作指导，确保员工实现绩效目标。在这个环节中要重点解决"如何有效激励"的问题。再次，在评价绩效阶段，则要选择合理的评价方法与衡量技术，依据计划绩效阶段制定的目标和标准，由不同的评价主体对员工的绩效进行评价。这个环节就是我们通常所说的绩效考核(或绩效评价)，在这个环节中要重点解决"谁来评价"和"用什么方法"的问题。最后，在反馈绩效阶段，各级管理者要与自己的下属员工进行绩效反馈面谈，通过面谈将绩效评价的结果反馈给自己的下属员工，共同分析员工绩效不佳的方面及原因，制订员工的绩效改进计划，并将绩效评价的结果应用到人力资源管理的各项职能中。在这个环节中要重点解决"如何改进绩效"和"评价结果如何应用"的问题。

(二)绩效评价指标中存在的问题

(1) 公司绩效目标、部门绩效目标和个人绩效目标之间没有形成层层分解、层层支撑的关系。由于绩效评价指标设计思路的错误，导致评价指标体系设计得不合理，出现了公司、部门和员工绩效相背离的"三层皮"现象。所谓"三层皮"，就是公司绩效目标、部门绩效目标和个人绩效目标之间相互脱节，没有形成层层分解、层层支撑的关系，即使员工以及部门绩效考核结果都很好，也会出现公司绩效不佳的情况。G 公司年底员工的绩效考核结果是：有90%的员工获得了"优秀"，但公司下半年的绩效并没有提升。

(2) 评价指标体系不健全。由于对绩效缺乏科学的认识，G 公司错误地将绩效等同于业绩，缺乏个性化的态度及能力评价指标，导致绩效评价指标体系不健全。我们主张绩效应该是结果和行为的组合，在评价指标中应该有衡量行为的指标——态度和能力指标，这类指标有时会对员工的工作行为起到重要的牵引作用。比如，组织中的有些职位主要从事一些服务性的工作，这类职位很难用定量指标去衡量其工作绩效，有时甚至是"态度决定一切"的，在后勤服务人员的评价指标中设置诸如"服务意识"等指标，就会促使他们不断地关注自己的服务态度和服务的及时性，有效地改善其服务质量。

(3) 评价指标过于抽象且标准设计不良。G 公司员工绩效考核指标中大多数是"工作完成""制度执行""思想进步"等抽象的指标，且评价标准十分模糊，大量使用了"极好、良好、比较好、基本可以、差"以及"几乎全部完成、大部分完成、基本完成、完成较差"

等评价标准。用这些不好区分的定性指标来评价员工的绩效，一方面使管理者难以作出准确的判断；另一方面使管理者给相同表现的员工不同的绩效等级成为可能，导致员工常常质疑绩效考核的结果。

（资料来源：根据网络资料整理）

讨论题：

1. G公司的绩效管理存在哪些问题？
2. 为G公司设计一套完整的绩效管理体系应该从哪几个方面入手？

第十一章

平衡计分卡法

【本章学习重点】

- 平衡计分卡的基本理论
- 平衡计分卡的实施步骤
- 平衡计分卡的核心作用
- 平衡计分卡的实施过程中的注意事项
- 战略地图与平衡计分卡之间的关系

本章案例来源

【案例导入】

可口可乐瑞典饮料公司平衡记分卡案例

可口可乐公司以前在瑞典的业务是通过许可协议由瑞典最具优势的啤酒公司普里普斯公司代理的。该许可协议在 1996 年到期终止后，可口可乐公司已经在瑞典市场上建立了新的生产与分销渠道。1997 年春季，新公司承担了销售责任，并从 1998 年年初开始全面负责生产任务。

可口可乐瑞典饮料公司(CCBS)正在其不断发展的公司中推广平衡计分卡的概念。若干年来，可口可乐公司的其他子公司已经在做这项工作了，但是，总公司并没有要求所有的子公司都用这种方式来进行报告和管理控制。

CCBS 采纳了卡普兰和诺顿的建议，从财务层面、客户和消费者层面、内部经营流程层面以及组织学习与成长层面四个方面来测量其战略行动。

作为推广平衡计分卡概念的第一步，CCBS 的高层管理人员开了 3 天会议，把公司的综合业务计划作为讨论的基础。在此期间每一位管理人员都要履行下面的步骤。

* 定义远景。

* 设定长期目标(大致的时间范围: 3 年)。

* 描述当前的形势。

* 描述将要采取的战略计划。

* 为不同的体系和测量程序定义参数。

由于 CCBS 刚刚成立，讨论的结果是它需要大量的措施。加上公司处于发展时期，管理层决定形成一种文化和一种连续的体系，在此范围内所有主要的参数都要进行测量。在构造公司的平衡计分卡时，高层管理人员已经设法强调了保持各方面平衡的重要性。为了达到该目的，CCBS 采用的是一种循序渐进的过程。

第一步，阐明与战略计划相关的财务措施，然后以这些措施为基础，设定财务目标并且确定为实现这些目标而应当采取的适当行动。

第二步，在客户和消费者方面也重复该过程，在此阶段，初步的问题是: "如果我们打算完成我们的财务目标，我们的客户必须怎样看待我们？"

第三步，CCBS 明确了向客户和消费者转移价值所必需的内部过程。然后 CCBS 的管理层向自己提出的问题是: 自己是否具备足够的创新精神？自己是否愿意为了让公司以一种合适的方式发展而变革？经过这些过程，CCBS 能够确保各个方面达到平衡，并且所有的参数和行动都会导致向同一个方向变化。但是，CCBS 认为在各方达到完全平衡之前有必要把不同的步骤再重复几次。

最后，CCBS 已经把平衡计分卡的概念分解到个人层面上了。在 CCBS，很重要的一点就是，只依靠那个人能够影响到的计量因素来评估个人业绩。这样做的目的是，通过测量与其具体职责相关联的一系列确定目标来考察其业绩。根据员工在几个指标上的得分而建立奖金制度，公司就控制或者聚焦于各种战略计划上。

分析: CCBS 强调的既不是商业计划，也不是预算安排，而且也不把平衡计分卡看成是一成不变的；相反，对所有问题的考虑都是动态的，并且每年都要不断地进行检查和修正。按照 CCBS 的说法，在推广平衡计分卡概念过程中最大的挑战是，既要寻找各层面的不同测量方法之间的适当平衡，又要确保能够获得所有将该概念推广下去所需要的信息系统。此外，要获得成功的重要一点是，每个人都要确保及时提交所有的信息。信息的提交也要考虑在业绩表现里。

(资料来源：根据网络资料整理)

第一节　平衡计分卡概述

一、平衡计分卡的起源

(一)平衡计分卡的萌芽时期(1987—1989)

在罗伯特·S.卡普兰(Robert S Kaplan)和戴维·P.诺顿(David P Norton)研究平衡计分卡之前，Analog Devices, Inc.(简称 ADI)公司最早于 1987 年就进行了平衡计分卡的实践尝试。ADI 是一家半导体公司，主要生产模拟、数字及数模混合信号处理装置，其产品广泛应用于通信、计算机、工业自动化领域。同其他大多数公司一样，ADI 每 5 年进行一次战略方案调整，在制订新的战略方案的同时检讨原有方案的执行情况。但是，如同管理者们经常遇到的战略问题一样，"制订战略方案"被当作一项"任务"完成后，形成的文件便被束之高阁，并不能在公司的日常生产经营工作中得以执行。

在 1987 年，ADI 公司又开始了公司战略方案的调整。与以前不同的是，这次战略方案的制订，公司决策层意识到战略不仅要注重制定过程本身，还要注意战略的实施。他们希望通过面对面与公司员工的交流与沟通，使他们充分理解并认同公司战略。同时公司高层还希望将战略紧密落实到日常管理中来推动战略的执行。此次 ADI 公司的战略文件在形式上发生了重大变化，他们摒弃了以往那种长达几十页甚至几百页的战略文件，将全部的战略文档资料精简到只有几页纸的内容。在制定战略的过程中，ADI 公司首先确定了公司的重要利益相关者为股东、员工、客户、供应商和社区，然后 ADI 公司在公司的使命、价值观与愿景下，根据上述利益相关者的"利益"分别设定了战略目标并明晰了三个战略重点。

为了确保战略目标特别是三个战略重点目标的实现，ADI 推行了一个名为"质量提高"的子项目，简称 QIP(Quality Improvement Process)。在该项目进行的同时，ADI 公司继续将战略目标实现的关键成功要素转化为年度经营绩效计划，由此衍生出了世界上第一张平衡计分卡的雏形：ADI 公司第一张"平衡计分卡"主要应用在 ADI 公司实施全面质量管理的过程中，公司为了推行作业成本法(ABC)特地邀请了一部分管理学者参与，哈佛商学院的教授罗伯特·S.卡普兰就是其中一位，他本人是这样描述他是如何发现 ADI 公司计分卡过程的："在参观和整理案例的过程中，也将一个公司高层用来评价公司整体绩效的计分卡加以文本化。这个计分卡除了传统的财务指标外，还包括客户服务指标(主要涉及供货时间、及时交货)、内部生产流程(产量、质量和成本)和新产品发展(革新)。"

在帮助 ADI 公司推行 ABC 的过程中，卡普兰发现了 ADI 的平衡计分卡，并认识到它的重要价值。尽管卡普兰与诺顿在后期对平衡计分卡做了学术上的深化，并把它推广到全球的企业中，但是 ADI 公司对平衡计分卡的贡献仍是不能回避和忽视的。

(二)平衡计分卡的理论研究时期(1990—1993)

在罗伯特·S.卡普兰教授发现 ADI 公司的第一张平衡计分卡以后，他与美国复兴全球战略集团(Nolan-Norton)总裁戴维·诺顿开始了平衡计分卡的理论研究。平衡计分卡的研究课题首先是从公司绩效考核开始的。1990 年，Nolan-Norton 专门设立了一个为期一年的新的公司绩效考核模式开发，Nolan-Norton 的执行总裁戴维·诺顿任该项目的项目经理，罗伯特·S.卡普兰担任学术顾问，参加此次项目开发的还有通用电气公司、杜邦、惠普等 12 家著名的公司。项目小组重点对 ADI 公司的计分卡进行了深入研究并将其在公司绩效考核方面扩展、深化，并将研究出的成果命名为"平衡计分卡"。该小组的最终研究报告详细地阐述了平衡计分卡对公司绩效考核的重大贡献，并建立了平衡计分卡的四个考核维度：财务、顾客、内部运营与学习发展。

1992 年年初，卡普兰和诺顿将平衡计分卡的研究结果发表在《哈佛商业评论》上，这是他们所公开发表的第一篇关于平衡计分卡的论文。在《平衡计分卡——驱动绩效指标》中，卡普兰和诺顿详细地阐述了 1990 年参加最初研究项目采用平衡计分卡进行公司绩效考核所获得的益处。该论文发表后卡普兰和诺顿很快就受到几家公司的邀请，平衡计分卡开始得到企业界的关注。

平衡计分卡理论研究的第二个重要里程碑：1993 年卡普兰和诺顿将平衡计分卡延伸到企业的战略管理之中。在最初的企业平衡计分卡实践中，卡普兰和诺顿发现平衡计分卡能够传递公司的战略。他们认为平衡计分卡不仅是公司绩效考核的工具，更重要的是它还是一个公司战略管理的工具。卡普兰和诺顿为此在《哈佛商业评论》发表了第二篇关于平衡计分卡的重要论文——《在实践中运用平衡计分卡》，明确指出企业应当根据企业战略实施的关键成功要素来选择绩效考核的指标。

(三)平衡计分卡的推广应用时期(1994 年至今)

1993 年，卡普兰和诺顿将平衡计分卡延伸到企业的战略管理系统之后，平衡计分卡开始得到全球企业界的广泛接受与认同，越来越多的企业在平衡计分卡的实践项目中受益，同时平衡计分卡还延伸到非营利性的组织机构中。

1996 年，卡普兰与诺顿关于平衡计分卡的第一本专著——《平衡计分卡：化战略为行动》正式出版，书中详细阐述了平衡计分法(Balanced Score Card，BSC)如何在四个角度分解企业战略，并将平衡计分卡考核指标与企业战略连接；以及在 BSC 的指导框架下，如何通过目标、行动计划、预算、反馈、学习和实施来贯彻企业战略。

2004 年，卡普兰与诺顿又出版了一本关于平衡计分卡的新书——《战略地图》。战略地图实质上阐述的是如何将组织的战略可视化，通过战略地图来描述组织的无形资产转化为有形成果的路径。这个路径就是通过平衡计分卡来体现的，并且在无形资产的衡量和管理上，提出了"战略准备度"这一新概念。

由此可见，平衡计分卡是 20 世纪 90 年代以来企业管理理论发展历程中重要的里程碑。既可以作为衡量组织绩效的工具，又可以作为战略管理工具的平衡计分卡，对企业无疑具有很强的吸引力，因此，很多国内外企业都在管理中引入了平衡计分卡。

二、平衡计分卡的概念与核心内容

(一)平衡计分卡的定义

平衡计分卡是从财务、客户、内部运营、学习与成长四个角度，将组织的战略落实为可操作的衡量指标和目标值的一种新型绩效管理体系。设计平衡计分卡的目的就是要建立"实现战略指导"的绩效管理系统，从而保证企业战略得到有效执行。因此，人们通常认为平衡计分卡是加强企业战略执行力的最有效的战略管理工具。

(二)平衡计分卡的多角度理解

我们可以从以下几个方面来理解平衡计分卡。

(1) 平衡计分卡是战略管理与执行的工具。BSC 是在企业总体发展战略达成共识的基础上，通过科学的设计，从财务、客户、内部运营、学习与成长四个维度将目标、指标以及实施步骤有效地结合在一起的一个战略管理与实施体系。它的主要目的是将企业的战略转化为具体的行动，为企业的战略搭建执行平台，以提升企业的战略执行力。

(2) 平衡计分卡是绩效管理的工具。BSC 从四个维度设计适量的绩效指标，为企业提供的绩效指标具有可量化、可测度、可评估性，有利于全面系统地监控企业战略的执行，促进企业战略与远景的目标达成。

(3) 平衡计分卡是企业各级管理者进行有效沟通的一个重要方式。为了战略的执行，必须将企业的远景规划与各级组织，包括各管理层乃至每个员工进行沟通，使企业所有的员工都能够理解战略与远景规划，并及时地给予有效的反馈。

(三)平衡计分卡的核心内容

平衡计分卡的设计包括四个方面：财务层面、客户层面、内部流程层面、学习和成长层面。这几个层面分别代表企业三个主要的利益相关者：股东、客户、员工。每个层面的重要性取决于其本身和指标的选择是否与公司战略相一致。其中每个层面都有其核心内容，如图 11-1 所示。

1. 财务层面

财务业绩指标可以显示企业的战略及其实施和执行是否对改善企业盈利作出贡献。财务目标通常与获利能力有关，其衡量指标有营业收入、资本报酬率、经济增加值等，也可能是销售额的迅速提高或创造现金流量。通常来说，设置财务类指标有三个维度：①盈利/收入，是指增加产品与服务的提供、获得新顾客或市场、调整产品与服务的结构以实现增值，以及重新确定产品与服务的价格；②成本与生产力/效率，是指降低产品与服务的所有相关成本；③资产利用，是指要关注企业的运营资本水平，通过新业务来利用空闲的生产能力，提高资源的使用效率及清除盈利不足的资产。

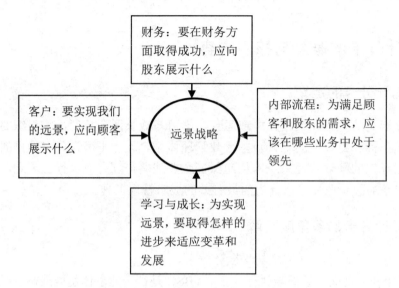

图 11-1　平衡计分卡的内容结构

2. 客户层面

在平衡计分卡的客户层面，管理者确立了其业务单位将竞争的客户和市场，以及业务单位在这些目标客户和市场中的衡量指标。客户层面指标通常包括客户满意度、客户保持率、客户获得率、客户盈利率，以及在目标市场中所占的份额。客户层面使业务单位的管理者能够阐明客户和市场战略，从而创造出出色的财务回报。

设置客户类指标通常有两个维度：①顾客核心成果度量。它是企业在顾客、市场方面要获得的最终成果。它包括了很多企业都采用的五个方面：市场占有率、老顾客保有率、新顾客增加率、顾客满意度及顾客利润率。这五个方面有着内在的因果逻辑关系，如图 11-2 所示。②顾客价值主张。它是核心顾客成果量度的驱动因素和领先指标，目的是创造目标市场中的顾客忠诚度和满意度。它主要关注公司的产品和服务的价格、速度、属性、顾客关系、形象、商誉等。

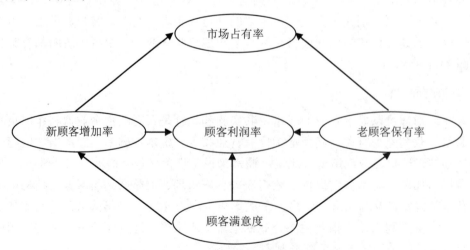

图 11-2　顾客核心成果度量因果关系链

3. 内部流程层面

在这一层面上，管理者要确认组织擅长的关键的内部流程，这些流程帮助业务单位提供价值主张，以吸引和留住目标细分市场的顾客，并满足股东对卓越财务回报的期望。在设置公司层面的内部运营指标时，应当抓住能够支持顾客及财务目标与指标的关键流程，并对这些流程进行详细分析。企业的流程一般分为：创新流程、日常运营流程、客户管理流程。其中，创新流程是指企业通过市场调查了解顾客目前与未来的需要，决定是否设计和开发新的产品(或进行产品改良) 的过程。日常运营流程是从企业接受订单开始，直至向顾客发售或提供服务为止的整个活动过程。它包括接受订单、采购、生产加工、交货等活动。顾客管理流程是指企业如何选择顾客、获得顾客、保留顾客、培育顾客而进行的有效活动。

设置内部运营类的指标通常有四个维度：①时间维度，主要关注流程的速度；②成本维度，关注于履行该流程成本控制的效果，它主要直接驱动财务指标；③风险维度，主要关注流程执行可能产生的错误及所带来的危害；④数量与质量则是对流程产出的成果进行衡量。

4. 学习与成长层面

学习成长类指标是平衡计分卡最后一项内容，实际上它关注的是企业的长远发展能力，强调的是如何使公司的无形资产与公司战略保持一致。卡普兰与诺顿将企业的无形资产分为三类：一是人力资本，主要指支持组织战略所需技能、才干和知识的可用性；二是信息资本，主要指支持组织战略所需信息系统、网络和基础设施的可用性；三是组织资本，主要指执行组织战略所需的发动并持续变革流程的组织能力，如表 11-1 所示。

表 11-1　某消费者银行学习与成长面的目标和指标

无形资产	说　明	指　标	目标值	实际值
人力资本	人力资本组合：了解和消除战略工作组群要求的能力和可获得的能力之间的差距	战略工作准备度	75%	65%
组织资本	领导力：调动组织朝着战略发展的各级高素质领导的可获得性	领导力差距	90%	92%
	文化：执行战略所需要的使命、愿景和价值的意识和内在化	实现的核心价值	80%	52%
	协调：组织各级的战略与目标、激励协调一致	战略认知度	80%	75%
	团队工作：知识、员工资产与战略潜力的共享	共享最佳实践	75%	80%
信息资本	信息资本组合：支持战略所要求的信息系统、数据库和网络基础设施能力	信息组合准备度	95%	70%

在设置学习成长维度的指标时应当考虑的是关键战略内部流程所需的特殊能力和特征。企业在设置学习成长维度的指标时通常考虑六个目标：①战略能力，指执行战略活动所要求的技能、才干、技术诀窍等能力(80%的平衡计分卡包括这一目标)。②战略信息，指支持战略所要求的信息系统、数据库和网络基础设施能力等(80%的平衡计分卡包括这一目

标)。③文化，指执行战略所需的使命、愿景和价值的意识和内在化(90%的平衡计分卡包括这一目标)。④领导力，指调动公司朝着战略发展的各级高素质领导的可获得性(90%的平衡计分卡包括这一目标)。⑤协调，指组织各级的战略与目标、激励协调一致(70%的平衡计分卡包括这一目标)。⑥团队工作，指知识、员工资产与战略潜力的共享(60%的平衡计分卡包括这一目标)。

总之，最好的平衡计分卡不仅仅是重要指标的集合。一份结构严谨的平衡计分卡应当包含一系列相互联系的目标和指标。这些指标不仅前后一致，而且互相强化。例如，投资回报率是平衡计分卡的财务指标。这一指标的驱动因素可能是客户的重复采购和销售量的增加，而这二者是客户的满意度带来的结果。因此，客户满意度被纳入计分卡的客户层面。通过对客户偏好的分析显示，客户比较重视按时交货率这个指标。因此，按时交货率的提高会带来更高的客户满意度，进而引起财务业绩的提高。于是，客户满意度和按时交货率都被纳入平衡计分卡的客户层面。而较佳的按时交货率又通过缩短经营周期并提高内部过程质量来实现，因此这两个因素就成为平衡计分卡的内部经营流程指标。进而，企业要改善内部流程质量并缩短周期的实现又需要培训员工并提高他们的技术水平，员工技术水平成为学习与成长层面的目标。这就是一个完整的因果关系链，贯穿平衡计分卡的四个层面。

平衡计分卡通过因果关系提供了把战略转化为可操作内容的一个框架。根据因果关系，对企业的战略目标进行划分，可以分解为实现企业战略目标的几个子目标，这些子目标是各个部门的目标，同样各中级目标或评价指标可以根据因果关系继续细分直至最终形成可以指导个人行动的绩效指标和目标。

(四)平衡计分卡的特点

平衡计分卡与传统评价体系比较，具有如下特点。

(1) 平衡计分卡为企业战略管理提供强有力的支持。随着全球经济一体化进程的不断发展，市场竞争的不断加剧，战略管理对企业持续发展而言更重要。平衡计分卡的评价内容与相关指标和企业战略目标紧密相连，企业战略的实施可以通过对平衡计分卡的全面管理来完成。

(2) 平衡计分卡可以提高企业整体管理效率。平衡计分卡所涉及的四项内容都是企业未来发展的关键要素。通过平衡计分卡所提供的管理报告，将看似不相关的要素有机地结合在一起，可以大大节约企业管理者的时间，提高企业管理的整体效率，为企业未来发展奠定坚实的基础。

(3) 注重团队合作，防止企业管理机能失调。团队精神是一个企业文化的集中表现，平衡计分卡通过对企业各要素的组合，让管理者能同时考虑企业各职能部门在企业整体中的不同作用与功能，使他们认识到某一领域的工作改进可能是以其他领域的退步为代价换来的，促使企业管理部门考虑决策时要从企业出发，慎重选择可行方案。

(4) 平衡计分卡可提高企业激励作用，扩大员工的参与意识。传统的业绩评价体系强调管理者希望(或要求)下属采取什么行动，然后通过评价来证实下属是否采取了行动以及行动的结果如何，整个控制系统强调的是对行为结果的控制与考核。而平衡计分卡则强调目标管理，鼓励下属创造性地(而非被动地)完成目标，这一管理系统强调的是激励动力。一方面，因为在具体管理问题上，企业高层管理者并不一定比中下层管理人员更了解情况，所作出的决策也不一定比下属更明智，因此，由企业高层管理人员规定下属的行为方式是不恰当的。另一方面，企业业绩评价体系大多是由财务专业人士设计并监督实施的，但是由于专业领域的差别，财务专业人士并不清楚企业经营管理、技术创新等方面的关键性问题，因而无法对企业整体经营的业绩进行科学合理的计量与评价。

(5) 平衡计分卡可以使企业信息负担降到最少。在当今信息时代，企业很少会因为信息过少而苦恼。随着全员管理的引进，当企业员工或顾问向企业提出建议时，新的信息指标总是不断增加，这样会导致企业高层决策者处理信息的负担大大加重。而平衡计分卡可以使企业管理者仅仅关注少数而又非常关键的相关指标，在保证满足企业管理需要的同时，尽量减少信息负担成本。

(五)平衡计分卡的平衡作用

实际上，平衡计分卡打破了传统的只注重财务指标的业绩管理方法。传统的财务会计模式只能衡量过去发生的事情(落后的结果因素)，但无法评估组织前瞻性的投资(领先的驱动因素)。在工业时代，注重财务指标的管理方法还是有效的。但在信息社会里，传统的业绩管理方法并不全面，组织必须通过在客户、供应商、员工、组织流程、技术和革新等方面的投资，获得持续发展的动力。正是基于这样的认识，组织采用平衡计分卡，应从学习与成长、业务流程、顾客、财务四个角度审视自身业绩，从而实现五项平衡。

(1) 财务指标和非财务指标的平衡。目前企业考核的一般是财务指标，而对非财务指标(客户、内部流程、学习与成长)的考核很少，即使有对非财务指标的考核，也只是定性的说明，缺乏量化的考核，缺乏系统性和全面性。

(2) 企业的长期目标和短期目标的平衡。平衡计分卡是一套战略执行的管理系统，如果以系统的观点来看平衡计分卡的实施过程，则战略是输入，财务是输出。

(3) 结果性指标与动因性指标之间的平衡。平衡计分卡以有效完成战略为动因，以可衡量的指标为目标管理的结果，寻求结果性指标与动因性指标之间的平衡。

(4) 企业组织内部群体与外部群体的平衡。平衡计分卡中，股东与客户为外部群体，员工和内部业务流程是内部群体，平衡计分卡可以发挥在有效执行战略的过程中平衡这些群体间利益的重要性。

(5) 领先指标与滞后指标之间的平衡。财务、客户、内部流程、学习与成长这四个方面包含了领先指标和滞后指标。财务指标就是一个滞后指标，它只能反映公司上一年度发生的情况，不能告诉企业如何改善业绩和可持续发展。而对于后三项领先指标的关注，使企业达到领先指标和滞后指标之间的平衡。

三、平衡计分卡的战略意义

(一)平衡计分卡为企业提供了一个整合的框架

平衡计分卡给企业管理提供了一个整合框架，在企业这个管理系统中，不同的职能和管理领域之间存在着障碍。平衡计分卡的出现解决了这些问题。第一，平衡计分卡整合了各个管理领域。平衡计分卡通过把战略转化到具体经营行为，将各种职能管理和公司战略连接在一起，实现了纵向战略和横向战略协同。第二，平衡计分卡整合了企业的会议流程。企业在开会的时候，一般围绕着经营问题，很少涉及战略问题，通过平衡计分卡在企业中实施，设计相应的平衡计分卡跟踪报告的流程和制度，将企业的各种会议进行整合，提高了会议的效率和质量。

(二)平衡计分卡为企业提供一个战略执行的工具

平衡计分卡是战略执行的工具，战略是平衡计分卡制定的起点。战略管理有两个重要工具：战略地图和平衡计分卡。平衡计分卡为工作计划管理提供了依据。企业都有工作计划的管理，通过平衡计分卡的层层落实和分解，可以制定出公司的平衡计分卡、部门的平衡计分卡和岗位的平衡计分卡。各级的平衡计分卡也就是年度工作计划。根据岗位的平衡计分卡，可以制订出岗位的月度工作计划，根据岗位的月度计划制订个人的周计划。这样以平衡计分卡为媒介实现战略与员工工作相结合，使公司战略彻底落实，也为员工的工作找到了方向和依据。

(三)平衡计分卡是一个过程管理的工具

平衡计分卡是一个过程管理的工具，主要体现在以下几个方面。

(1) 平衡计分卡一般会设定年度目标值，然后设定衡量指标的更新频率，一般设定月度和季度的更新频率。保证了对一个衡量指标进行月度回顾的时候，虽然是一个月度的结果，但对于这个指标的年度目标值来说是一个过程，是通过监控每个月指标的完成情况来保证年度目标的完成。

(2) 平衡计分卡本身的设计也体现了过程管理的思想。平衡计分卡包括四个方面的内容：财务、客户、内部运营、学习和创新。财务体现的是经营结果。平衡计分卡不仅关注财务结果，还关注驱动财务结果实现的因素：客户、内部运营、学习和创新。

(3) 平衡计分卡还可以管理战略举措，也就是年度重点工作计划。

(四)平衡计分卡是一个自主管理的工具

平衡计分卡本身蕴含的管理思想不是基于控制，而是绩效提升。也就是说，实施平衡计分卡的目的除了战略执行之外，更重要的是帮助各级组织提高绩效水平，平衡计分卡的设计体现了这种思想。

因此，平衡计分卡是一个自主管理的工具，是每一级组织进行本层面的绩效管理，提高自身绩效水平的工具。当各级组织管理自己的工作、分析问题的时候，平衡计分卡报告的质量自然就会提示。

(五)打造企业的战略性绩效管理系统

战略性绩效管理是这样一个过程，即根据企业的战略制订绩效计划、实施绩效计划、评估绩效、绩效反馈与改进。对比一下战略性绩效管理和平衡计分卡的管理流程可以发现，两个管理流程是完全吻合的。平衡计分卡的管理是战略性绩效管理的过程，是实现绩效的手段，而不是目的，所以平衡计分卡是一个战略性绩效管理的工具，但不可以否认平衡计分卡也可以作绩效评估。

四、平衡计分卡与关键绩效指标的联系与区别

(一)两者之间的联系

平衡计分卡(Balanced Score Card，BSC)与关键绩效指标(Key Performance Indicator，KPI)在绩效指标设置上有一个共同点，就是都要求必须与企业的战略挂钩，在指标的分解上也都是从上而下层层分解。两者都是整体性的绩效管理系统，从企业的战略出发，寻找衡量指标，设定目标，掌控行动。

既然这样，KPI是否可以代替BSC？如果不行，KPI和BSC的联系与区别又是什么？

(二)两者之间的区别

1. 两者在设计理念上不同

关键绩效指标法是通过设定关键绩效指标来激励、引导员工关注当期业务重点，提高自身绩效来实现公司的中、短期战略目标。KPI强调对企业业绩起关键作用的指标，而不是和企业经营管理有关的所有指标，它实际上提供了一种管理的思路：作为绩效管理，应该抓住关键绩效指标进行管理，通过关键绩效指标将员工的行为引向组织的目标方向。

而平衡计分卡则表现在"平衡"和"驱动关系"上：一方面它强调财务指标和非财务指标的平衡、长期和短期的平衡、眼前利益和长远利益的平衡；另一方面则强调四个维度之间的驱动关系，通过学习与创新来优化内部流程，提高顾客满意度，从而最终实现企业财务绩效提升。用平衡计分卡法设计的评价指标中包含衡量员工创新和发展的指标，而KPI法设计的指标更多关注工作任务的完成。

2. 两者在设计方法上不同

关键绩效指标法是通过基于关键成功因素法来得到企业的KPI，然后通过组织结构矩阵法分解企业级KPI来得到部门级KPI以及个人KPI。而平衡计分卡法则是依据企业愿景和战略，考虑各层次的指标间的因果关系来分层分别制定的。

3. 两者在指标特征上不同

利用KPI法分解出来的关键绩效指标是相对独立的，而平衡计分卡因其四个维度间存在驱动关系，使得各个维度内的评价指标具有很强的逻辑性。如"学习与成长"维度中的衡量指标对"内部流程"维度中的指标有着较强的驱动作用，而"内部流程"维度中的指标又对"客户"维度以及"财务"维度的指标具有驱动作用。这种指标间的驱动有利于组织内部各不同部间的协调以及效率的提升，进而加速组织愿景与战略的实现。

综上所述，关键绩效指标与平衡计分卡各有自身特色，在实施过程中也各有优缺点：关键绩效指标法虽然设计指标体系时相对简便，但是却容易关注短期产出而忽视企业的无形资产与长远发展。平衡计分卡虽然能将企业的短期目标与长期目标相结合，但是其设立

过程较为复杂。因此，建立基于平衡计分卡的关键绩效指标体系，将二者结合不失为一种好的做法。

第二节　基于平衡计分卡的绩效考核

一、平衡计分卡的实施条件

平衡计分卡的成功实施，依赖于企业的管理水平、信息化程度、员工素质水平等。所以，平衡计分卡的实施，对企业有一定的要求。

(1) 管理质量高。企业对管理质量要求较高，管理达到程序化、规范化、精细化。使企业战略的每个层次都能有效地实施，最后达到预期的目标。

(2) 信息度高。企业应提供自动化的方法，针对纳入平衡计分卡解决方案中的所有数据加以收集与摘要；并使用现有的营运、分析及通信工具，使信息准确、可靠、及时、快捷。

(3) 员工素质水平高。员工素质水平的情况影响平衡计分卡实施的效果，特别是高层和中层员工的素质水平尤其关键。

(4) 对战略目标的合理分解。对企业战略的合理分解，是平衡计分卡成功实施的关键。企业战略要进行层层分解，转化成一系列可衡量、可实施的具体目标，并在实施中期做合理的调整与修正。

依据平衡计分卡的内部特性和实施条件，在有以下特征的企业实施平衡计分卡，能提高成功率和有效性。

(1) 战略导向型企业。战略导向型企业引进了战略管理理念，对战略的制定与分解，及有效实施都有较为丰富的经验，这为实施平衡计分卡奠定了良好的基础。

(2) 竞争激烈、竞争压力大的企业。在竞争激烈、竞争压力大的企业中，实施平衡计分卡，有助于实施的决心与力度的加强，并有利于提高企业的整体实力和竞争优势。

(3) 注重管理民主化的企业。注重管理民主化的企业，为实施平衡计分卡提供了畅通的渠道。平衡计分卡在实施过程中，需要对企业战略进行分解，这要求企业具备民主化。唯有如此，才能使战略分解合理，使实施过程中员工所遇到的问题能够及时反馈到高层，并得到解决。

(4) 管理成本高(使用作业成本法)的企业。成本管理高的企业，非常注重对企业成本的有效控制，在解决财务指标有效性的前提下，力求使企业在客户、内部业务流程、学习与成长等方面有所突破。

二、平衡记分卡的实施流程

企业绩效管理的平衡计分卡由财务、顾客、内部流程、学习与创新四个维度构成，在确立企业的愿景、确立战略主题的基础上，构建战略主题与组织活动之间的内在关系，并形成战略地图，进而转化为可操作的衡量指标，逐层落实到每一名企业员工的日常工作与绩效目标中。具体来说，平衡计分卡在企业绩效管理中的实施流程可分为五个阶段。

(1) 制定企业远景目标与企业战略。平衡计分卡对企业的远景目标和战略规划有一定要求，企业应在符合并保证实现战略目标的条件下，充分发挥企业内外部环境中的各种资源优势，正确规划企业从事经营范围、成长方向和竞争对策，合理分析企业的内部优势与劣势，充分调动企业的各种资源提升企业的核心竞争力，从而使企业获得竞争优势，制定出适合企业自身发展的企业远景目标和企业战略。

(2) 把组织经营战略转化为可衡量指标。为了更加直观地反映企业绩效管理的实施情况，通过战略实施机制，把企业的战略和一整套衡量、评价指标相联系，逐步弥补战略规划与企业实际战略实施之间的差距。为了能使企业战略得到更好的贯彻执行，逐步把企业战略转化为财务、顾客、内部学习流程、学习与创新四个方面的衡量指标。

(3) 将企业战略与个体的短期目标相结合。平衡计分卡中的目标与衡量指标是相互联系的，这种联系不仅包括因果关系，同时将结果的衡量和引起结果的过程的衡量相结合，最终反映组织战略。绩效考核指标选定后，则需要确定每一个指标所对应的具体目标，协调不同部门、不同个体之间的具体目标。合理避免出现企业战略目标、业务部门目标、个人绩效考核目标之间的矛盾，在必要的时候对企业战略进行分解、细化，将企业战略同部门战略和个人绩效相联系。

(4) 战略的实施与动态调整、完善考核体系。当企业绩效考核指标和战略目标确定之后，系统性的绩效考核内容体系便逐步形成了。在战略的具体实施过程中，注意监督和控制，及时发现战略实施过程中存在的规划误差，随时对目标体系进行调整。疏通信息反馈渠道，完善信息反馈机制，根据企业的内外部环境变化，作出合理的调整方案。建立一套完备的考核体系，充分发挥平衡计分卡的衡量作用，提升企业的竞争力。

(5) 根据平衡计分卡的实施现状进行评价。根据企业内部各部门以及各员工的具体表现，制定相应的奖罚措施，同时为员工提供必要的培训方案，通过不断的学习积累，提升企业的创新能力。

三、平衡计分卡在实施过程中的注意事项

(一)平衡计分卡需要与组织的愿景、战略紧密联系

中国企业接触平衡计分卡与主导平衡计分卡实施的人多具有人力资源背景，多数人一谈到绩效管理、绩效考核就认为是员工绩效管理、员工绩效考核，就想"管"人。他们认为平衡计分卡仅仅是一套绩效考核工具，不就是财务、客户、内部流程、学习与成长四个层面的量化指标吗？过去公司没有量化考核，现在只要有量化考核就会有效果。过去仅用财务指标"管"人，现在可用四个层面的量化指标"管"人，一定会将员工"管"得老老实实。殊不知，不管是绩效管理还是绩效考核都分组织层面绩效管理与考核及员工层面绩效管理与考核。绩效考核是对结果进行评估，而绩效管理包括了绩效考核，它更强调过程管理，包括从绩效计划到日常辅导、结果评估、绩效面谈、激励的全过程。绩效考核是"引导"，引导员工做自己希望的事情。要想设计好考核系统，必须理清到底想要什么，要什么就考核什么，考核什么就可以得到什么。对组织层面来说，想得到的是企业战略目标的实现，绩效管理与考核是一种手段，平衡计分卡更侧重组织层面的绩效管理；而对员工层面来说，企业想要的是满足流程目标对岗位的要求，包括时间、质量、成本与员工能力提

升,因此员工考核更侧重平衡计分卡的流程指标与学习成长指标,即流程指标与能力模型考核。

当然,很多组织没有清晰的愿景与战略,它们简单地认为愿景就是口号,战略就是目标,而且目标也仅仅是领导的主观臆断,根本未进行系统分析,而且不知道实现目标的手段何在,到底要为客户创造什么样的独特价值,谋取什么样的竞争优势,很难将目标分解下去。由于不清楚愿景、战略与平衡计分卡之间的对应关系,选取 KPI 仅仅凭岗位职责简单分析,导致 KPI 选取不当而产生部门冲突、团队精神破坏、员工不满等,不但未解决现有问题,反而产生许多新问题。

(二)平衡计分卡要强调横向协调

很多组织在设计平衡计分卡之前都未进行业务流程优化,造成部门间横向不协调。实际上,为适应新经济时代的激烈竞争,组织必须由自我为中心(生产中心)转向以客户为中心,而企业业务流程的核心目的是如何识别并满足客户的需求。能否在激烈的竞争中赢得竞争优势,让客户选择我们,关键看我们流程上的核心能力即流程反应能力如何,而流程反应能力如何关键看流程上各部门的协作能力。因此,在平衡计分卡设计之前必须先对业务流程进行优化,以保证各部门的协同作战,保证最大限度地满足客户需求。

(三)不仅要做业务部门平衡计分卡,也要将职能部门纳入管理

由于职能部门很难量化考核,其考核一直是世界性难题,因此很多组织在设计平衡计分卡时未将职能部门包括在内。要想对职能部门的业绩进行衡量,必须对其功能进行定位,过去职能部门只发挥职能行政管理角色,现在环境要求职能部门更多地发挥战略角色,即成为业务部门的战略伙伴、内部变革的推动者与领导者,要积极主动地承担绩效提升责任,帮助业务部门提升绩效。职能部门除有自己的平衡计分卡外,还要引入联系计分卡。例如,为办公室主任设计计分卡时,由于办公室主任有督导各部门年度计划完成的责任,除设计其计分卡四个层面的 KPI 外,还应引入联系指标……各部门年度计划的完成情况,并将其与办公室主任的奖励挂钩。这样就会使得职能部门开始围着业务部门转,主动为业务部门服务。

(四)将平衡计分卡根据因果关系层层分解

平衡计分卡是一个层级概念,许多企业管理人员误以为公司级计分卡可简单分解成部门计分卡,部门计分卡又可简单地分解为个人计分卡。公司级、部门级与岗位级之间不是简单的叠加关系,而是战略协同关系,是战略目标从上到下的层层落实与从下到上的层层推动,就像钟表一样,将员工比作钟表的秒针,部门为分针,公司是时针。秒针推动分针,分针推动时针,三者之间是一种协同关系。

(五)平衡计分卡要与管理流程相结合

管理流程包括年度计划制订流程与全面预算管理流程。许多企业的平衡计分卡由人力资源组织制定,年度计划由办公室组织制订,预算由财务部组织制定,三者各自为政、互

不相干。实际上，平衡计分卡的 KPI 指标值需要通过预算流程确定，而实现指标值的行动方案需要在制订年度计划时确定，而年度计划与预算又密切相关，是战略计划的具体体现。因为平衡计分卡是一套战略管理工具，它必须与预算管理流程、年度计划制订流程无缝对接，保持内在的一致性；否则，相互不支持，企业根本不可能实现战略目标。

(六)平衡计分卡某些核心 KPI 也要纳入管理

中国企业由于管理基础薄弱，平时缺乏必要的数据统计，很多重要的 KPI 未纳入管理，导致关键事项难以完成，无法取得预期绩效。缺数据意味着什么？意味着缺乏管理战略的流程。例如，很多汽车公司、中药公司，由于产品系列众多，每种产品生产流程很复杂，公司也不知道每种产品的收益率是多少，这种情况意味着缺乏管理产品成本的流程，而产品成本是影响战略的核心关键绩效指标。因此，如果缺乏核心 KPI 的数据，必须先完善监控该 KPI 的流程，然后才能谈到如何实行平衡计分卡管理。

(七)平衡计分卡要与奖励相结合

战略与奖励脱节是组织战略实施的障碍之一。许多公司由于其平衡计分卡的 KPI 不符合 SMART 原则，其指标值要么无法确定，要么只设一个值，据此难以确定浮动薪酬方案，导致计分卡与奖励脱节，难以达到预期效果。

(八)决策层一定要参与并引起足够重视

由于平衡计分卡是一套战略管理工具，它涉及企业的方方面面，推行平衡计分卡是一场非常复杂的变革管理过程，必须有足够的沟通教育、互动讨论，必须让每位员工都认可并主动积极地支持变革。如果仅由人力资源或其他部门牵头是不可能顺利推行的，必须由公司高管亲自领导，高管从资源上给予全力支持才行。首先，因为多数中层管理人员对企业组织的战略缺乏深刻认识，只有高层管理团队才能较好地描述正在实施的战略。其次，高层管理人员具备进行战略选择的决策权，战略是在可选择的行动中进行权衡取舍，决定要抓住哪些机会，更重要的是决定要放弃哪些机会。最后，虽然理解战略是必需的，但是，高层管理人员对平衡计分卡项目是否有认同感才是真正决定平衡计分卡项目成功与否的因素。

(九)企业文化一定要支持组织变革

由于中国企业等级观念较重，文化不够开放，上下级之间、员工之间多不能敞开胸怀沟通，一些经理不敢直面问题，不敢得罪人。在绩效管理中，对员工的绩效考核，特别是非财务指标，一些经理上报的数据不真实，全是最高分或分数都很平均，导致员工的绩效考核流于形式。因此，必须进行企业文化变革，在企业中真正形成开放、包容、平等、互助的企业文化。

(十)应有必要的战略管理制度与组织结构作保障

平衡计分卡不是简单的绩效考核工具，而是系统的战略管理体系。要想让平衡计分卡在企业生根，以创造并保持企业的持续卓越，必须将平衡计分卡的制定与执行流程形成战略管理制度，对每一环节都作出详细规定，特别是要对平衡计分卡实施的领导机构与执行机构作出详细安排，以保证每一环节都落到实处。

(十一)一定要有真正的平衡计分卡专家来掌舵

目前，宣称能设计平衡计分卡的咨询公司多数有人力资源背景，主要从绩效考核角度实施平衡计分卡。其实，平衡计分卡是一套企业整体管理框架，是一套战略管理系统，是各类管理理念与工具的整合。要想真正地对其理解透彻，必须对战略、财务、营销、流程、人力资源、企业文化都有精深的研究，并将其融会贯通。所以，企业要想真正从平衡计分卡的实施中取得突破性绩效，就必须有真正懂得平衡计分卡方法精髓的专家来掌舵。

另外，实施平衡计分卡体系还应注意以下几个方面。

(1) 不同的企业，其战略取向完全不同，由战略导出的平衡计分卡也完全不同。每个企业必须先进行愿景规划与战略分析，根据自己的使命、愿景与战略来设计出能反映自己战略特色的平衡计分卡。

(2) 虽然平衡计分卡的 KPI 在理论上一般有 22～25 个，但实际上，刚开始实施平衡计分卡时，KPI 应尽可能少一些，要用一些关键的综合性指标。例如，美孚石油北美公司起初的平衡计分卡只有五个指标，但实践证明，这五个 KPI 指标对其高级经理们将精力集中于战略起了非常大的作用。

(3) 平衡计分卡的运用要求企业有较强管理基础，如果基础数据不健全，有些 KPI 很难确定其目标值。因此，可用易确定目标值的 KPI 来代替。平衡计分卡的 KPI 可逐步完善，各 KPI 值可通过一段时间的统计分析得出。

(4) 平衡计分卡的整合功能非常强，它可以将战略、财务、营销、流程管理、人力资源中的最先进知识整合在一起。但企业在实施时应根据自己的情况来定，不能简单地追求先进，要先分析战略，根据自己的愿景与战略来确定适合自己的平衡计分卡系统。

(5) 虽然卡普兰教授设计的平衡计分卡只有四个方面，但实际实施时要具体问题具体分析，可以多于四个方面，也可以少于四个方面。

总之，平衡计分卡很好地解决了企业的两大基本问题：业绩评价与战略实施。因此，它不仅是一套业绩考核工具，更是一套适合知识经济时代的系统的动态战略管理体系，可以帮助企业规划战略，实施变革，创造未来。它是当今最强有力的管理工具，是跨国公司纵横全球的利器，我国企业可以借此打造自己的核心能力与竞争优势。

第三节　战　略　地　图

一、战略地图的含义

(一)战略地图概述

战略地图最早由罗伯特·卡普兰和戴维·诺顿提出，他们是平衡计分卡的创始人。在对实行平衡计分卡的企业进行长期的指导和研究的过程中，两位大师发现，企业由于无法全面地描述战略，管理者之间及管理者与员工之间无法沟通，对战略无法达成共识。平衡计分卡只建立了一个战略框架，而缺乏对战略进行具体而系统、全面的描述。2004 年 1 月，卡普兰和诺顿有关平衡计分卡的第三部著作——《战略地图——化无形资产为有形成果》出版。

战略地图实质是阐述如何将组织的战略可视化，描述了实现组织战略的逻辑路径图，主要是以平衡计分卡的四个层面目标(财务层面、客户层面、内部流程层面、学习与成长层面)为核心，通过分析这四个层面目标的相互关系而绘制的企业战略因果关系图。该关系图将各目标/指标归纳为一个因果关系链，将期望结果与其驱动因素联系起来，将员工个人的工作和公司战略联系起来，把员工的个人努力集合在一起，从而实现公司战略。

战略地图的核心内容包括：企业通过运用人力资本、信息资本和组织资本等无形资产(学习与成长)，才能创新和建立战略优势和效率(内部流程)，进而使公司把特定价值带给市场(客户)，从而实现股东价值(财务)。四个层次之间的逻辑关系如表 11-2 所示。

表 11-2　战略地图四个层面指标间的逻辑关系

序　号	BSC 四个维度	四个层面指标的内在逻辑关系
1	财务层面	为股东创造什么价值
2	客户层面	为客户创造什么价值
3	内部流程层面	为了实现以上目标，公司要在哪些方面做得更加出色
4	学习与成长层面	为了能够实现卓越的内部运营，保证战略的顺利执行，公司需要哪些资源准备

(二)战略地图的绘制方法

可以用六步绘制企业战略地图(见图 11-3)。

第一步，确定股东价值差距(财务层面)，比如股东期望 5 年之后销售收入能够达到 5 亿元，但是现在只达到 1 亿元，距离股东的价值预期还差 4 亿元，这个预期差就是企业的总体目标。

第二步，调整客户价值主张(客户层面)，要弥补股东价值差距，要实现 4 亿元销售额的增长，对现有的客户进行分析，调整客户的价值主张。客户的价值主张主要有四种：第一种是总成本最低，第二种强调产品创新和领导，第三种强调提供全面客户解决方案，第四种是系统锁定。

第三步，确定价值提升时间表。针对 5 年实现 4 亿元股东价值差距的目标，要确定时间表，第一年提升多少、第二年提升多少、第三年提升多少，将提升的时间表确定下来。

第四步，确定战略主题(内部流程层面)，要找关键的流程，确定企业短期、中期、长期做什么事。有四个关键内部流程：运营管理流程、客户管理流程、创新流程、社会流程。

第五步，提升战略准备度(学习和成长层面)，分析企业现有无形资产的战略准备度，具备或者不具备支撑关键流程的能力，如果不具备，找出办法来予以提升。企业无形资产分为三类，即人力资本、信息资本、组织资本。

第六步，形成行动方案。根据前面确定的战略地图以及相对应的不同目标、指标和目标值，再来制定一系列行动方案，配备资源，形成预算。

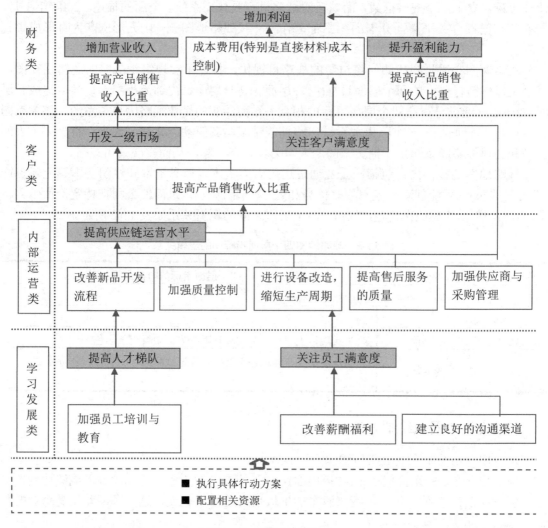

图 11-3　战略地图(部分)

(资料来源: 付亚和，许玉林. 绩效管理[M]. 4 版. 上海. 复旦大学出版社，2021.)

二、战略地图与平衡计分卡的关系

(一)平衡计分卡是战略地图的基础

战略地图是以平衡计分卡的四个层面目标为核心，通过分析这四个层面目标的相互关系而绘制的企业战略因果关系图。

(二)战略地图是平衡计分卡的发展

平衡计分卡只建立了一个战略框架，缺乏对战略进行具体而系统、全面的描述，使管理者之间及管理者与员工之间无法沟通，对战略无法达成共识。战略地图是平衡计分卡的进一步发展，在平衡计分卡的思想上将组织战略在财务、客户、内部运营和学习成长四个层面展开，在不同的层面确定组织战略达成所必备的关键驱动因素，通常称之为战略重点或者战略主题。在明确战略重点或主题的同时，建立各个重点或主题之间的必然联系，形成相互支撑关系，从而明确战略目标达成的因果关系，将其绘制成战略简图，称为战略地图。

(三)战略地图比平衡计分卡多出了颗粒层与动态层

与平衡计分卡相比，战略地图增加了两个层次的内容：一是颗粒层，每一个层面下都可以分解为很多要素；二是动态的层面，即战略地图是动态的，可以结合战略规划过程来绘制。

可以说战略地图是企业战略描述的一个集成平台，而平衡计分卡本身是对战略地图的深一层解释，并通过设计具体的指标将战略地图具体化和指标化，使其能够被衡量。

战略地图的构成文件主要是"图、卡、表"。所谓"图、卡、表"，是指《战略地图》《平衡计分卡》《单项战略行动计划表》，是运用战略地图来描述战略的三个必备构成文件。

《战略地图》以简洁的图表将原本数百页战略规划文件才能描述清楚的集团战略、战略业务单元、职能战略直观地展现出来，"一张地图胜似千言万语"，《战略地图》是企业集团战略描述的一个集成平台；《平衡计分卡》本身是对《战略地图》进行深度解释的表格，它由战略目标与主题、核心衡量指标、战略指标值(3～5 年)、单独战略行动计划表(名称)所构成；而《单项战略行动计划表》则是对《平衡计分卡》中罗列出的一个个单项战略行动计划(名称)的进一步演绎，将那些所谓"务虚的战略"落实为一步步可操作监控的，具有明确时间节点、责任归属、资源安排的行动计划。

三、战略地图的作用与意义

战略地图最大的作用有两个，其一是用直观的描述来解释公司的战略，让"高深"的战略转化为企业里各个部门都能够理解的语言；其二是将实现公司战略常用途径(或定位)划分为四个基本的模板，也可以称之为基本的战略实现路径/侧重点。因为任何一家企业其资源都是有限的，没有任何一家企业可以面面俱到，只能将有限的资源和精力聚焦到某个领域中，但是要清晰地描绘出从战略目标到企业的经营管理重心之间的逻辑关系，是一件很困难的事情，直到战略地图的出现，才解决了这个棘手的问题。所以，从这个意义上讲，战略地图本质上是一套战略管理工具，但是却可以很好地应用于绩效管理。

战略地图将战略转化为企业的经营管理导向，并将其分解为一系列的、与各部门相关的主题，这相当于在公司与战略目标之间绘制了一条基本的路线图，让企业的各项经营管理活动直指目标，而不至于"跑偏"或疲于奔命。

经过长期研究与摸索，卡普兰和诺顿总结了四种模板的战略地图，分别为总体成本领先、产品领先、全面解决方案、系统锁定。

(1) 采取总体成本领先这种基本战略的企业，所有的经营管理重心都围绕着如何控制成本而展开。对这类企业而言，创新、研发、售后服务等，都不那么重要，保持基本的、能够符合客户最基本的要求即可，因为提高这些方面的能力会增加成本。采取总体成本领先战略的企业之典型有 DELL 和格兰仕。

(2) 采取产品领先这种基本战略的企业，所有的经营管理都围绕着产品性能和技术含量的最优而展开。对这类企业而言，创新、研发、技术、品质是重点，成本反而不那么重要，而由于这类企业的产品足够领先(或者够前卫)，其较高的溢价水平足以覆盖其高昂的研发和生产成本。采取产品领先的企业主要集中在奢侈品或高档产品行业，如 APPLE。

(3) 采取全面解决方案这种基本战略的企业，类似于工程领域的"交钥匙"工程(类似于 BOT 工程，即建造、运营、移交)，即客户购买的不是单一的产品或服务，而是系统的解决方案；对这类企业而言，更强调系统组合的最优，而非局部最优；采取全面解决方案的企业主要集中在企业软件(如 SAP)和大型工程领域(如水电站建设方)以及家装领域。

(4) 采取系统锁定这种基本战略的企业，所有的经营管理都围绕着如何提高客户黏度、增加竞争对手的准入门槛、提高竞争品的替代成本等方面，而系统锁定这种基本战略操作起来比较复杂，会对研发设计、售后服务、客户体验等方面有诸多较高的要求。因此，能够真正适合这种战略企业很少，典范的有 MICROSOFT、APPLE 等。

无论采取何种基本的战略，企业都需要首先完成其 KSF(Key Success Factor，关键成功要素)的确定，即明确企业之所以能够获得当下之地位和成就，以及要实现未来的战略目标最关键的驱动因素是什么。只有确定了 KSF 之后再去选择战略地图(模板)，才是最符合企业实际也是最切实可行的战略。此外，这四种模板不是一成不变的，企业可以及时调整自己的战略，以便更好地适应竞争环境的变化。

本 章 小 结

传统的财务会计模式只能衡量过去发展的情况，但是不能估计前瞻性的投资，显然传统的绩效管理方法已经不能更好地运用于绩效管理。平衡计分卡是一个整合战略指标的新框架。它在保留以往财务指标的同时，引进了未来财务业绩的驱动因素，这些因素包括客户、内部流程、学习与成长等层面。具体来说，平衡计分卡是从财务、客户、内部流程、学习与成长四个角度，将组织的战略落实为可操作的衡量指标和目标值的一种新型绩效管理体系。设计平衡计分卡的目的就是要建立"实现战略指导"的绩效管理系统，从而保证企业战略得到有效执行。因此，人们通常称平衡计分卡是加强企业战略执行力的最有效的战略管理工具。

战略地图提供了可视化的组织战略架构，主要是以平衡计分卡的四个层面目标(财务层面、客户层面、内部流程层面、学习与增长层面)为核心，通过分析这四个层面目标的相互关系而绘制的企业战略因果关系图。

思 考 题

1. 什么是 BSC? BSC 的内涵是什么?
2. BSC 和 KPI 之间的联系与区别是什么?
3. 什么是战略地图? 战略地图与平衡计分卡的关系如何?

案 例 分 析

中外运敦豪的平衡计分卡使用

背景：中外运敦豪国际航空快件有限公司于 1986 年 12 月 1 日在北京正式成立。自公司成立以来，随着中国经济的迅速增长，中外运敦豪亦创下骄人业绩。中外运敦豪是一个西方管理和东方文化相融合的公司，中国区总经理就来自中西元素融合的新加坡。自 1998 年起，中外运敦豪在北京、上海和广州三个合资公司开始实行罗伯特·卡普兰的作业成本法(Activity Based Costing，ABC)。通过 ABC 的运用，中外运敦豪对成本结构和在中国不同地区的成本差异有了进一步的了解，有效地辅助了成本基准的制定和管理，并且为公司能够制定具有竞争力和有盈利的价格政策提供了更有价值的信息，帮助管理层更有效地制定公司总体战略目标。中外运敦豪对运用作业成本法后取得的成果非常满意，决定继续运用这个管理理论去不断完善内部程序，为客户提供更好的服务。同时，罗伯特·卡普兰的管理工具——平衡计分卡引起中外运敦豪的关注。正巧，2002 年被中外运敦豪设定为"服务年"，这本来是加强内部服务意识的一个项目，但是公司在全国 39 个地区共有 2800 个员工，让每一个员工对客户的服务意识和态度都得到提升是一个极其艰巨的任务。中外运敦豪认识到平衡计分卡能够配合内部的组织结构，帮助公司制定一个把管理目标和奖励系统相结合的模式，便决定开始实施平衡计分卡。

平衡计分卡的实施：中外运敦豪首先建立了公司的远景战略，就是"Market leader"(市场领导者)，在国际快递行业中提供最高的服务给客人，这就是中外运敦豪的战略目标。他们认为平衡主要体现在四部分的平衡：内部和外部、短期和长期、结果和动机、数量和质量。中外运敦豪以前衡量分公司主要是用财务指标，看收入的增长是否达到标准，采用的是盈利和收款的情况等这些硬性的财务指标。中外运敦豪觉得这样看待公司的经营是远远不足够的。在平衡计分卡里他们不但重新设计了财务指标，如使用超过 90 天的应收账款来描述收入与预算的完成情况，利润和预算的完成情况，还涵盖了很多客户的指标，如客户保有率，还有新增客户、客户满意度等外部的、软性的指标。这些数据指标被称作 KPI。运用 KPI 能够起到通过指标控制流程的作用。中外运敦豪明确了给客人提供最好的服务时，重在过程，而不仅仅是结果。

通过对平衡计分卡的合理应用，中外运敦豪取得了不俗成绩。但是，我们也应当看到，中外运敦豪的平衡计分卡在设计方面并不完美，尚存在需要改进的地方。

(资料来源：根据网络资料整理)

讨论题：

1. 试分析中外运敦豪公司将平衡计分卡引入企业管理中，在哪些方面做得比较成功。
2. 您认为中外运敦豪公司的平衡计分卡在设计方面尚存在哪些不足之处？

第十二章

绩效管理发展的新趋势

【本章学习重点】

- 绩效管理未来发展的总体趋势
- 绩效三棱镜的含义
- 绩效仪表盘的概念

本章案例来源

【案例导入】

俄罗斯矿山爆炸

在一次企业季度绩效考核会议上，营销部门经理 A 说：最近的销售做得不太好，我们有一定的责任，但是主要责任不在我们，竞争对手纷纷推出新产品，比我们的产品好。所以我们也很不好做，研发部门要认真总结。

研发部门经理 B 说：我们最近推出的新产品是少，但是我们也有困难呀。我们的预算太少了，就连少得可怜的预算也被财务部门削减了。没钱怎么开发新产品呢？

财务部门经理 C 说：我是削减了你们的预算，但是你要知道，公司的成本一直在上升，我们当然没有多少钱投入到研发部了。

采购部门经理 D 说：我们的采购成本是上升了 10%，为什么你们知道吗？俄罗斯的一个生产铬的矿山爆炸了，导致不锈钢价格上升。

这时，A、B、C 三位经理一起说：哦，原来如此，这样说来，我们大家都没有多少责任了，哈哈哈哈。

人力资源经理 F 说：这样说来，我只能去考核俄罗斯的矿山了。

分析：绩效考核的目的是改善绩效，而不是分清责任，当绩效出现问题的时候，着力点应该放在如何改善绩效而不是划清责任。遇到问题先界定责任后讨论改善策略是人们的惯性思维，当我们把精力放在如何有效划清责任而不是如何改善上，那么，最后的结果都是归咎于外，作为企业员工谁都没有责任，最后客户被晾在了一边，当责任划分清楚了，客户的耐心也已经丧失殆尽。于是，客户满意和客户忠诚也随之消失了，最后企业财务目标的实现没有了来源，股东价值也就无从说起。

(资料来源：根据网络资料整理)

第一节 绩效管理发展的总体趋势及问题

一、绩效管理发展新趋势

伴随着企业管理的不断发展，绩效管理也经历了由粗到细、由低级到高级的日趋完善的发展历程，并不断继续向前发展，由过去的注重财务指标到现代的平衡计分卡，再到当前的绩效棱镜、绩效仪表盘等思想。总体来说，绩效管理将呈现出以下发展趋势。

(1) 从管理的基础上看，呈现出战略性导向。绩效管理与企业战略的联系将更加紧密，未来的绩效管理将更加注重与企业战略的结合。

(2) 从管理的目的上看，呈现出人性化导向。绩效管理将更加注重企业绩效与员工素质的持续提升，更加注重通过绩效管理发现企业管理与员工个人存在的不足并加以改进，而不是过多地看重考核结果。

(3) 从管理的侧重点上看，呈现出过程化导向。绩效管理将更加注重日常的过程管理，更加注重对行为的考核，而不再仅仅以结果为导向。

(4) 从管理的客体上看，呈现出团队化导向。随着竞争的日趋加剧和管理的日趋复杂，单一个人的力量将更加弱化，团队将成为未来的主要工作单元，企业将更加强调团队精神。因此，企业将更加注重对团队绩效的考核，而非个人的绩效考核。

(5) 从管理的主体上看，呈现出多元化导向。360度测评将会被全面引入，包括客户等其他利益相关者可能会作为评价主体。随着矩阵式管理模式的广泛应用，上级公司职能部门的垂直考核将成为主流。

(6) 从管理的内容上看，呈现出全面性导向。指标的选取，将更加注重财务与非财务、长期与短期、经营与管理、内部与外部等指标的相互结合。

(7) 从管理的手段上看，呈现出信息化导向。信息系统与网络等先进的技术将引入绩效管理，管理的手段将更加先进，指标数据将更加准确，数据的获取将更加便捷、容易，管理者与下属员工的互动沟通平台将更加健全。

(8) 从管理的技术方法上看，呈现出多样化导向。更多的先进指标分解等技术与方法将会被引入绩效管理，业绩与行为等考核指标将更加客观、量化，考核结果将更加精确。

二、绩效管理发展面临的问题

当前，全球很多企业都在推行绩效管理工作，但不是每个企业的绩效管理都做得很好，真正做得让人满意的并不多，总结一下，主要存在以下八大问题。

1. 没有真正明白绩效管理的主要目的

很多企业管理者认为绩效管理的主要目的就是发放奖金，就是为了处罚大家，让大家有压力，让大家更听话，实际上这并不是绩效管理的主要目的。绩效管理最主要的目的是提高员工绩效，提高部门绩效，提高企业绩效。

2. 认为绩效管理就是绩效考核

很多企业认为绩效管理就是绩效考核，所以总想把心思放在绩效考核的各种方法的应用上，如何让绩效考核更加量化，如何让绩效考核更加全面，而实际上绩效考核做得再好，也不能做好绩效管理工作，因为绩效考核只不过是绩效管理中的一个环节。解决问题只看到部分，没有看到全部，是不能解决问题的。

3. 绩效管理更多的是负激励，而不是正激励

在绩效管理中，采用的更多的是负激励，而不是正激励，以致很多人认为搞绩效管理就是变相地扣员工的工资，使很多员工甚至是中层干部都不支持公司搞绩效管理。在企业中得不到大多数人支持的行动是很容易失败的，这是很多企业搞绩效管理失败的主要原因之一。

4. 绩效考核结果没有得到很好的应用

企业做了很多绩效管理工作，但如果忽视一个很重要的环节——结果应用，没有很好地与薪酬、福利、职位变动、培训等结合在一起，没有建立相应的制度作支撑，使结果应用不能很好地得到落实，也会大大地降低绩效管理的作用。

5. 没有考虑到企业中绝大多数人的利益

在一个企业中，有代表不同利益的各个阶层，有大股东、小股东、高层管理者、中层

管理者、基层管理者、研发人员、市场人员、生产人员、品质人员、事务性人员等，这些不同的人员就代表了不同的利益相关者，如果企业在推行绩效管理工作时，没有考虑到他们的不同观点、意见，就很容易失败，"要团结一切可以团结的力量"。只要团结一切可以团结的力量，使绝大多数人都能够理解、支持绩效管理工作，就会大大增加绩效管理工作成功的机会，就能够让更多的人为了公司整体的绩效而愿意推行绩效管理，就不会把推行绩效管理工作当作是额外的不讨好的工作。

6. 没有看到绩效管理的实质

很多企业在轰轰烈烈地开展绩效管理时，只看到它的表象，没有看到它的实质，这样是不可能做好绩效管理工作的。绩效管理的实质不在于采用什么样的形式来开展绩效管理，也不在于采用什么的方法、工具。绩效管理的方法有很多种，不一定先进的就是好用的，关键的实质在于要采用适用于本企业实际情况的形式和方法，能够很好地解决企业的问题，能够提高企业的整体绩效，能够通过提高企业绩效让更多的人得到实惠，这样才能更好地促进员工做好绩效管理工作。

7. 不重视绩效改进

通过推行绩效管理，可以发现很多问题，但很多企业并不重视绩效改进，没有把绩效考核发现的问题放入下一个考核周期的绩效计划中，使这些问题没有在下一个考核周期内得到应有的重视和很好的解决，同样的问题很可能又会出现在后面的考核周期中，从而使绩效得不到很好的改善。

8. 不重视绩效辅导

很多企业在推行绩效管理工作时，从来就不重视绩效辅导，不知道要进行绩效辅导，甚至在很多绩效管理的教科书中都没有绩效辅导这个极其重要的环节。中国企业的现状是，很多员工、职位经理人并没有达到很高的水平，没有做到上级领导只下个命令就能把事情做好的程度，而企业恰恰忽视了这个重要的现实问题，员工不具备做好工作的能力，而各级管理者又没有进行层层辅导，使很多工作没有得到很好的执行，有时并不是员工不想做好工作，而可能是他们的能力达不到。再加上中国企业的内部环境也不是那么纯净，本身就存在很多问题，这样就更增加了完成工作任务的难度。可以说，绩效辅导就是绩效管理的"黑洞"，没有绩效辅导的绩效管理不可能取得成功，这也是目前很多实施绩效管理的企业不能成功的主要原因。

第二节　绩效三棱镜理念初探

一、绩效三棱镜的概念及内涵

(一)绩效三棱镜的概念

三棱镜在日光照射下，能够折射显示出七彩的颜色。绩效三棱镜就是企业经营的环境经过绩效三棱镜的折射而反映出各利益相关者的要求，从而让企业可以据此展开经营管理并且对其结果进行各类测评。绩效三棱镜最大的特点就是把利益相关者置于绩效评价的中心地位，从利益相关者的角度出发来形成企业的战略，确定企业内部过程和发展企业的能力，是一种典型的利益相关者价值取向的绩效评价模式。

(二)绩效三棱镜的内涵

传统的绩效评价体系过于强调股东利益，而忽视了其他利益相关者的价值，即便是平衡计分卡也存在众多不足——只考虑了股东、员工和顾客三个利益相关者。尼利(Neely)和亚当斯(Adams)等人基于利益相关者理论，首次提出了绩效三棱镜体系。绩效三棱镜是基于以下逻辑而构建的：企业要实现可持续发展，首先必须清楚地知道企业的利益相关者及其需求；然后据此制定战略，通过战略实施将价值传递给利益相关者；为了实施战略，必须建立能够有效地发出命令和执行命令的流程；为了保证流程的顺利实施，必须具备相应的能力；最后，公司在为利益相关者创造价值的同时，也必须与利益相关者建立良好的互动关系，获取利益相关者对企业的贡献。因此，绩效三棱镜包括相互联系的五个方面，对于每一类利益相关者，都应从五个方面进行绩效评价，如图 12-1 所示。

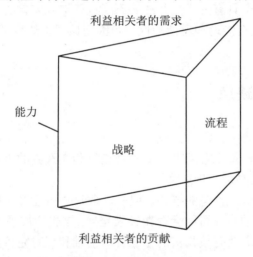

图 12-1 绩效三棱镜模型

(1) 利益相关者的需求——谁是企业的主要利益相关者？他们的愿望和要求是什么？

(2) 利益相关者的贡献——企业要从利益相关者那里获得什么？

(3) 战略——企业应该制定何种战略来满足利益相关者的需求，同时也满足企业自己的需求？

(4) 流程——企业需要什么样的流程才能有效地执行战略？

(5) 能力——企业需要什么样的能力来顺利运作这些流程？

二、绩效三棱镜的优点

绩效三棱镜具有如下优点。

(1) 绩效三棱镜坚持利益相关者价值取向。绩效三棱镜将关键利益相关者都加以考虑并进行监测，保证了更多利益相关者的利益及其均衡性。

(2) 考虑了利益相关者在企业中的双向作用。企业与利益相关者之间是互动关系，利益相关者的需求与贡献是企业生存与发展的两翼。绩效三棱镜不仅考虑利益相关者的需求，而且考虑利益相关者对企业的贡献，体现了利益相关者在企业中的能动性和企业与利益相关者之间的互惠性。

(3) 绩效三棱镜以利益相关者需求为起点。绩效三棱镜以利益相关者需求为起点来制定战略并采取行动，使利益相关者的需求与公司战略以及行动紧密联系起来，理顺了企业价值、战略、行动之间的关系。

(4) 绩效三棱镜逻辑关系明确。绩效三棱镜从利益相关者需求到战略、流程、能力，再到利益相关者贡献，五个方面环环相扣，逻辑关系更加清楚，使绩效评价体系更加容易理解。

(5) 绩效三棱镜分析透彻。绩效三棱镜针对每个利益相关者都从需求、战略、流程、能力、贡献五个方面来设计指标，通过对利益相关者多角度透视，清晰地反映那些隐蔽的复杂问题，挖掘绩效评价和管理中的关键因素。

(6) 绩效三棱镜是一个具有灵活性并能够不断进行自我完善的开放系统。由于五个方面衍生出的评价指标之间具有沟通和反馈的性质，因而该评价体系又是一个用来交流、沟通、学习和改进的开放系统。

三、绩效三棱镜的缺点

绩效三棱镜的缺点表现在以下几个方面。

(1) 尽管利益相关者价值观念越来越受到理论界和实践界的重视，但是，我国企业的利益相关者价值观念仍然需要进一步加强。

(2) 利益相关者是绩效三棱镜的核心，但是，企业的利益相关者有哪些，这些利益相关者的地位如何，不同类型的企业可能会存在较大差异，这也增加了绩效三棱镜的实施难度。

(3) 实施绩效三棱镜需要有较扎实的企业管理基础和相对完备的信息系统，目前许多企业在这方面尚有欠缺。

(4) 绩效三棱镜每个透视面都能衍生出许多评价指标，结果导致评价指标过多，而且散落在多个职能部门。这样，不但给绩效评价在数据处理上带来极大的难度和误差，还会使得关键指标被淹没在烦琐的评价指标中。

四、绩效三棱镜的适用范围

从发展趋势看，利益相关者价值取向占据主导地位是绩效评价发展的必然趋势。绩效三棱镜从利益相关者需求、利益相关者贡献、战略、流程、能力五个方面评价公司绩效，具有价值取向完整、目标明确、体现了企业与利益相关者的互动关系、逻辑结构严谨、分析全面透彻等优点，是一种典型的利益相关者价值取向的绩效评价模式。

第三节　绩效仪表盘

一、绩效仪表盘的概念及内涵

平衡计分卡、关键绩效指标、战略地图作为绩效管理通用工具，目前已经在国内企业中流行开来，随着商务智能的进一步发展，绩效仪表盘将成为绩效管理变革的新趋势。

(一)绩效仪表盘的定义

绩效仪表盘是商务智能在企业人力资源管理绩效模块的最新应用，具体而言，一个绩效仪表盘是一种建立在企业信息与数据整合架构上的多层次应用程序，将实现企业绩效度量、测量与管理的适时化与便利化。绩效仪表盘不是一张华而不实的绩效管理图形，更准确地理解，它是一个内容翔实、优化企业管理、促进企业战略目标实现的信息管理系统。

(二)绩效仪表盘的结构

绩效仪表盘通过分层的方式方便用户对信息进行查询，实现自我服务。用户希望监控异常情况，查看产生意外情况的详细信息，在采取行动前检查报告与数据。绩效仪表盘通过简明视图、多维视图、详细报告视图方便用户查找真正需要的信息，找出事情发生的根本原因。具体的绩效仪表盘层次如图 12-2 所示。

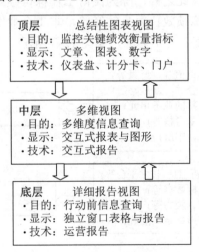

图 12-2　绩效仪表盘的结构

二、绩效仪表盘的优势

相对于传统的绩效管理工具，绩效仪表盘有其自身的优势，主要表现在以下几个方面。

(1) 提高战略执行力。提高战略执行力表现在通过绩效仪表盘，能够实现战略的有效传递与适时调整。绩效仪表盘将企业战略细化为部门、团队、个人具体指标、目标与行动计划，员工登录绩效仪表盘就可清晰地知道个体职责与企业战略的内在驱动关系。同时绩效仪表盘为企业管理层提供及时准确的决策信息，有利于对企业战略实施的路径作出修正。

(2) 降低信息冗余。绩效仪表盘通过对企业信息标准化，消除企业信息冗余，一个单一完善的绩效仪表盘能够替代上百个独立报告系统、数据集市、电子报表与数据仓库。

(3) 提高可视度。绩效仪表盘通过及时收集相关数据，作为自适系统根据发生事实与以往数据，预测未来发展趋势，极大地提高了高层管理人员对企业日常运营和未来绩效的可视度。例如，通过绩效仪表盘能够帮助公司很快地完成月底财务报告。

(4) 增强激励。"只有被衡量的，才能被执行。"绩效仪表盘通过公布关键绩效指标项目与绩效标准，可以有效地激励员工的有序竞争。当报酬与绩效目标挂钩时，绩效仪表盘将迫使员工更加积极地工作而获得额外收入，员工不会因为绩效卓著而得不到应有的奖励。

(5) 顺畅沟通。绩效沟通是绩效管理的关键环节，有效的沟通建立在沟通双方对绩效指标与标准的清晰认识上。绩效仪表盘通过简单的定义、规则，避免下级对考核指标的分歧，同时激发普通员工与主管就绩效结果进行良性对接。

三、绩效仪表盘的实施标准及应用

(一)绩效仪表盘的实施标准

绩效仪表盘作为绩效管理的前沿工具，并不是每个企业都适用的。保罗·尼文(Paul Niven)探讨了企业实施平衡计分卡的七个标准，平衡计分卡作为战略仪表盘的一部分，其适用标准同样适用于绩效仪表盘，除此之外，陈为民博士在探讨绩效仪表盘实施过程中又新加入了三个标准，结合国内外实施绩效仪表盘的经验，本土企业实施绩效仪表盘的标准大致可分为软环境与硬条件两大维度、九个标准，如图 12-3 所示。

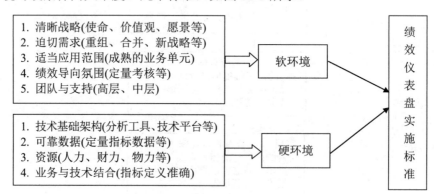

图 12-3　绩效仪表盘的实施标准

(1) 硬环境。硬环境是实施绩效仪表盘的基础与前提，没有相应的硬件、技术、资金，将无法在企业中实施绩效仪表盘。这里的硬环境包括：技术基础架构、可靠数据、足够的资源、业务与技术的统一。可靠的技术架构包括分析工具、数据集市、技术平台与数据维护的专业人才。在企业推进绩效仪表盘的过程中必然涉及营运系统和流程的重组，拥有高技术是实现重组的重要保障。绩效仪表盘运用的效果还取决于数据的真实性，不可靠的数据破坏绩效仪表盘可信度的速度比任何东西都大，大量的数据是绩效仪表盘进行分析与管理的基础。足够的资源主要指的是人才与资金支持，绩效仪表盘的推进成本是比较高的，但一旦建成其收益将是持久而高效的，能否得到持续资金的支持是推进绩效仪表盘走向完善的必备条件。业务与技术的统一指的是业务节点能否被准确地描述与定义。

(2) 软环境。软环境指的是实施绩效仪表盘的氛围与情境要素，主要包括绩效导向的企业文化、清晰的发展战略、迫切的应用需求、适当的应用范围、中层的支持、精干的团队。没有绩效导向的企业文化即使管理者的应用欲望再强烈，绩效仪表盘也无法有效落地；没有清晰的战略目标，就无法实现企业战略—平衡计分卡—关键成功要素—公司层 KPI—部门 KPI—个人 KPI 的有效分解，即使能够通过局部定义 KPI，也会犯偏离企业发展战略的错误；迫切的应用需求是采用绩效仪表盘的重要契机，需求越强烈，绩效仪表盘就越容易扎根；从一个价值链比较完善的部门开始实施是应用绩效仪表盘的"突破口"；企业中层在企业绩效管理体系中处于枢纽地位，其对绩效指标的适切性感知最深切，对企业运营状况最熟悉，同时其态度对基层员工有较强的"示范效应"；精干的团队指的是从绩效仪表盘引进到有效落地实施的组织者与直接负责人，在项目运作过程中不断协调，是项目推进的坚实力量。

(二)绩效仪表盘的应用

一套完整的绩效仪表盘包括监控、分析与管理三个应用程序。监控应用，通过绩效仪表盘参照企业绩效标准来监控现有绩效状况，例如对销售、运输等日常业务流程的监控。分析应用，通过绩效仪表盘用户可在查看大量历史绩效的情况下，识别例外情况(通常以异常颜色显示)，并判断产生异常的根本原因。管理应用体现在监控与分析过程中的管理与协作功能，管理人员通过正式与非正式沟通协调各部门工作，实现企业的高效运转。

第四节　敏捷绩效

一、敏捷绩效产生的背景及概念

随着绩效管理实践的不断变革，有学者提出"敏捷绩效"的概念，对于这一概念，有人总结为它是一种目标导向、即时反馈、以员工发展为核心的模式；有人认为它是基于敏捷组织的一种绩效模式；还有人认为它是针对传统绩效的一种敏捷化变革。总之，关于什么叫"敏捷绩效"，其内涵与外延随着实践的发展处于不断变化的过程中。随着时代的发展，管理的模式及侧重点也在不断变化，在蒸汽时代，管理方式就是关注考勤，工人们必须按时到工厂上班，薪资也是按照出勤天数付的。到了电气时代，泰勒提出了科学管理的思想，他通过仔细分析工厂中工人每个工作步骤的效率优化，来提升整项工作效率，每项工作都可以根据结果设定清晰的高、中、低绩效标准，科学管理开启了工业时代的绩效考核。在信息时代，工作的复杂度和整合程度越来越高，基于结果的绩效考核对大量的脑力劳动者越来越无效，而且没人愿意被一直当作螺丝钉，于是德鲁克在 1954 年提出了目标导向的管理方式，提倡通过目标调动个人的责任感来促进组织绩效的提升。当智能时代全面到来时，科学也到达了模糊地带，在结果在哪儿都摸不着的时候，绩效管理开始更加注重辅导和发展员工,帮助员工更好地发挥其创造性,而非评估、裁判、驱动员工。

我们认为:"敏捷绩效"是一种适应于 VUCA 时代的新型绩效模式,其核心是依托企业绩效文化与管理者的绩效管理能力,实现在公司绩效章程/框架不变的情况下,尽可能地细化绩效运营单元,以便能够快速灵活地根据外部环境变化而及时调整绩效管理目标,保障业务的顺利开展以及员工绩效管理的有序实施。其目的至少有两个方面:一是在不确定的动态环境中,确保绩效管理活动的有效开展;二是敏捷绩效侧重点在于激发员工的潜能,而非考核员工的工作结果。

二、敏捷绩效的内涵

传统绩效在 VUCA 时代所面临的最大挑战便是绩效以公司整体状态进行运营时,一旦出现战略目标或部分部门的策略发生变化的情况,为了保持绩效管理的一致性与完整性,需要进行系统性的变更。这种变更往往伴随着长周期/高投入/变更产生偏差等风险,而敏捷绩效则相反,其通过将传统绩效体系横向划分为不同层面,如公司层面、部门层面、个人层面;纵向划分为不同工作性质,如销售性质、研发性质、运营性质、保障性质,一旦公司或某个部门或岗位发生绩效目标变化,仅需要在对应层面进行调整,便可完成绩效变化。敏捷绩效的调整周期短、投入时间少、变更产生风险低的特点恰好符合 VUCA 时代对于企业绩效管理的要求。

"敏捷绩效"究竟敏捷在哪里?可以概括为两句话,即目标一致,反馈及时。所谓"目标一致",就是说统一方向,不走弯路。无论哪个部门或岗位绩效目标发生变化,都可以及时调整,确保其与公司总体目标的一致性。所谓"反馈及时",就是有什么问题及时说出来,能及时听到,避免时间搁置而带来其他问题。

三、敏捷绩效的实施原理

敏捷绩效的实施原理是在公司整体绩效框架与章程下,不再追求绩效公司整体的一致性,而是将公司绩效运营根据业务特征与工作性质,划分为小绩效运营单元,以便能够进行针对性的绩效模式设计和适应绩效快速安全的变更需求,其具体操作方法如下。

1. 公司绩效运营分层

在公司层面出台的绩效制度以绩效章程为主,主要作为各部门/岗位具体实施绩效的基础依据。在实践过程中,绩效章程主要包括绩效目的、绩效奖惩规则、绩效薪酬规则、绩效运营时间流程规范(便于绩效数据统一收集并进行薪资制作)。

2. 划小绩效经营单元

根据部门/岗位的业务特征与工作性质进行划分,这种划分根据企业管理颗粒度的大小进行区别。划小绩效经营单元的目的是方便每个经营单元根据自己的情况在绩效章程、框架允许的情况下进行自我调整。

3. 小绩效经营单元的自组织化

这是敏捷绩效的关键所在。每个经营单元只有实现敏捷绩效组织，才可能确保敏捷绩效的有效性。一个自组织绩效经营单元通常会建立一种与公司整体一致但更具有自己特色的绩效运营形式。这种绩效运营形式除了在绩效经营的基础规则、逻辑以及流程时间节点上与公司层面保持一致外，其他譬如采取何种绩效模式、分数如何进行计算、组织绩效目标如何分解等方面，具有高度的自我控制权。这种小绩效经营单元的绩效运营模式，恰恰是敏捷绩效的核心所在。而实现敏捷绩效组织则必须实现绩效授权、组织绩效赋能以及组织绩效工具开发等相关工作。

当小绩效经营单元实现自组织化后，其绩效的工作重心将会变为完善公司层面绩效体系，如：①制定公司整体绩效章程、制定公司绩效流程、建设公司绩效文化、建设公司绩效环境等。②为敏捷绩效组织进行赋能，即提升管理者的绩效管理能力、管理者的目标管理能力、管理者的预算与费用控制管理能力等。③与敏捷绩效组织共同开发相关绩效工具，包括绩效目标分解工具、绩效辅导工具、绩效反馈工具等。④观测敏捷绩效组织的绩效运营偏差并及时校正等工作。

本 章 小 结

本章主要介绍了绩效管理未来发展的八大总体趋势，绩效三棱镜的概念、内涵及其优缺点；绩效仪表盘的概念、内涵及应用；敏捷绩效的产生背景、概念、内涵及实施原理等。

绩效三棱镜就是企业经营的环境经过业绩三棱镜的折射而反映出各利益相关者的要求，从而企业可以据此展开经营管理并且对其结果进行各类测评。绩效三棱镜最大的特点就是把利益相关者置于绩效评价的中心地位，从利益相关者的角度出发形成企业的战略，确定企业内部过程和发展企业的能力。

绩效仪表盘是指商务智能在企业人力资源管理绩效模块的最新应用，是一个内容翔实、优化企业管理、促进企业战略目标实现的信息系统。

敏捷绩效是一种适应于 VUCA 时代的新型绩效模式，其核心是依托企业绩效文化与管理者的绩效管理能力，实现在公司绩效章程/框架不变的情况下，尽可能地细化绩效运营单元，以便能够快速灵活地根据外部环境变化而及时调整绩效管理目标，保障业务的顺利开展以及员工绩效管理的有序实施。

思 考 题

1. 绩效管理未来发展的总体趋势是什么？
2. 什么是绩效三棱镜？它的优缺点有哪些？
3. 什么是绩效仪表盘？它的优缺点有哪些？
4. 敏捷绩效产生的背景及内涵是什么？

案 例 分 析

索尼公司的 5P 绩效管理体系

索尼前高管曾撰文指责:"绩效管理扼杀了索尼的激情集团,毁灭了挑战和团队精神。"文章一石激起千重浪,引起商界和管理界的激烈争论,也给索尼敲响了警钟。近年来,索尼(中国)通过不断地进行本土化绩效管理模式探索,立足于发展性评价的视角,逐步将过去过分注重量化绩效考核结果的模式转变为注重员工工作态度、努力程度等的考核模式;将过去追求眼前利益导致的短视行为转变为将员工个人的发展与企业发展相结合;将过去基于不信任感的、破坏团队精神的整体企业氛围转变为全员 360 度全方位负责的有责任感团队。这一系列的努力和探索形成了索尼(中国)独特的 5P 绩效考核体系,同时,运用 360 度测评、目标管理法、关键绩效指标、行为表现法等绩效考核技术,着重考核员工绩效目标的完成情况,追踪员工工作态度和工作业绩,注重员工潜能的挖掘和发挥。

一、5P 绩效考核指标体系的建立

过去索尼公司奉行绩效主义,业务成果和金钱报酬直接挂钩,全部考核都进行量化处理,只看重员工"当期"的成果与业绩,不注重员工长期的发展与成效。在这种绩效考核导向下,很多员工产生了短视行为,不惜放弃公司和个人的长远利益而追求眼前利益。同时,对员工的考评只有横向比较,没有纵向对比,即只对比当前企业所有员工的绩效表现有何差别,并没有将员工自身的变化与发展纳入到该考核体系中。

索尼(中国)针对过去绩效考核存在的问题,进行了积极的本土化绩效模式探索,形成了独具特色的 5P 绩效考核体系,全面评估员工业绩。5P 具体是指 person(员工)、position(职位)、past(过去)、present(现在)、potential(潜力)。利用 5P 指标体系主要是基于以下考虑:员工任职于某个特定岗位,对员工的考核在一定程度上应是基于岗位的考核,一个岗位会有相应的岗位说明书,岗位职责在一定程度上就是绩效考核的指标和要求。员工在该岗位上工作会有一定的业绩,业绩本身由三部分构成:过去的业绩、现在的业绩和将来的业绩,将来的业绩用员工潜力来预测。5P 绩效考核指标体系在一定程度上可以延伸至 8P,即通过员工过去的业绩、现在的业绩和将来的潜能可以评价员工"当期"的业绩(performance),通过员工"当期"的业绩可以给予员工精神和物质方面的激励,具体体现在:精神上的激励"晋升"(promotion),晋升在一定程度上是对员工工作的认可,并与员工达成一定的心理契约,使得员工更努力地工作;物质上的激励"回报"(pay),回报在这里特指报酬,即对绩效成绩优秀的员工发放绩效奖金,鼓励其继续努力工作。索尼(中国)关于绩效奖金的发放遵从的原则是自上而下,即公司的整体业绩情况直接影响各个部门绩效奖金的分配和发放,而部门内部根据不同员工的表现再进行二次分配。索尼(中国)认为,虽然强调以人为本,但是归根结底业绩才是公司运作的核心和驱动力,但现阶段以"业绩"说话,较之之前的信奉绩效主义,更注重员工个人能力的培养和潜能的发挥,站在发展性评价的视角对员工进行考核和评估,更注重员工的成长,也更注重将员工与企业形成利益共同体,共同为企业做大做强而努力。

二、"五步骤法"的绩效管理流程

过去，索尼公司的绩效目标设定为领导一言堂，并且没有将企业的战略目标分解到员工身上，员工也没有参加到绩效目标的制定过程中去，因此导致员工牺牲企业长远利益而追求个人短期利益；对员工的激励也多停留在物质奖励上，并没有挖掘员工内心渴望成长与自我实现的深层次需求。现阶段，索尼(中国)绩效管理在保留原有优秀做法的基础上，对过去为人诟病的所谓绩效主义大胆改革，摒弃过去的奖惩性评价，站在发展性评价的视角上对员工进行绩效考核，实施五步骤法的绩效管理流程，即目标设定→过程指导→考评反馈→激励发展→绩效改进。

三、三大绩效考核技术的运用

1. 运用行为评价法对考核指标进行量化管理

在绩效考核的过程中，索尼公司现在和过去所采取的做法都是将考核指标全部量化处理，但是过去只是简单粗暴地用一些业务成果来反映绩效考核，一些很难用具体标准去衡量的指标(如员工工作态度、工作努力程度等)，并没有在量化考核时考虑进去。现在，索尼(中国)围绕"发展性评价"的主线，以员工为本，关注员工的正常发展，在行为评价时，不再单纯地对业务成果进行衡量，而是全方位考量员工的工作能力、工作态度和个人岗位胜任力等，针对难以量化的绩效指标设计一系列描述性问题，让员工选择最接近的选项，同时通过行为锚定法，将典型行为事件进行描述并赋值，让员工选择与自己平时工作最接近的选项，对员工进行行为评价。同时，辅以直接上级领导行为观察法，综合评定员工绩效成绩。通过行为评价在一定程度上还可以帮助企业分配下一阶段绩效目标和制订员工培训计划。

个人评估之后，索尼还要对团队进行评估。每一个分公司的总经理要陈述对下级的评估，说明打分原因。作为管理者要帮助下属完成任务，帮助下属发展、提高技能，如果管理者的技能需要提高，在陈述的过程中也要提出目标。另外还需要对各部门进行评估，以掌握各个分公司、各个部门之间的平衡。评估完成后，各个部门和系统之间都清晰地了解自己的优势和不足，下一考核周期的绩效任务分配也可相应完成，并可针对评估结果设计有针对性的培训方案。

索尼(中国)在对员工进行考评时，只根据实际的绩效表现进行评价，员工的资历在整个评估体系中无足轻重。索尼注重的是员工业绩，而不是员工在公司的资历，这种唯能是用的人本主义做法也是其绩效的一大特色。

2. 注重纵向对比，实施对员工潜能的评估

在过去，索尼将主要目光集中在横向考评上，并没有意识到员工的发展是具有时滞性和可持续性的，应该将纵向的考评思想吸纳进来，站在发展性评价的视角对员工进行综合考核。现在，索尼(中国)内部会对员工3年的业绩进行综合考评和动态评估，让员工清晰地看到自己潜能的发挥情况和业绩的改变情况，以员工发展为导向，使绩效考核工作起到帮助员工成长与进步的作用。

对于主管级以上的员工的潜能评价，索尼会首先要求他们出具一份自我素质报告，素质报告考察方面广泛，如职业精神是否专注、工作是否富有激情、是否及时学习了解外界资讯等。其次要求直接上级和直接下级匿名出具该员工的素质报告，大体指标与员工自我素质报告相同。接着索尼会组织不同的评审委员对该员工进行评审，结合素质报告和工作

表现对其潜能进行评估，评估结果用于绩效评价和员工晋升决策。

而普通员工的潜能评价，主要是通过书面考试，对员工的常识、观点进行考核。员工还要面对五个公司高层陈述自己的想法、建议和工作设想，公司高层将根据一系列的综合评估来证明一名员工是否具有潜力。

在索尼(中国)，业绩确实和员工物质奖励直接挂钩，但和员工的晋升并不是直接挂钩，因为这其中存在"潜能评估"的因素。公司认为，过去的业绩只能代表一方面，有些员工可以胜任做一名优秀的主管，但却无法再胜任更高级别的职务，因为他已经发挥了最大的潜能。索尼要寻找的是只发挥了5%潜质，还有95%的潜质没有发挥出来的员工，并对其予以晋升，当然也不惩罚潜质已经发挥到极限的人。潜能评估主要是以发展的眼光看待员工绩效问题，站在发展性评价的视角对员工进行考核。

3. 实施360度测评，建立全方位负责的团队

索尼公司在过去由于量化主义的导向，一切都看指标，用"评价的目光"审视所有人，于是员工变得极力逃避责任，团队精神尽失，可持续发展的能力消失殆尽。现阶段，索尼(中国)施行360度反馈，每个员工都要全方位负责，因此公司整体气氛大大缓和，团队凝聚力和责任感大幅增加，团队的活力和工作的灵活性又重新恢复，为企业和员工个人的长远发展起到了保障作用。360度反馈法能够全方位地考察员工，并且基于胜任特征、态度和能力，而不单纯是业绩；同时，评估的匿名性和多测度性也保证了考核的公平。索尼在进行考评时，主要有六个步骤：①公司内部组建360度评估队伍(考评专家委员会)；②对评价者进行如何向他人提供反馈和评估方法的训练；③实施360度反馈评价(匿名，发展性视角)；④统计评分数据并报告结果；⑤对被评价者进行如何接受他人反馈的训练(绩效反馈)；⑥企业管理部门针对反馈的问题制订行动计划和提升方案。

(资料来源：根据百度文库资料整理)

讨论题：

1. 简述索尼公司 5P 绩效管理体系有什么特点。
2. 试阐述索尼公司 5P 绩效管理法对本土化的绩效管理有什么借鉴意义。

参 考 文 献

[1] 阿吉斯. 绩效管理[M]. 3 版. 刘昕，梁茂昌，孙瑶，译. 北京：中国人民大学出版社，2013.

[2] 帕门特. 关键绩效指标：KPI 的开发、实施和应用[M]. 2 版. 王世权，秦锐，张丹，等译. 北京：机械工业出版社，2012.

[3] 青铜器软件公司. 研发绩效管理手册[M]. 北京：电子工业出版社，2012.

[4] 颜世富. 绩效管理[M]. 北京：机械工业出版社，2014.

[5] 张明辉. 人力资源总监绩效管理笔记[M]. 北京：化学工业出版社，2012.

[6] 林新奇. 绩效管理：技术与应用[M]. 北京：中国人民大学出版社，2012.

[7] 方振邦，孙一平. 绩效管理[M]. 北京：科学出版社，2010.

[8] 方振邦，陈曦. 绩效管理[M]. 北京：中国人民大学出版社，2015.

[9] 方振邦，罗海元. 政府绩效管理创新：平衡计分卡中国化模式的构建[J]. 中国行政管理，2012(12).

[10] 赵亮，赵永林. 绩效仪表盘：绩效管理发展的新趋势[J]. 现代商业，2013(17).

[11] 胡华成. 绩效管理与考核全案[M]. 北京：清华大学出版社，2019.

[12] 任康磊. 绩效管理工具：OKR、KPI、KSF、MBO、BSC 应用方法与实战案例[M]. 北京：人民邮电出版社，2021.

[13] 阿吉斯. 绩效管理[M]. 4 版. 刘昕，朱冰妍，严会，译. 北京：中国人民大学出版社，2021.

[14] 付亚和，许玉林. 绩效管理[M]. 4 版. 上海：复旦大学出版社，2021.

[15] 王怀明. 绩效管理：理论、体系与流程[M]. 北京：北京大学出版社，2022.